I0271584

LETTRES

SUR

LA PALESTINE,

LA SYRIE ET L'ÉGYPTE.

Sous presse pour paraître dans six semaines :

Mes *Voyages aux environs de Paris*, par M. DELORT, formant 2 vol. in-8°, ornés d'une carte géographique, de 4 belles gravures, et de 12 ou 15 *fac-simile*.

Cet ouvrage en vers et en prose, contient un grand nombre de morceaux inédits des Rois, Reines, Hommes de Lettres et autres personnages célèbres qui ont habité les lieux décrits dans ledit ouvrage. Le prix ne pourra en être fixé qu'après l'impression.

VUE NORD-EST DU ST SÉPULCHRE.

LETTRES

SUR

LA PALESTINE,

LA SYRIE ET L'ÉGYPTE,

OU

VOYAGE

EN GALILÉE ET EN JUDÉE,

AVEC

UNE RELATION SUR LA MER MORTE, ET SUR L'ÉTAT PRÉSENT DE JÉRUSALEM;

Par T. R. J. (Jolliffe)

Traduites de l'anglais sur la seconde édition,
PAR AUBERT DE VITRY;

ORNÉES D'UNE CARTE GÉOGRAPHIQUE ET DE CINQ GRAVURES.

A PARIS,

PICARD-DUBOIS, rue des Maçons-Sorbonne, n° 3;
CHEZ REY ET GRAVIER, quai des Augustins, n° 55;
PETIT, Libraire, Palais-Royal, galerie de bois.

A LONDRES,
Chez J. WARRICK et Cie, n° 2, Ruppert Street, Coventry.

1820.

A MONSIEUR

LE VICOMTE DE CHATEAUBRIANT,

PAIR DE FRANCE, etc.

MONSIEUR LE VICOMTE,

Les lettres anonymes dont nous avons cru devoir donner une traduction, ont été dédiées à un gentilhomme anglais, nommé Jolliff, représentant du peuple dans la Chambre des Communes, et descendu d'une ancienne famille qui tire son origine chez les partisans de Guillaume de Normandie. Elles ont joui d'un accueil très-favorable en Angleterre, et les personnes que nous avons consultées à cet égard, les ont jugées assez intéressantes pour les publier en France.

L'auteur n'a vu cette traduction de son itinéraire qu'au moment de paraître.

On ne saurait donc lui attribuer les légères erreurs ou fausses interprétations qui accompagnent toujours le transport des idées d'une langue dans une autre.

a

Cependant, il se félicite de pouvoir attribuer le mérite de ses recherches à l'inspiration de votre célèbre Itinéraire a Jérusalem, *sous les auspices duquel les* Lettres sur la Palestine *vont sans doute acquérir en France un nouveau degré d'intérêts. C'est pourquoi l'auteur éprouve le plus vif désir que cet ouvrage vous soit dédié, comme un faible témoignage de son respect et de son dévouement.*

J'ai l'honneur d'être avec un profond respect,

Monsieur le Vicomte,

Votre très-humble serviteur,

PICARD-DUBOIS,
Éditeur.

AVERTISSEMENT

DE L'AUTEUR.

Les amis d'un voyageur s'attribuent d'ordinaire, en quelque sorte, un droit de propriété sur les Lettres qu'il leur a adressées pendant ses voyages dans une contrée lointaine. Ce cercle bénévole est toujours disposé à accueillir favorablement les observations même les plus communes. On voit donc fréquemment la partialité aveugler les hommes, dont le jugement est le plus sûr, au point de leur persuader que le public partagera l'intérêt qui leur fait lire, avec plaisir, le récit d'un ami.

On échoue rarement, quand on s'adresse à l'amour-propre d'un auteur. Cependant, en offrant un Recueil de ce genre au lecteur, on le prie de croire qu'il a fallu d'autres motifs que de frivoles suggestions pour décider à le produire au grand jour, un homme qui a constamment eu le désir de rester ignoré. S'il s'est hasardé à confier à la presse une partie de sa correspondance, c'est parce qu'il a dû finir par se rendre à des instances auxquelles il ne pouvait convenablement se refuser plus long-temps.

On trouvera sans doute que la correspondance de l'auteur commence d'une manière un peu brusque. Il faut donc avertir le lecteur qu'on a détaché d'une correspondance plus étendue qui a eu lieu, pendant les années 1816 et 1817, les Lettres que l'on publie sur la Palestine. On s'est borné à cette contrée, qui peut devenir l'objet d'une attention plus sérieuse, quoique depuis long-temps, elle ait été rarement visitée par les voyageurs européens.

Londres, 10 novembre 1819.

La rapidité du débit de la première édition des *Lettres sur la Palestine*, a engagé le libraire à demander la suite de cette correspondance. Cédant, quoiqu'avec répugnance, à ses sollicitations, l'éditeur a choisi une série de Lettres dont l'objet est la description de quelques usages particuliers, de quelques traits imprimés par la nature, comme caractères distinctifs « à la terre » d'Egypte. » Parmi les singularités citées par les anciens voyageurs, beaucoup ont déjà commencé à s'effacer; les voyageurs futurs auront à noter un progrès plus rapide dans l'innovation, et l'observateur politique, habitué à suivre, en silence, la marche des événemens, verra tout à coup son attention attirée sur cette contrée, par quelque grande convulsion dont elle deviendra le théâtre, ou par quelque nouvelle distribution de la richesse et du pouvoir, dont elle sera la source.

Bath, 27 mai 1820.

ERRATA.

Nous prions le lecteur de jeter un coup-d'œil sur l'errata qui lui paraîtra d'autant plus étendu, qu'il comprend aussi les corrections de fautes qui s'étaient glissées dans l'original, et que l'auteur anglais vient de corriger.

Page 5, ligne 11, *Berutti*, lisez Bairout.
    6, l. 22, *Barutti*, lisez Bairout.
    13 (note 1), lisez citation de Shakespear.
    24, l. 15, *Kardauah*, lisez Kardanah.
    27, l. 28, *Loretti*, lisez Lorette.
    idem, l. 1, *Joseph d'Arimathie*, lisez *Joseph, époux de la Ste. Vierge.*
    34, l. 11, *Quis*, lisez *Qui.*
    40, l. 24, *Gelboï*, lisez Gelboë.
    45, l. 20, *à*, lisez *de.*
    61, l. 11, προσαγορεθηαι, lisez προσαγορευθηναι
    67, l. 4, *d'Afrique*, lisez de l'Afrique.
    75, l. 10, *chrétienne*, lisez chrétiennes.
    122, l. 6, *Ecrivains latins*, lisez *Ecrivains païens.*
    141, l. 25, *Quæ*, lisez *Quoi* ou *Cui.*
    162, l. 3, *Ali*, lisez *Veli Pacha.*
    183, l. 5 (note), τεϲϲαρες, lisez τέσσαρες.
    208, l. 1 (note), *Al lin*, lisez *All in.*
    210, l. 9 (note), *So clear*, lisez *Clear.*
    214, l. 7 (note), וק, lisez דנ.
    219, l. 2 (note), *Fastie*, lisez *Fasti.*
    228, l. 11 (note), מיך, lisez טיך.
    idem, l. 19, *idem, Gremboas conde*, lisez *Grembo asconde.*
    234, l. 18 (note), *Nostros dicebatur*, lisez *Nostros indicebatur.*
    261, l. 2 (note), *Heroe stread*, lisez *Heroes stread.*

262, l. 25, *La célèbre lady Wortley*, lisez *le célèbre Wortley.*
271, l. 4 (note), απεκαλψεν, lisez απεκαλυψεν.
289, l. 8 (note), *Rhabus*, lisez *Rhobus*.
297, l. 21, *Leuzi*, lisez *Lenzi*.
304, l. 19, Διοκλητιανοι κι Μαξιμινιανον, lisez Διοκλητιανον και Μαξιμινιανον.
305, l. 8, η, lisez μ.
306, l. 7, *Diveletiano*, lisez *Diocletiano*.
307, l. 26, *Neuf heures*, lisez *vers midi*.
309, l. 15, *Lord Lavace*, lisez *Lord Cavan*.
310, l. 16, οσσοντε πανημ εριν, lisez ὅσσον τε πανεμερίν.
311, l. 15. ω. κρα νοιο, lisez ὠκεανοῖο.
313, l. 10, *Serupeum*, lisez *Serapeum*.
329, l. 3, γεννέ ις, lisez γένη εις.
330, l. 5, ευθυς, lisez ευθυς.
idem, l. 7, Στειλω μος, lisez Στείλε ὅμως.
idem, l. 13, la troisième lettre du premier mot est renversée, il faut lire αμαθῆς.
332, l. 1, ο κλεον χροισος, lisez ὁ πλέον χροῖσος.
idem, l. 10, ϐρακον, lisez πάτον.
333, l. 3, α υψάσομεν, lisez ας υψώσωμεν.

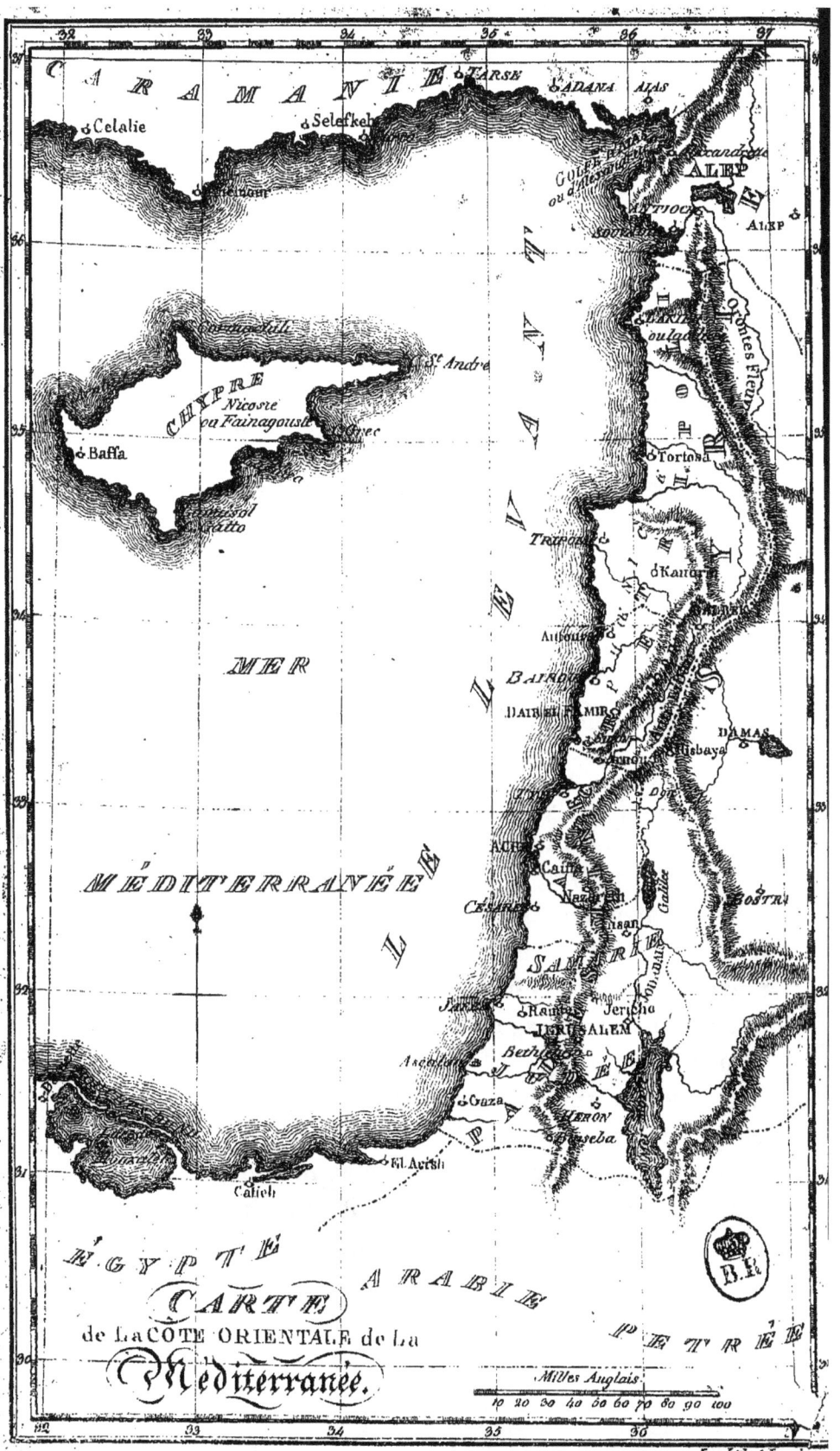

LETTRES
SUR
LA PALESTINE,
LA SYRIE ET L'ÉGYPTE.

LETTRE PREMIÈRE,

A Sir G. E. Bart.

Acre, 7 août 1817.

Mon cher E.....

Il était à peine midi, quand nous avons quitté Tripoli ; et, à huit heures du soir, nous sommes arrivés à *Patrone*, le seul endroit à partir de la ville, où pendant la première journée on puisse trouver quelque ressource. La route n'est remarquable par aucune circonstance intéressante, mais elle a l'avantage d'être presqu'entièrement fournie de citernes, à des distances réglées.

A environ une lieue au nord de Patrone, nous entrâmes dans une vallée dont la situation est très-pittoresque, et telle que l'imagination même d'un auteur de roman ne pourrait se plaire à en créer une plus séduisante. A l'issue de cette vallée, nous rencontrâmes un village consistant en quelques masures, où nous eûmes peine à trouver une chambre pour nous, et notre bagage, que nous parvînmes cependant à déposer dans l'étage supérieur d'une maison en ruines; nous y passâmes la nuit tranquillement.

Nous quittâmes notre brillante demeure entre six et sept heures du matin; et, en trois heures, nous arrivâmes à une ville de quelque importance, qu'on appelle aujourd'hui Gibile, et qui fut connue jadis sous le nom de Byblos. Nous y déjeûnâmes : on nous y fournit en abondance, diverses espèces de fruits, du fromage, et du miel. Poursuivant notre route, le long de la côte, nous parvînmes, en moins d'une heure, auprès d'une rivière claire et rapide, mais plus large que profonde. On croit, et cela est assez probable, que c'est celle à laquelle Adonis donna autrefois son nom. A certaines époques, les eaux en sont teintes d'une couleur de vermillon, provenant d'une couche de terre *rouge*, dont les particules sont périodiquement délayées et emportées dans le courant par des pluies violentes. La superstition des Anciens, qui répugnait à expliquer par des moyens naturels l'altération de l'eau, à sa surface, l'attribuait à la sympathie d'une partie de la rivière avec le favori de Vénus; l'accident qui occasionna la mort d'Adonis ayant eu lieu dans cette contrée, pendant une chasse qu'il faisait sur les montagnes où cette rivière a sa source. Deux heures environ, après l'avoir perdue de vue, nous atteignîmes Jenné, endroit aujourd'hui presqu'entièrement négligé, quoiqu'il offre une large baie, et d'autres avantages pour la navigation. C'est ici, précisément, à l'entrée du havre, que finit le pachalik de Tripoli, et que commence le district de Sidon. Le seul khan ou auberge que l'on trouve dans la ville, n'offre que les tristes ressources des caravanserails orientaux. Mais cet inconvénient se trouva, jusqu'à un certain point, effacé par les attentions du propriétaire, dont l'accueil fut très-hospitalier; il nous plaça le plus convenablement que possible, sur une espèce de plate-forme élevée au-dessus de la façade du bâtiment, et qui domine la mer.

Nous quittâmes *Jenné* le lendemain matin, à huit heures sonnées. Nous avançâmes par un chemin rude, ou plutôt escarpé, le long du rivage. En une heure et demie, nous atteignîmes une rivière que les anciennes cartes désignent comme étant le *Lycus*. Je ne saurais indiquer d'une manière certaine le nom moderne, qui ne rappelle nullement à l'oreille l'ancien nom. Le courant s'élance fièrement et avec vitesse dans un ravin entre deux montagnes, et n'est pas assez profond pour que l'on ne puisse le passer aisément à gué. Un pont de quatre ou cinq arches, très-peu élevé au-dessus de son lit et du vallon, est élégamment jeté sur le canal. Quand nous eûmes atteint l'autre bord, nous trouvâmes une route assez large pour trois chevaux de front. Cette route, taillée dans le roc, suit une direction presque parallèle au tournant de la côte, dont elle esquive cependant les sinuosités. Elle fut construite par l'ordre de l'empereur Antonin, comme l'atteste une inscription gravée sur un rocher au bord de la route. Les caractères sont presque effacés; mais on peut en indiquer le sens avec assez d'exactitude.

L'inscription porte que l'empereur

Cæsar, M. Aurelius, Antoninus
Pius, felix, augustus,
Parth. : max. : brit. : germ. : maximus,
Pontifex, maximus,
Montibus imminentibus,
Lyco flumini cæsis viam dilatavit (1).

Toute la longueur de cette chaussée, dont cette inscription indique exactement le but, n'excède pas un mille anglais. Elle est maintenant très-négligée, et tout-à-fait dégradée.

Une heure de route à cheval et d'un bon pas, nous conduisit à une autre rivière dont le nom était tout-à-fait inconnu à nos guides; je ne le trouvai indiqué sur aucune carte ancienne. Cet

---

(1) Le César, Marc-Aurèle, Antonin, etc., etc., grand pontife, a ouvert au fleuve Lycus une route plus facile, en faisant creuser les montagnes voisines.

endroit passe pour avoir été le théâtre du fameux combat entre S. Georges, ce miroir de la chevalerie, et le redoutable dragon. Les exploits de ce très-révérend champion sont l'objet du culte des personnes de tout rang, de toute secte et de toute condition; et les efforts réunis de la sculpture et de la peinture, ont célébré la défaite de son antagoniste dans presque tous les édifices chrétiens que nous avons visités en Syrie.

Barutti n'est qu'à une lieue de distance de la plaine, au milieu de laquelle coule cette petite rivière; nous y arrivâmes à peu près à neuf heures. Le consul anglais nous reçut avec une politesse remarquable, et nous passâmes très-agréablement le reste du jour dans sa maison. La peste s'était manifestée tout récemment dans cette ville avec les symptômes de la plus grande violence; mais, quelques jours s'étant passés sans qu'il fût question d'aucun « accident (1), » je me hasardai à parcourir les principales places à l'approche du soir. Les rues sont petites, étroites et sales, comme celles de beaucoup d'autres villes des provinces soumises à l'empire ottoman; mais les maisons sont en général spacieuses, et l'on évalue la population à plus de 6,000 habitans. Cette ville, dont le nom ancien est *Beryte*, était devenue en

---

(1) Terme usité pour indiquer que quelqu'un est mort de la peste.

quelque sorte, sous les empereurs romains, une vaste école de jurisprudence pour l'Orient, et Justinien la désignait sous le nom de mère et de nourrice des lois. On ne sait pas précisément quel fut le fondateur de cette académie ; mais il y a des raisons suffisantes pour en faire remonter la création à une date antérieure au règne de Dioclétien. Elle a eu l'honneur de fournir deux célèbres jurisconsultes, Dorothée et Anatole, choisis par Justinien, pour l'aider à composer son fameux Digeste. Dans les temps modernes, cette ville est devenue remarquable, comme résidence de l'émir Facardin, qui florissait pendant le règne du sultan Amurat. Cet émir était chef des Druses, tribu que quelques historiens font descendre des restes dispersés des Croisés. Quelle que fût son origine, ce peuple, après être resté long-temps confiné dans ses montagnes, s'éleva à une importance momentanée par les talens et le courage de son chef. Il étendit son pouvoir sur les contrées situées entre les environs de *Barutti* et la plaine d'Acre. Les Druses furent cependant repoussés ensuite dans leurs anciennes limites par les forces du Grand-Seigneur. Le palais du prince était situé dans la partie nord-est de la ville : c'était autrefois un vaste édifice avec de grands jardins ; il est à présent tout-à-fait ruiné.

Il était à peine sept heures du matin lorsque nous prîmes congé de notre hôte. Les ruelles qui servent d'issues à la ville, du côté de Saïde (l'ancienne Sidon), sont fraîches et bien ombragées. Les bords en sont revêtus de poiriers épais et épineux, dont le fruit est maintenant dans sa maturité. En moins d'une heure, nous laissâmes derrière nous ces vallons si agréables par leur ombrage; et nous entrâmes dans une vaste plaine de sable, qui se prolonge l'espace de plusieurs milles, et s'incline, par une pente graduelle, jusqu'à la côte. Après un peu plus de six heures de marche, nous arrivâmes à un khan de mauvaise apparence, auprès d'un village ruiné qu'on appelle Djée ou Jée. Nous n'y restâmes que le temps nécessaire à nos guides pour prendre un peu de repos. Mais les caprices de notre mulet de somme nous firent perdre tant de temps, qu'il était déjà plus de sept heures du soir quand nous entrâmes dans Sidon. Cette ville, dans son état actuel, s'élève immédiatement du rivage, et vue à une certaine distance, présente un aspect assez imposant; l'intérieur est cependant des plus sombres et des plus misérables. Son triste aspect contraste avec la gaîté des jardins et des plantations de mûriers voisines des remparts. La porte avait été fermée peu de temps avant notre arrivée, à cause d'une cérémonie religieuse, et nous fûmes retenus près d'une demi-heure, jusqu'à ce que les explications nécessaires pour entrer eussent eu lieu. Cette porte est massive, et a un air d'importance militaire; mais dès qu'elle est ouverte, l'illusion s'évanouit. Comme il n'y a pas d'agent anglais à Saïde, on nous conduisit à la demeure du consul de France, M. Ruffin, qui nous reçut avec la politesse naturelle à sa nation. Lady St.—e avait établi pour quelque temps sa résidence à une journée environ de la côte, lorsque la nouvelle de la peste l'a obligée de chercher un asile momentané à quelques milles plus loin dans l'intérieur. Son retour paraît être l'objet de tous les vœux. Le soin qu'elle a eu de distribuer beaucoup de largesses l'a rendue très-populaire. « Point » d'argent, point de Suisse, » est une maxime qui n'est pas uniquement applicable à l'Helvétie, et *Milady* (*) passe pour avoir prouvé, par *ses libéralités*, combien elle était persuadée qu'il faut acheter partout le bonheur, et même en Arabie.

On peut encore découvrir quelques faibles traces de l'ancienne splendeur de Sidon dans les colonnes brisées et les ornemens d'architecture couchés dans l'oubli sur le sol, non loin des

---

(*) « Lady Esther Stanhope habite la Syrie depuis plusieurs années : elle a fixé sa demeure dans la petite ville » d'Antoura, au-dessous du Liban. Ses bienfaits lui ont con » quis l'affection des Arabes bedouins : on assure qu'ils sont » très-disposés à la proclamer reine, et à la reconnaître pour » telle. Une cérémonie qui ressemblait fort au couronnement » de la souveraine du désert, l'attendait à Tadmor, l'an » cienne Palmyre, lorsqu'elle est allée visiter ces ruines; mais » sa modestie s'est refusée à ce triomphe étrange. »
M. de Forbin, Voyage dans le Levant, 2ᵉ édit., page 143.

murs de la ville moderne. Dans un jardin près de ces murs se trouvent des débris regardés comme antiquités, et pour lesquels les Juifs affectent une vénération extraordinaire. Cet objet de leurs hommages passe pour le tombeau de Zabulon. Ce monument, si on peut le qualifier ainsi, est d'une extrême simplicité. Il ne consiste qu'en deux pierres, que l'on suppose avoir été autrefois posées à la tête et aux pieds du corps; conjecture, pour le dire en passant, tant soit peu ridicule, à moins que le patriarche ne fût d'une stature gigantesque, car les deux blocs sont à plus d'une toise et demie de distance l'un de l'autre.

Pline attribue l'invention, ou du moins la première fabrication du verre, à des artisans de cette ville (1), et ce n'était qu'à Sidon que l'on croyait le sable pris sur la côte de Tyr, susceptible d'être mis en œuvre par la fusion. Les habitans ont perdu cet art, ou y ont renoncé, comme à une branche de commerce devenue trop peu lucrative.

Les possessions de la tribu d'Ashur (Aser), d'après le détail qu'en donne le livre de *Josué* (2), comprenaient Sidon dans l'enceinte de leurs limites. Nous voici donc maintenant parvenus sur les confins de LA TERRE SAINTE.

---

(1) Nat. Hist. Cap. xix. Lib. 5. Sidon, artifex vitri.
(2) Chap. xix. V. 28.

La maison qu'occupe le consul de France, est très-spacieuse. Mais elle ne paraît pas disposée pour recevoir des hôtes non-attendus. Nous fûmes donc obligés de coucher *sub dio*, dans une des cours extérieures. Nous étions debout le lendemain de grand matin; nous montâmes à cheval; et, après dix heures de marche, nous entrâmes dans les murs de Tyr. Nous fîmes la plus grande partie de la route sur les sables de la côte. La nature ou l'art y offrent peu d'objets dignes de l'attention du voyageur. Environ à un demi-mille de là, et à quatre lieues de distance de Sidon, on voit au haut d'une colline, un village que l'on croit être l'ancien *Zarephath* ou Sarepta, célèbre dans les livres saints, par la résidence du prophète Elie, et par le miracle qu'il y opéra en ressuscitant le fils d'une pauvre veuve.

Nos guides auraient bien désiré d'éviter Tyr; ils insistèrent vivement pour nous faire passer la nuit sous un grand arbre, dans un petit village, à l'orient de la ville, et à quelques milles de distance. Mais nous étions très-curieux de visiter les ruines d'une cité dont la destinée occupe une place si remarquable dans l'Histoire des Nations, et toutes leurs instances furent inutiles.

La ville moderne se voit à une distance considérable, de l'un des points élevés, au-delà de Sidon; le soleil, à son déclin, dardait ses rayons sur les tours majestueuses de la citadelle : elles apparaissaient, revêtues d'un éclat qui surpassait l'illumination la plus brillante. Dans cette enceinte, la Bible est le meilleur *vade mecum*. Je ne crois donc pas avoir besoin d'excuse, si j'en extrais les passages suivans, pour donner une idée de l'ancienne magnificence de Tyr.

« O toi qui es située à l'entrée de la mer, pour
» le commerce des peuples avec un grand nom-
» bre d'îles. Ainsi a parlé le Seigneur Dieu. O
» Tyr! tu as dit : Je suis d'une beauté parfaite.
» Tes limites s'étendent au milieu des eaux. Tes
» fondateurs ont rendu ta magnificence accom-
» plie; ils ont construit tous tes vaisseaux, avec
» les sapins de Senir. Ils ont coupé les cèdres du
» Liban, pour former les mâts. Les chênes de
» Basan ont servi à façonner les rames. Une mul-
» titude d'Aserites a fabriqué les bancs de tes na-
» vires avec l'ivoire apporté des îles de Chittim.
» Tu as formé tes voiles avec le fin lin d'Egypte,
» tissu en broderie; l'hyacinthe et la pourpre
» des îles d'Elisa ont servi à composer ton pa-
» villon. Les habitans de Sidon et d'Arvad sont
» tes rameurs. Tous les vaisseaux affluent dans ton
» port, pour y servir d'instrumens à ton trafic.
» Ton immense commerce comble de biens des
» peuples nombreux. Tu peux enrichir tous les
» Rois de la terre avec tes denrées et tes trésors.

» Tu as été en Eden, le jardin du Seigneur.
» Tu t'es couverte de toutes les pierres précieu-
» ses; de la sardoine, du topaze et du diamant;

» du beril, de l'onyx et du jaspe, du saphir et
» de l'émeraude; de l'escarboucle et de l'or; le
» tambourin, les flûtes champêtres ont été pré-
» parés pour toi dès le jour de ta naissance.

» Ton cœur s'est enflé à cause de ta beauté.
» Ta splendeur a corrompu ta sagesse. Je veux
» te renverser jusques dans tes fondemens : je
» veux te coucher aux pieds des Rois, pour
» qu'ils contemplent ta ruine.

» L'immensité de ton commerce t'a remplie
» d'orgueil et de violence, et tu as péché; c'est
» pourquoi je veux te renverser, comme pro-
» fane, de la montagne du Seigneur : oui, je te
» détruirai, Chérubin orgueilleux, je boulever-
» serai tes édifices tombant en débris enflammés. »

(Ezech. chap. 27-28).

A peine existe-t-il aujourd'hui quelques traces de cette ville, jadis souveraine de l'Océan : quelques misérables cabanes, distribuées en alignemens irréguliers, qu'on honore du nom de rues, un petit nombre de bâtimens, plus dignes de ce nom, et occupés par les délégués du gouvernement, composent presque toute la ville. Elle renouvelle cependant encore quelques efforts languissans pour le commerce, et parvient avec peine à exporter tous les ans, à Alexandrie, quelques cargaisons de soie et de tabac. Mais le produit de ces exportations est insignifiant.

La noble poussière d'Alexandre suivie à la trace par l'imagination, jusqu'à ce qu'elle ren-

contre l'obstacle d'un baril de bière (1) pourrait à peine donner l'idée d'un contraste plus étrange de grandeur et d'abaissement, que Tyr à l'époque où elle fut subjuguée par ce conquérant, et la ville moderne de Tsour, construite sur ses cendres.

L'ancienne capitale de la Phénicie était située dans une île formée de rochers, et séparée de la terre ferme par un détroit de quelques centaines de pas (2). Nebuchadnezzar, qui fut l'instrument de sa ruine, réunit la ville au continent; mais postérieurement, l'industrie des Tyriens

---

(1) Citation d'un poëte anglais.

(2) Pline dit que l'île n'était qu'à sept cents pas du continent. Il faut distinguer trois époques dans l'histoire de Tyr. — Tyr sur le continent, ou Palætyr; — Tyr concentrée dans une île; — et Tyr, dans une Péninsule, lorsqu'elle eût été réunie à la terre ferme. Elle a deux ports, l'un du côté de Sidon, l'autre du côté de l'Egypte.

La ville, en y comprenant le vieux Tyr, avait mille neuf cents pas de circonférence; mais seule, sa circonférence n'était que de trente-deux stades, ou à peine de trois mille anglais.

Le petit coquillage qui fournissait autrefois une teinture pour l'ornement de la robe des rois et des magistrats, a entièrement disparu, ou, en raison de la facilité qu'on a de teindre par un autre procédé, est devenu un objet de peu de valeur. J'ai observé sur plusieurs points de la côte d'Asie, le long de la Méditerranée, quelque chose de semblable à une moule, qui, étant pressée, rend un fluide de couleur violette. Mais cette couleur n'a pas le brillant qui, d'après les

rompit cette digue, et reconstruisit leur ville; le degré de force et de puissance, auquel elle parvint après sa résurrection, peut se calculer, d'après les travaux, le temps, et la perte d'hommes, qu'il en coûta à Alexandre pour la réduire.

A moins d'un mille de la côte, *est* un endroit que les Turcs appellent *Roselaine*; il est surtout remarquable par des réservoirs connus sous le nom de Citernes de Salomon : cependant la justesse de cette désignation a été mise en doute par des voyageurs modernes; ils regardent comme impossible que ces réservoirs aient existé avant l'invasion d'Alexandre. En effet, l'aqueduc, qui conduit l'eau à la ville, traverse l'isthme que construisit ce conquérant lorsqu'il se rendit maître de la place; or, si l'on ne peut croire que les ci-

---

descriptions, distinguait le coquillage de la côte voisine de Tyr. La liqueur était contenue dans une petite veine blanche placée près du milieu de la bouche. La couleur du fluide n'était pas toujours rouge. Sur la côte d'Afrique, elle était d'un violet foncé; de là probablement l'emploi indistinct du mot *pourpre*, pour la désigner. C'est de ce poisson que Sandy fait dériver le mot *écarlate*. « Auprès de Tyr, dit-il, la couleur
» ressemble à la rose, ou plutôt à notre écarlate, qui paraît en
» avoir tiré son nom. Tyr portait celui de Sar, roc sur lequel
» elle était bâtie, et qui a donné le sien à la Syrie, chez les
» Arabes. (Les uns aujourd'hui disent *Sur,* et les autres *Suria*),
» ils prononcent *Scan* pour *San*, et *Scar* pour *Sar*. Aussi,
» dans leur langue, le poisson tyrien est-il nommé *Scar*. » —
Voyages de Sandy.

ternes aient été creusées aussi long-temps avant que l'aqueduc ait pu les rendre utiles, il n'est pas moins certain que celui-ci est postérieur à la formation du sol sur lequel il a été construit. La tradition reçue veut néanmoins qu'elles aient été remplies par une rivière souterraine, que le roi d'Israël découvrit, et qui lui donna l'idée de son entreprise. L'aqueduc est maintenant ruiné en grande partie : mais on peut aisément reconnaître les traces qui en déterminent l'étendue et la direction. La contrée d'alentour a un aspect sauvage et désolé. Le sol, quoique naturellement de qualité passable, est en fort mauvais état par défaut de culture, et le manque total de pâturage et de bois ne laisse partout apercevoir qu'une triste nudité. Une vaste plaine s'étend, au nord-est, derrière la ville; elle est terminée par une chaîne de montagnes sur lesquelles dominent les cèdres du Liban semblables à des tours.

On nous procura un logement dans un petit couvent voisin de la mer : nous y fûmes reçus de la manière la plus hospitalière. Dans le cours de la soirée, l'archevêque vint nous rendre une visite de cérémonie. Il était vêtu d'une robe de pourpre, et portait une espèce de bâton *pastoral*. Ce vieillard nous parut aimable, poli et plein d'intelligence. Il parlait italien avec beaucoup d'aisance et de volubilité, ayant passé plusieurs années à Rome sous le pontificat de Ganganelli. Sa résidence, dans le midi de l'Europe, paraît avoir affaibli son attachement aux habitudes et aux institutions de son pays natal, et il ne parlait qu'avec une répugnance évidente sur quelque sujet que ce fût, qui eût rapport à l'état ancien ou présent de Tyr. Il n'y comptait que cinq mille habitans, population assurément bien faible, mais dont l'évaluation même ne pourrait être admise qu'avec réserve; car, j'ai généralement remarqué, à cet égard, dans ces contrées, une très-forte disposition à l'exagération.

Dès que nous sûmes qu'il nous fallait au moins dix heures pour nous rendre à Acre, nous sentîmes la nécessité de prendre de bonne heure congé de nos hôtes de Tyr. Il était à peine cinq heures quand l'évêque nous donna sa bénédiction, et nous renouvela ses vœux pour notre heureuse arrivée dans la capitale de la Judée, nous dissimulant à peine combien il la croyait peu propre à nous dédommager des fatigues et des dangers du voyage. Ce qu'il nous dit à ce sujet le fit considérablement déchoir dans l'opinion d'un domestique grec qui nous avait suivis depuis Corfou, et que l'usage de son pays disposait assez à se montrer respectueux envers un dignitaire de sa communion. A notre sortie du jardin du couvent, trois routes se présentaient à nous, et nos guides étaient un peu embarrassés sur le choix. *Spiro* (c'était le nom de notre Grec) cria, sans cérémonie, au prélat, de venir nous indiquer le chemin : *Hollo, padre! venite qui, mostrateci la Strada.* Holà, père! venez ici; montrez-nous la route. Êtes-vous fou, lui dis-je, et est-ce ainsi que l'on parle à un évêque ? Allez au-devant de sa grâce, et demandez-lui ses ordres pour Nazareth. L'évêque n'était pas d'un naturel irritable. Il ne fut nullement choqué de l'impertinence de notre jeune drôle, quoique son habit le fit connaître pour un laquais. Il obéit à la sommation avec autant d'empressement que si c'eût été un patriarche qui la lui eût adressée, et indiqua le chemin avec beaucoup de bonté à nos domestiques.

LETTRE II,

A Sir G. E. Bart.

Acre, 7 août 1817.

Mon cher E.....

Cette ville s'appelait autrefois Accho, et l'auteur du livre des Juges (1) en fait mention à l'occasion de la résistance qu'elle opposa avec succès aux incursions des Aserites. Par la suite, elle fut beaucoup agrandie, par le premier des Ptolémées, et prit, en l'honneur de ce prince, le nom de Ptolémaïs. C'est sous ce nom qu'elle est désignée dans le récit qu'a fait St. Paul de son voyage à Césarée (2). Les Turcs, cependant, ne faisant pas grand cas du nom originaire d'Egypte, lui rendirent à peu près son nom primitif, lorsqu'elle tomba en leur pouvoir, Acre pouvant facilement dériver d'Acca et d'Acra. Sa situation est des plus favorables. Une plaine vaste et fertile s'étend vers le nord et l'orient de la ville. Autour de sa partie

---

(1) Chap. 1, v. 31.
(2) Act. Apost. xxi, v. 7.

occidentale coulent les eaux de la Méditerranée, et du côté du midi, une baie spacieuse s'étend depuis les murs jusqu'au pied du mont Carmel.

La demeure du consul anglais, le signor Malagamba n'offre que très-peu de ressources pour des voyageurs ; mais notre hôte se montra très-empressé à nous épargner une partie de la gêne que nous éprouvions, ou, du moins, à en alléger le poids. Cependant l'extrême chaleur de la saison exerçant une influence fâcheuse sur sa constitution, « toujours prête à se dissoudre et à se » fondre » il ne pouvait nous servir de Cicerone, et nous fûmes abandonnés à un guide qui n'était rien moins qu'intelligent, pour chercher notre chemin, au milieu de rues tortueuses, et pour explorer les débris d'antiquités encore subsistans. Dans le nombre de ces respectables vestiges, on distingue principalement quelques arcades mutilées, que l'on suppose avoir fait partie de l'église cathédrale de Saint-André. On remarque aussi des ruines que l'on croit être celles de l'église de Saint-Jean, patron de la ville, et le couvent des Chevaliers hospitaliers. J'ajoute, avec regret, que nous ne pûmes découvrir aucun trophée de la vaillance de Richard. Mais la tradition a conservé un souvenir de son héroïsme, moins périssable que des tables d'airain ou de marbre. On dit que les fortifications modernes ont été plus souvent augmentées et renouvelées, que celles d'aucune autre partie de la côte de Syrie, et les habitans regardent aujourd'hui la place comme à peu près imprenable. La résistance de la garnison à une division de l'armée française, commandée par Bonaparte en personne, résistance qui fut couronnée par le succès, est une preuve évidente de la force des remparts (1), et de l'habileté avec laquelle les assiégés repoussèrent les attaques des assaillans; pour un anglais, le souvenir de cet événement, est du plus haut intérêt. La part que prit sir Sidney-Smith à la direction de la défense d'Acre sera citée par l'histoire de cette époque, comme exemple du premier obstacle notable qui ait arrêté Napoléon dans sa carrière. Cependant la mort politique de ce grand capitaine doit modérer l'expression de notre joie. Des circonstances particulières n'ont, sans doute, pas permis à notre gouvernement de prendre pour modèle la générosité de Xerxès envers l'ennemi qui se remit volontairement entre ses mains. Mais il répugnera toujours au cœur d'un véritable Anglais, de se montrer lâchement insolent à l'égard d'un adversaire humilié. Ce sentiment national est toujours dans sa force. Notre peuple n'a point encore appris à imiter la lâcheté de la soldatesque grecque, et à déchirer le cadavre d'Hec-

---

(1) Cette preuve paraîtra beaucoup moins évidente, quand on se rappellera que les Français n'avaient point d'artillerie de siége.

tor (1), dont l'aspect pendant sa vie, les faisait fuir effrayés vers leur flotte, et dont le panache flottant épouvantait leur armée.

Le gouverneur d'Acre, Soliman-Pacha, est, en grande partie, indépendant de la Porte. Il est maintenant très-vieux, et son humeur douce et sans énergie, est peu propre à lui concilier le respect de ses sujets, qui méprisent d'ordinaire ce qu'ils ne craignent pas. Que l'on demande, en effet, à un gouverneur turc, lequel vaut mieux de l'amour sans la crainte, ou de la crainte sans l'amour? il répondra probablement que l'un et l'autre seraient bons; mais que, vu l'extrême difficulté de concilier ces deux impressions contraires, ce qui vaut le mieux, ce qu'il y a de plus sûr pour le pouvoir, s'il ne peut obtenir que l'un des deux, c'est d'inspirer la crainte plutôt que l'amour. Il citera l'inconstance, l'ingratitude et l'hypocrisie dont sa situation l'a mis à même d'avoir de fréquens exemples, et il en conclura que la grande masse du peuple hésitera beaucoup moins à résister aux ordres du chef jaloux de gagner l'affection des siens, qu'à ceux de l'homme puissant qui n'aspirera qu'à se faire craindre. L'amour, d'ailleurs, n'est cimenté que par le faible lien de la reconnaissance, trop fréquemment rompu par la chance la plus légère

---

(1) Iliad. lib. XXII, v. 369.

de profit ou d'avancement personnel. La crainte, au contraire, est fondée sur l'appréhension d'un châtiment, sentiment trop fort pour pouvoir être facilement et complètement étouffé. *N'oubliez pas que je vous donne ces idées pour celles d'un Musulman.* Les événemens de la vie de Soliman ont été plus extraordinaires qu'on n'aurait pu le croire, d'après le caractère de ce Pacha, dont la physionomie morale est si peu prononcée. Il débuta par être esclave, et fut acheté, très-jeune encore, par Djezzar-Pacha. Après avoir long-temps joui de l'appui et même de la faveur de son maître, il fut tout à coup, et par l'effet d'un caprice inexplicable, renvoyé de son service.

Quand un homme puissant congédie son favori, c'est un avis très-clair donné à tous les courtisans qui vivent dans sa dépendance, de s'éloigner de lui. Soliman quitta donc le pays. Il erra dans diverses contrées, victime de tous les genres de privations, jusqu'à ce que ramené par une extrême détresse, il résolut de revenir encore une fois à Acre, où s'étant présenté dans la salle d'audience de son ancien patron, il le supplia, soit de le soustraire à l'indigence par quelques largesses, soit de terminer tout d'un coup ses souffrances en le faisant périr sur-le-champ. Djezzar se sentit touché de pitié à l'aspect de la situation misérable de son ancien protégé; il le releva de sa posture de suppliant, et lui rendit son affection. Ayant obtenu pour lui-même, de Constantinople, la dignité de Pacha à trois queues, il imagina de lui faire faire, comme son représentant, le pélerinage annuel de la Mecque, et finit par l'adopter pour successeur à son pachalik. Ce ne fut cependant qu'après une lutte pénible, et plusieurs alternatives de succès et de revers que Soliman parvint à s'établir solidement dans son gouvernement. Il est maintenant âgé de plus de quatre-vingts ans. (A)

Nous nous disposons à profiter de la fraîcheur du soir pour nous rendre, à cheval, à Nazareth, qui, d'après mon calcul, doit être à environ cinq lieues d'Acre.

Je m'en rapporte à l'activité du signor Malagamba, pour trouver une occasion de faire parvenir la présente en Europe, avec deux autres lettres datées de Tyr. Il se passera probablement quelques mois avant que je trouve une autre circonstance favorable pour vous envoyer un récit de nos courses. Mais comptez que je saisirai avec empressement la première qui s'offrira. Croyez-moi en même temps votre, etc., etc.

LETTRE III,

A Sir G. E. Bart.

Nazareth, 10 août 1817.

Mon cher E.....

L'intensité de la chaleur ne permettant presque pas de voyager pendant le jour, nous partîmes d'Acre un peu avant le coucher du soleil, et nous arrivâmes au monastère des Fransciscains à Nazareth, entre une et deux heures du matin. La route se prolonge l'espace de deux milles, environ, au bord de la baie d'Acre, à l'extrémité de laquelle la rivière Belus se décharge dans la mer. Le nom moderne de ce courant d'eaux est Kardauah. Il tire sa source, suivant Pline, du lac appelé *Candebœe*, situé de l'autre côté de la colline qui sépare les plaines d'Acre et d'Esdrelon. C'est au hasard d'un événement insignifiant, arrivé sur les bords de cette rivière, que l'on a attribué l'invention du verre (1). L'équipage d'un vaisseau marchand, chargé de nitre, débarqua

---

(1) Plin. nat. hist. lib. 36, chap. 26.

sur la côte pour y prendre son repas; mais ne trouvant sous la main aucunes pierres pour y poser leurs ustensiles de cuisine, ils tirèrent du vaisseau quelques blocs de nitre pour leur servir de supports. L'action du feu ayant amalgamé le nitre et le sable, il en résulta un fluide transparent qui fixa l'attention de ces marchands, et qui leur servit à éveiller l'industrie des arts dans leur pays.

A quelques milles de là, on rencontre « CETTE ANCIENNE RIVIÈRE, » *la rivière de Kishon* ou Cison (1). Comme elle n'était pas sur notre route, et que nous touchions à la nuit close, nous fûmes obligés de nous contenter d'avoir entrevu rapidement la contrée qu'elle arrose. Dans cette saison, ce n'est qu'un ruisseau insignifiant; mais, à l'époque des pluies, la plus grande partie des eaux, qui se rassemblent sur le mont Carmel, se déchargent en petits torrens multipliés dans son lit; et comme il ne peut contenir cette surabondance d'eaux, le courant déborde et entraîne tout ce qu'il rencontre. Ce fut probablement à l'époque d'une de ces inondations périodiques (à moins qu'on ne veuille attribuer l'événement à l'influence surnaturelle des astres (2), que les troupes de *Sisara*, général de l'armée de Jabin,

---

(1) Juges, chap. v. 20.
(2) Juges, chap. v. 20.

furent submergées avec leurs chariots, en voulant forcer le passage.

La contrée que nous venions de traverser, quoique le sol parût excellent, était très-déserte et très-négligée ; près du village de Séphoris, elle prend un aspect plus riant, et le site devient plus varié : on croit que Ste. Anne demeurait dans ce village, et on y voit les ruines d'une église gothique qu'on avait construite sur l'emplacement qu'occupait jadis sa maison.

La ville de Nazareth consiste en un rassemblement de petites maisons bâties de pierres blanches, et dispersées en groupes irréguliers presqu'au pied d'une colline qui s'élève en forme d'amphithéâtre, et entoure à peu près la ville. La population est en majeure partie chrétienne, et s'élève à 12 ou 1,400 habitans. Evaluation assez vague ; mais le religieux de qui je la tiens, n'avait pas de moyens pour arriver à une estimation plus exacte.

Le couvent dans lequel nous sommes logés est un édifice spacieux et bien construit ; une nombreuse corporation s'y trouverait à merveille : il n'est cependant habité à présent que par huit personnes. L'église où ces religieux célèbrent le service divin est tenue avec une propreté extraordinaire : mais elle ne doit aucun ornement à l'architecture ; les peintures et les tapisseries qui en couvrent les murs annoncent une grande nullité de progrès dans les arts. L'édifice comprend, dans son circuit, l'ancienne demeure de Joseph d'Arimathie, et la tradition a conservé le souvenir de la place où l'ange annonça à la Vierge sa conception miraculeuse. La mère de Constantin, qui fit un pélerinage dans la Terre-Sainte à l'âge de plus de quatre-vingts ans, employa tous les moyens que lui procurait un grand crédit pour sauver de l'oubli les souvenirs des lieux saints. A un âge aussi avancé, il est probable que sa crédulité fut souvent dupe d'impostures dictées par l'intérêt; mais beaucoup d'objets de la vénération publique, ignorés ou imparfaitement connus, n'en furent pas moins rendus aux fidèles par l'effet de son zèle et de sa générosité.

Le lieu de l'entrevue, entre l'ange Gabriel et l'épouse de Joseph, est indiqué par un autel, érigé dans un enfoncement à quelques pieds de la nef principale de l'église. Derrière, sont deux chambres qui faisaient autrefois partie de la maison du père présumé du Messie : leur aspect annonce une antiquité suffisante pour autoriser la tradition, et leur situation, sans trop forcer les probabilités, rend croyable ce que l'on dit de leur ancienne destination; mais le moine, qui nous indiquait les divers objets que l'opinion a consacrés, gâta l'effet de sa narration en y mêlant le récit fabuleux *de la fuite d'une partie de l'édifice à Loretti.* Il donna pour motif de la disparition de cette chambre, la nécessité d'éviter la souillure de la présence des infidèles, alors en possession du pays subjugué par leurs armes. Des entailles dans le mur indiquent l'espace que l'appartement occupait, et font voir qu'il était très-petit, puisqu'il n'excédait pas douze ou quatorze pieds de long, sur huit de large.

Le local où Joseph exerçait son art est à environ cinquante toises de l'église. La forme en était autrefois circulaire : mais il n'en reste aujourd'hui qu'un débris, la plus grande partie ayant été démolie par les Turcs; un autel est érigé près de l'entrée : non loin de là est une école, où le Christ reçut de maîtres juifs les premiers élémens de son éducation. Près de cette école, mais sur le côté opposé de la route, est une petite chapelle où se trouve le fragment d'un rocher, sur lequel on croit que notre Sauveur prenait quelquefois son repas avec ses disciples. Une inscription, attachée au mur (1), annonce que ce lieu a été consacré par la présence du Christ,

---

(1) *Traditio continua est et nunquam interrupta, apud omnes nationes orientales, hanc petram, dictam* Mensa Christi, *illam ipsam esse petram suprà quam Dominus noster, Jesus Christus cum suis comedit discipulis, ante et post suam resurrectionem a mortuis !*

C'est une tradition qui s'est perpétuée sans interruption, parmi les nations orientales, que cette pierre, dite LA TABLE DU CHRIST, est la même pierre sur laquelle N. S. Jésus-Christ mangeait avec ses disciples, avant et après sa résurrection ! la visite de ce monument procure le bénéfice d'une

avant et après sa résurrection. La forme de cette table de pierre est une ellipse irrégulière ; elle paraît avoir été primitivement un rectangle : sa longueur est d'environ douze pieds, et sa plus grande largeur de neuf ou dix et demi au plus.

Dans une église grecque, à environ un quart de mille de cet endroit, est une fontaine où la mère de Jésus avait coutume d'aller puiser de l'eau. Cette eau est pure et de bon goût : ce sont là les principaux objets dignes de l'attention des natifs et des étrangers à Nazareth. A une demi-lieue de la ville, nous nous dirigeâmes par une route agréable sur le penchant d'une montagne, vers un rocher escarpé, duquel les Juifs tentèrent de précipiter le Christ, au moment où il venait d'expliquer dans la synagogue un passage remarquable du prophète Isaïe (*)

---

indulgence plénière pour sept ans, à la seule condition de réciter un *Pater noster*, ou un *Ave Maria*, « *dummodò sit in statu gratiæ* », pourvu que l'on soit en état de grâce.

(*) *Et traditus est illi liber Isaïæ prophetæ, et ut revolvit librum, invenit locum ubi scriptum erat* « *Spiritus Domini super me : propter quod unxit me, evangelizare pauperibus misit me, sanare contritos corde, prædicare captivis remissionem, et cæcis visum, dimittere confractos in remissionem, prædicare annum Domini acceptum, et diem retributionis.* »

On lui mit entre les mains le livre du prophète Isaïe, et l'ayant ouvert, il trouva l'endroit où ces paroles étaient écrites :

« L'esprit du Seigneur est sur moi : c'est pourquoi il m'a

Sous un gouvernement bienfaisant, et assez éclairé pour comprendre que son intérêt est lié à la prospérité de ses sujets, Nazareth, dont l'aspect justifie aujourd'hui le sarcasme de Nathanaël (*), pourrait devenir le centre d'un district salubre et opulent. Mais le malheureux système des Turcs réagit par des effets qui se multiplient à l'infini; partout où il étend sa funeste influence, aucune plante salutaire ne prend racine, aucune verdure ne vivifie le paysage. Le sol voisin de la ville est dans un état d'abandon, l'industrie des habitans n'étant pas suffisamment protégée pour

---

» consacré par son onction; il m'a envoyé pour prêcher l'é-
» vangile aux pauvres, pour guérir ceux qui ont le cœur
» brisé de douleur.

» Pour annoncer aux captifs qu'ils vont être mis en liberté;
» et aux aveugles qu'ils vont recouvrer la vue; pour délivrer
» ceux qui sont accablés de misère; pour publier l'année fa-
» vorable du Seigneur, et le jour auquel il rendra à chacun
» selon ses œuvres. »
Luc, IV, 17, 18, 19.

(*) « *Invenit Philippus Nathanaël, et dicit ei. Quem scripsit*
» *Moses in lege, et prophetæ, invenimus, Jesum filium Jo-*
» *seph, à Nazareth : et dixit ei Nathanaël : à Nazareth po-*
» *test aliquid boni esse ?*

» Et Philippe ayant rencontré Nathanaël, il lui dit : Nous
» avons trouvé celui de qui Moïse a écrit dans la loi, et *que*
» les prophètes *ont prédit*, Jésus de Nazareth, fils de Joseph.

» Nathanaël lui dit : Peut-il venir quelque chose de bon
» de Nazareth ? »
Jean, chap. I, 45, 46.

encourager l'agriculture, quoique le sol soit léger, facile à mettre en œuvre, et qu'il pût aisément récompenser amplement le travail du laboureur.

Suivant le docteur Clarke, le mot Nazareth signifie en hébreu, *une fleur*, nom que l'on n'aurait certainement pas donné à un endroit tout-à-fait dépourvu de beauté naturelle et de fertilité. Si la saison était moins avancée, un savant botaniste pourrait peut-être découvrir plusieurs espèces intéressantes qui échappent à l'observateur vulgaire. Mais à l'époque actuelle de l'année, on en voit peu qui soient dignes d'être décrites, et ce sont pour la plupart, des herbes sans goût, et des fleurs sans odeur. On n'y trouve certainement rien de comparable à cette variété infinie de belles plantes qui décorent les rivages et les prairies de l'Angleterre. Les Saintes Ecritures offrent peu d'allusions à ces beautés d'une scène champêtre. La rose de Sharon et le lis de la vallée sont à peu près les seules fleurs dont ma mémoire me rappelle qu'il soit parlé dans les livres saints. (B) Il est une autre espèce de charme dont le silence de l'Ecriture me fait soupçonner la rareté en Palestine; c'est cette mélodie naturelle, ce concert des oiseaux (*concentus avium*), dont la multitude fait retentir nos bois de leurs chants.

Demain nous verrons la mer de Galilée, le fleuve du Jourdain, et le mont Tabor.

LETTRE IV,

A Sir G. E. Bart.

Nazareth,

M<small>on cher</small> E.....

Tibériade est à près de vingt milles de Nazareth. Après avoir chevauché environ une demi-heure, nous nous trouvâmes en vue d'un village appelé Rana, situé agréablement au bord d'une colline. Ce village n'est habité que par des Arabes. Au bout de deux heures de route, nous traversâmes un endroit auprès de la petite ville de Toraam, que les paysans, je ne sais sur quelle autorité, donnent pour le théâtre du miracle des pains et des poissons (1). Cette petite ville est située presqu'au pied d'une montagne; et en avant s'étend une vaste plaine. La narration de l'Evangile place le lieu où ce miracle fut accompli, dans « un désert dépendant d'une ville appelée Bethsaïde (2). » Comme cette ville était

---

(1) Luc IV, 16.
(2) Luc IX, 10, 12.

sous la juridiction de Philippe, tétrarque de l'Iturée, elle devait se trouver à l'est du fleuve du Jourdain. Josephe dit expressément que le Jourdain va se perdre dans le lac de Génésareth, derrière la ville de *Julia*, nom que Philippe donna à Bethsaïde en l'honneur de la fille d'Auguste, après avoir entouré cette place de murs, et l'avoir ornée d'édifices publics. Entre cette ville et Rama, et à une légère élévation au-dessus de la vallée, on rencontre le village de Cana (1), célèbre par le premier acte du pouvoir en vertu duquel le Christ opéra tant de merveilles.

Vers midi environ, nous atteignîmes le sommet de la montagne que l'on croit être celle où notre

---

(1) Les saintes écritures désignent plusieurs lieux par ce nom. Le livre de Josué, chap. xix, v. 28, fait mention d'un endroit appelé Cana, comme compris dans le territoire assigné à la tribu d'Aser.

On trouve encore dans quelques endroits de la Galilée des fragmens de jarres de pierre, qui paraissent avoir été assez larges pour contenir plusieurs gallons (*a*); quoique depuis long-temps, ces sortes de vases ne soient plus en usage dans cette contrée, comme restes d'antiquités ils ont droit à quelque attention. Mais la certitude que l'on ne s'y sert plus de ces anciens vases, ne peut porter aucune atteinte à l'authenticité du récit de l'évangile. Car, dans un ouvrage même donné pour fabuleux, on se hasarderait à peine à attribuer, à un pays connu, d'autres usages que ceux qui sont constatés par la notoriété publique, à l'époque où l'on écrit.

(*a*) Le gallon est d'environ cinq pintes de Paris.

3

Seigneur prononça son sermon mémorable, dans lequel il inculque une doctrine dont aucun système antérieur n'avait jamais atteint la morale élevée. De cette éminence on voit la mer de Galilée étendre dans une vallée qui se prolonge au loin, la vaste et magnifique nappe de ses eaux vives. On ne saurait imaginer un spectacle plus fait pour rafraîchir l'œil et l'esprit, dans un climat tel que celui-ci, où le voyageur est pour ainsi dire, à chaque instant, tenté de s'écrier :

O! quis me gelidis in vallibus Hæmi
Sistat, et ingenti nimborum protegat umbra (1).

La vue embrasse en même temps une très-belle perspective de montagnes qui s'élèvent sur la côte orientale du lac, et s'étendent au nord et au midi. Ces monts, dans leur partie la plus élevée, sont couronnés d'une neige à laquelle la réflexion d'un soleil brûlant donne un éclat insupportable à l'œil.

La ville de Tibériade est bâtie sur la côte occidentale, et se prolonge par une pente jusqu'au rivage, qui lui sert de limite de ce côté. Les trois autres côtés sont fermés par une muraille rectan-

---

(1) Solitude où je trouve une douceur secrète,
 Lieux que j'aimai toujours, ne pourrai-je jamais
 Loin du monde et du bruit, goûter l'ombre et le frais?
 O! qui m'arrêtera sous vos sombres asiles.

LA FONTAINE.

gulaire, flanquée de tours. On évalue la population à quatre mille habitans, dont les deux tiers juifs. Le gouverneur se trouvant absent pour une affaire urgente, ou plutôt s'étant fait celer, nous fûmes obligés de passer la nuit dans une église. Dans la soirée, je fis une promenade aux environs avec le desservant de cette église. Quoiqu'il ne parût être que d'un ordre inférieur, et que son extérieur annonçât une extrême pauvreté, j'eus la preuve de la vénération que lui portaient ses concitoyens. Plusieurs d'entre eux nous voyant passer, lui prirent la main, qu'ils pressèrent de leurs lèvres avec des signes non équivoques de respect et d'affection. En Palestine, les titres et la richesse n'ont pas seuls des droits à la considération. Là, comme ailleurs, ils attirent sans doute ces hommages que la bouche prononce, mais sont sans pouvoir pour concilier à celui qui les possède, l'hommage silencieux du cœur.

A quelque distance de la ville, la limpidité du lac m'engagea à m'y baigner. J'y trouvai l'eau aussi légère que celle de l'Hellespont. La plus grande largeur de cette mer ne paraît pas excéder un peu plus de deux lieues, et son étendue en longueur est de plus du double (1). Mais l'agrément, l'utilité

---

(1) Suivant Pline, ce lac a plus de cinq lieues de long, et deux de large. Cet auteur le peint entouré de délicieuses maisons de campagne, *amænis circumseptum oppidis*. (lib. 5, cap. 15.) Mais elles ont si complètement disparu, qu'il ne reste aucune

d'une vaste nappe d'eau fraîche dans un pays aride, sont sans prix. La scène du paysage d'alentour présente un grand nombre de beautés pittoresques et sublimes. Mais le manque presque total de bois en diminue beaucoup le charme. On découvre Corosaïn et Capharnaüm à l'extrémité nord-est de cette contrée. Mon *Cicerone* ecclésiastique se donnait beaucoup de peine pour corriger ma manière de prononcer le nom de cette dernière ville, qu'il soutenait être Caperna-Hoom. Ces deux endroits ne sont maintenant habités que par des familles arabes. On trouve en face du lac quelques cavernes creusées dans le roc, et qui ont probablement servi de sépulcres. On présume qu'à l'époque de la mission de notre Sauveur, les misérables maniaques, victimes de tortures intérieures, et regardés comme possédés du démon, s'y réfugiaient de temps en temps. (MATHIEU; VIII, 28.)

Le lendemain matin, dès six heures, nous montâmes à cheval dans l'intention de parcourir la rive méridionale du lac. A environ un mille de la ville, nous arrivâmes à une source chaude, regardée comme bienfaisante pour les douleurs rhumatismales et les atteintes de paralysie. Notre guide nous engagea à nous y arrêter, voulant lui-

---

trace de leur existence. On appelait ce lac mer de Galilée, à cause de sa situation dans cette province, lac de Tibériade, du nom de la ville construite sur ses bords, et lac de Génésareth, du nom d'une autre ville, qui n'existe plus.

même en éprouver l'efficacité. Il se débarrassa promptement de son vêtement, consistant en une simple tunique et un léger turban, et en une minute à peu près, il plongea dans la piscine, demeurant sous l'eau autant qu'il put retenir son haleine. Ayant renouvelé deux ou trois fois cette immersion, il sortit, et se préparait à nous conduire; mais nous remarquâmes en lui des symptômes non équivoques de faiblesse et d'épuisement. Nous jugeâmes donc nécessaire de réparer ses forces à l'aide d'un cordial, pour le mettre en état de continuer avec nous la route. La distance de cette source au Jourdain est d'environ deux lieues. Le fleuve, à sa sortie du lac, est clair et limpide. Sa largeur est d'environ cinquante pieds, et son peu de profondeur permet de le passer aisément à gué. Je remplis une petite bouteille d'eau de ce fleuve célèbre. Je l'ai bouchée depuis hermétiquement. Je puis donc espérer, je le crois, de vous la porter en Angleterre dans toute sa pureté, et vous pourrez en faire l'examen.

Je désirais vivement de suivre le cours de cette rivière, depuis sa sortie du lac jusqu'à son embouchure dans le lac Asphaltite; mais différentes personnes qui s'étaient occupées de ce projet, nous assurèrent qu'il était impraticable. Ne pouvant d'ailleurs nous procurer un guide, nous fûmes contraints de renoncer à cette idée, et nous nous préparâmes à revenir à Nazareth par une route qui nous permît de voir le mont Tabor.

Nous parvînmes au pied de cette montagne, cinq heures après avoir quitté le Jourdain, et nous mîmes encore une heure à atteindre le sommet. La montée est extrêmement rude et raboteuse, et nos chevaux, quoiqu'ils eussent auparavant passé par des sentiers qui semblaient impraticables à tout animal plus gros qu'une antelope, furent souvent très-embarrassés de trouver où poser leurs pieds. La vue, du haut de la montagne, s'étend au loin, et la situation en est merveilleusement adaptée au spectacle de splendeur, dont on suppose que le Tabor fut le théâtre.

On voit que je m'exprime avec une extrême défiance sur toutes les particularités locales, relatives aux faits racontés dans les saintes écritures; car lorsque le récit est fait en termes généraux, sans aucun de ces détails circonstanciés qui ne laissent place à aucune conjecture, la diversité d'opinions est assurément permise. Le récit de la transfiguration, dans St. Mathieu, fixe le lieu de la scène sur une montagne solitaire. Εις ορος υψηλον κατ' ιδιαν, que notre traduction interprète ainsi : « sur une haute montagne à l'écart (1); » la narration de St. Marc autorise une construction différente des mots κατ' ιδιαν, qui, de cette ma-

---

(1) « *Et ducit illos in montem excelsum seorsum.* »
　　　　　　　　　　　　　　　　　MATHIEU, XVII.

nière, seraient plutôt relatifs à la personne dont on parle, qu'à la position de la montagne : voici ses expressions : ἀναφέρει αὐτοὺς εἰς ὄρος ὑψηλὸν κατ᾽ ἰδίαν μόνους. La version anglaise autorisée rend ce passage ainsi qu'il suit : « Jésus prit avec lui Pierre, Jacques et » Jean, et les conduisit au sommet d'une haute » montagne, *à part by themselves (a)*. » A dire vrai, le mont Tabor n'est point une haute montagne isolée : une colline d'une hauteur remarquable s'élève très-près de sa base occidentale ; et, quoiqu'elle ne soit point aussi élevée que le Tabor, elle l'est cependant assez pour que l'on ne puisse le considérer comme isolé dans une plaine, et éloigné de toute autre éminence. L'évangéliste nous apprend, dans le même chapitre, qu'après que Jésus eut guéri le jeune homme qui, depuis son enfance, était tourmenté par un esprit sourd et muet, il partit avec ses disciples, traversa la Galilée, et alla ensuite à Capharnaüm ; mais, comme cette ville est en Galilée, si la montagne qui fut le théâtre de la transfiguration eût été située dans la même province, l'évangéliste n'aurait guère pu rendre compte du voyage du Christ dans les termes dont il s'est servi.

D'après le docteur Clarke, on a représenté

(*a*) Voici la traduction de la Vulgate, qui rend le grec littéralement : « *et ducit illos in montem excelsum seorsum solos ;* » il les mena *seuls à l'écart* sur une haute montagne.

MARC, IX.

le mont Tabor comme « ayant à son sommet » une vaste plaine très-bien cultivée, et habitée » par de nombreuses tribus arabes : » cette description est d'une inexactitude étonnante (1). La forme de cette montagne est celle d'un cône tronqué. Le sommet n'en est rien moins qu'une plaine étendue : il ne consiste qu'en quelques acres presque couverts par les ruines d'une forteresse, sans aucun habitant, et l'on n'y découvre pas la plus légère apparence de culture. La côte est raboteuse et escarpée, mais revêtue d'arbres et de broussailles. C'était sur cette éminence que campait Barac, lorsqu'encouragé par Debora, il en descendit à la tête de 40,000 hommes, et défit l'armée de Sisara. « Celui-ci sauta hors de son chariot, et prit la fuite à toutes jambes (Juges, IV, 14-15). » A quelques lieues à l'orient, est le mont Hermon, au pied duquel est situé le village de Naïm, lieu où St. Luc (2) a placé le théâtre de la résurrection miraculeuse du fils de la veuve par le Christ.

Non loin de là est Endor, où résidait la devineresse que consulta Saül. Au midi d'Hermon, l'on découvre les montagnes de Gelboï et les hau-

---

(1) L'auteur n'a point l'ouvrage du docteur Clarke, pour le diriger dans ses recherches. Le passage cité est extrait d'un article de l'une *des Revues*, dont il présume que la citation est exacte.

(2) Chap. VII, 14.

teurs de Samarie, au-delà desquelles on ne peut plus rien apercevoir.

Nous revînmes à Nazareth à cinq heures après midi; et probablement, demain, nous dirigerons nos pas vers Jérusalem, en traversant la plaine d'Esdrelon à Naplouse, d'où il n'y a plus qu'un jour et demi de marche pour arriver à la capitale de la Judée.

LETTRE V,

A Sir G. E. Bart.

> Du Couvent des Franciscains,
> à Jérusalem, 16 août 1817.

Mon cher E.....

Nous prîmes congé de nos amis de Nazareth, de bonne heure dans l'après-midi du 12, et en six heures nous arrivâmes à Ginna ou Jinnin, ville qui sépare la Galilée de Samarie. Après le premier mille, à l'endroit où la route fait un détour en descendant les montagnes dont Nazareth est environné, le chemin se développe sur une plaine (1) très-belle et très-fertile, bornée par une chaîne de collines au pied desquelles Jinnin est

---

(1) La vallée immense qui sépare Nazareth de Jinnin, a porté, selon les époques et les circonstances, les noms de plaine d'Esdrelon, de champ de Mageddo, de plaine de Galilée, et de plaine de Saba. Cette vallée fait partie de la terre de Chanaan; même dans l'état d'abandon, où elle est à présent réduite, l'abondance, le luxe même de ses productions se fait encore remarquer, et justifient ce don spécial de fertilité qui lui est si emphatiquement attribué dans les livres saints; on ne peut cependant reconnaître dans la situation actuelle

situé. Vu de loin, Jinnin offre l'aspect d'une belle ville ; mais entrez-y, rien n'est plus pitoyable. On découvre cependant quelques restes de son ancienne splendeur; des mosquées ruinées, des fontaines brisées, des colonnes mutilées. Après avoir long-temps cherché un abri pour la nuit, nous obtînmes enfin d'être admis dans la maison d'un prêtre grec, et nous partageâmes, avec une demi-douzaine de vaches, la basse-cour en avant de sa cabane; c'est-à-dire que nous passâmes la nuit sur une espèce de misérable plate-forme élevée à dix ou douze pieds au-dessus de terre, tandis que les bestiaux étaient couchés sur le sol.

Le lendemain matin, nous nous levâmes avec l'aurore ; mais nous ne pûmes quitter Jinnin avant

---

de cette terre promise, une supériorité relative sur la terre d'Egypte, la culture dans le Delta étant bien plus soignée. La richesse apparente du sol de Chanaan n'est pas le seul titre de ce pays à notre attention. Il excite encore un vif intérêt, comme ayant été autrefois le théâtre de ces événemens militaires, qui, à différentes époques, dans les anciens âges, décidèrent du sort de puissantes armées. Le voyageur même, dont la foi serait faible, en traversant la Palestine, avec les livres saints pour guide, ne pourrait s'empêcher, à l'entrée du champ de Mageddo, d'éprouver l'influence de ces émotions locales, que Johnson attribue, avec tant de vérité et d'éloquence, aux champs de Marathon. Je porterais peu d'envie à celui qui ne sentirait pas croître l'ardeur de son patriotisme dans la plaine de Galilée, et la ferveur, la pureté de ses sentimens religieux, au milieu des ruines de Jérusalem.

six heures. A environ trois lieues, nous traversâmes, sur la droite, une place remarquable par ses fortifications; les guides en prononcèrent le nom d'une manière si inintelligible, qu'il me fut impossible de retenir assez les sons pour les peindre par des lettres. Cette place, par sa situation, domine la plaine, et on nous assura que la garnison avait résisté plusieurs mois avec succès aux attaques réitérées du redoutable pacha de Damas.

Cinq lieues plus loin, après avoir traversé les défilés, et particulièrement une plaine où nous observâmes tous les signes d'une heureuse fertilité, nous arrivâmes à la métropole du royaume de Samarie. Le nom moderne de cette ville est Naplouse; mais la contrée était autrefois connue sous le nom de Sichem ou Schechem. C'est la même à laquelle le Psalmiste (*a*) fait allusion avec l'exaltation du Triomphe.

La ville de Naplouse est située entre les montagnes d'Ebal et de Gerizim (1), la première au

---

(*a*) Psalm. LIV. 5, 8.

« *Deus locutus est in sancto suo ; lætabor, et partibor Si-*
» *chimam : et convallem tabernaculorum metibor.* »

« Dieu a parlé dans son sanctuaire ; je serai dans la joie :
» je partagerai les champs de Sichem, et je mesurerai la vallée
» des Tentes. »

(1) D'après une tradition locale, c'est sur cette montagne qu'eurent lieu les apprêts du sacrifice d'Isaac.

nord et la seconde au midi. C'est sur le penchant de cette dernière que la ville est bâtie. Peu de villes l'emportent sur Sichem par la beauté romantique de leur position. Ses édifices semblent s'élever au milieu de bosquets ornés de fleurs de toute espèce ; ils sont environnés d'épais bocages, et rafraîchis par des ruisseaux de l'eau la plus pure. Mais, indépendamment des beautés de cette scène champêtre, quel est celui, pour peu qu'une fausse et froide philosophie n'ait point glacé sa sensibilité, qui pourrait fouler avec indifférence un sol consacré par tant d'intéressans souvenirs, une terre jadis le théâtre de nombre d'événemens attachans, gravés dans nos cœurs dès la plus tendre enfance ? Les fils de Jacob faisaient paître leurs troupeaux dans Sichem, quand Joseph, alors dans sa dix-septième année, fut envoyé par le patriarche au-devant de ses frères. C'est là que se rencontrèrent les marchands madianites, et une troupe d'Ismaëlites qui se rendaient à Galaad en Egypte. Là commença cette série d'événemens qui devaient, dans la suite, influer sur les destinées de toute la nation juive (1). On nous fit voir dans la ville une petite chapelle que l'on prétend avoir été érigée sur le tombeau que les enfans d'Hemor, père de Sichem, vendirent à Jacob pour cent pièces d'argent (2). L'aspect de cette cha-

---

(1) Genèse, xxxvii.
(2) Genèse, xxxiii, 19.

pelle ne peut servir ni à confirmer, ni à infirmer la tradition. Ce lieu est encore remarquable comme ayant reçu les os de Joseph, lorsqu'ils furent transportés du pays des Pharaons dans son pays natal (1). Le commerce que fait Naplouse suffit pour donner aux rues principales de cette ville l'aspect du mouvement et de l'activité. Elles sont cependant étroites et boueuses, sans offrir toutefois à la vue ces symptômes d'une misère dégoûtante qui l'affligent ailleurs. Nous fûmes obligés de nous présenter à l'aga, et de lui montrer non-seulement le firman de Constantinople (2), mais même les passe-ports des autorités inférieures qu'on nous avait délivrés à Acre, avant de pouvoir obtenir la permission d'entrer dans une maison de la

---

(1) Josué, xxiv, 32.

(2) On connaîtra mieux la nature de cet acte indispensable par la suscription du rouleau qui servait à l'envelopper, lorsqu'il fut apporté au logement de l'auteur, à Pera, par M. Frère, ambassadeur anglais à Constantinople, dont les égards empressés envers l'auteur méritent toute sa reconnaissance « Firman de voyage pour ***** pour se rendre avec leurs
» domestiques aux îles de l'Archipel, à Chypre, Acre, Jaffa,
» Jérusalem, en Syrie, à Alexandrie, en Egypte et pays en-
» vironnans, et revenir de là à Constantinople : ils seront
» traités de la manière la plus amicale; on leur procurera
» sûreté, assistance, et protection, conformément aux ca-
» pitulations impériales, et on leur fournira, *en payant*,
» dans l'occasion, toutes les escortes nécessaires : » ceci n'est que l'intitulé. Le firman même est grossoyé sur un rouleau magnifique, avec beaucoup d'élégance, en beaux caractères arabes, et signé avec le chiffre du Grand-Seigneur.

ville. Le palais de l'aga est vraiment magnifique. Nous le trouvâmes dans une des cours extérieures, auprès d'une fontaine, occupé à remplir le devoir de l'une des ablutions prescrites par sa religion. Lorsqu'il eut fini, nous lui expliquâmes les motifs de notre visite. Sa figure portait l'empreinte d'une dignité fastueuse, et son air annonçait une fierté extraordinaire. Ses traits prirent cependant, par degrés, une expression de politesse, et il se montra très-affable. Il nous fit quelques questions sur l'objet de notre voyage, il examina nos armes, et fit un grand éloge d'un pistolet à deux coups, éloge dont nous eûmes l'air de ne pas comprendre l'intention. Il donna ensuite à un de ses subordonnés l'ordre de nous procurer un logement convenable, et de pourvoir notre table à ses dépens. Ses ordres ne furent cependant exécutés qu'à l'aide du bâton d'un janissaire, et le furent même alors si mal, que nous crûmes être enfin parvenus au degré le plus bas de l'échelle de la barbarie.

Avant de nous coucher, nous signifiâmes à nos guides qu'ils eussent à nous éveiller à deux heures du matin, pour pouvoir arriver à Jérusalem le lendemain avant la clôture des portes; mais une querelle qui s'éleva dans la ville de Naplouse entre deux factions rivales, rendit notre précaution inutile. Les partis en vinrent aux mains la nuit; et j'appris que plusieurs individus avaient péri. Ce fut pour le gouverneur un motif de donner ordre que qui que ce fût ne quittât la ville avant huit heures du matin. Nous fûmes donc obligés d'ajourner l'espoir d'arriver à la capitale.

Environ à un mille de Naplouse, auprès de l'endroit où se termine la vallée de Sichem, est une excavation remarquable, connue sous le nom de Puits de Jacob, et que l'on conjecture être le même que celui que désigne St. Jean, comme le lieu où Jésus-Christ parla à la Samaritaine, qui venait y puiser de l'eau.

Avec des dispositions à révoquer en doute l'exactitude de cette conjecture, on trouverait peut-être extraordinaire que les habitans d'une ville, fournie de beaucoup de sources naturelles, eussent pris la peine d'aller chercher à une si grande distance ce qu'ils pouvaient se procurer à quelques pas de leurs demeures : mais des objections de ce genre sont aisées à réfuter. Les circonstances locales, qui caractérisent l'endroit indiqué, s'accordent très-bien avec la description de l'évangéliste, et il est très-probable que les maisons s'étendaient autrefois dans cette direction bien au-delà de leurs limites actuelles.

Après avoir marché pendant six heures, nous nous arrêtâmes pour faire paître nos montures au pied d'un roc escarpé, près d'un étang, et à cinq heures du matin, environ, nous atteignîmes *Ra-*

mala. C'est un village agréablement situé au sommet d'une colline dont les revers sont plantés de sycomores et d'oliviers. Parvenus à peu de distance de ce lieu, mon ami fut attaqué d'un mal soudain qui nous inspira les plus vives alarmes. C'était sans doute une espèce de *coup de soleil*; il se plaignait d'un violent étourdissement, accompagné d'une extrême pesanteur de tête: ses traits annonçaient l'agitation; son pouls était plein et rapide. Par un effet subit de cet accident, il perdit toute idée du pays que nous avions sous les yeux, et se persuada que nous étions sur le point d'entrer à Bordeaux. Ses observations, participant de ce délire momentané, étaient confuses, incohérentes: nous n'y prêtions l'oreille qu'avec l'anxiété la plus pénible; c'était la première fois, dans le cours de notre long voyage, qu'il montrait le moindre symptôme d'infirmité. Mais les substances les plus dures se brisent quelquefois plus aisément que les substances plus molles. Nous le conduisîmes seulement, et avec précaution, à l'endroit où nous devions loger; nous y dressâmes nos lits de camp; nous le déterminâmes à prendre une dose d'une poudre curative, et, peu après, j'eus le plaisir inexprimable de lui voir goûter tranquillement un profond sommeil: il resta ainsi endormi, pendant environ sept heures, presque sans interruption; et, dans la matinée, il avait si bien repris ses forces, qu'à peine paraissait-il conserver quelque souvenir de son attaque de la veille (1).

Les habitans de Ramala sont presque tous chrétiens de la communion grecque : nous fûmes reçus de la manière la plus polie par le premier de leurs ministres; toute la population du lieu vint nous voir dans sa maison, et l'on ne put engager ces visiteurs à se retirer qu'à la nuit close (*a*).

La route de Naplouse traverse en majeure partie les montagnes de Samarie, dont l'aspect, en général, est celui d'une contrée déserte et d'une grandeur sauvage, caractère qui y est empreint à un plus haut degré que dans celles que nous avions déjà parcourues. La menace d'une attaque de la part d'un parti d'Arabes en embuscade, nous donna un moment d'alarme; mais nous passâmes sans avoir été inquiétés. La matinée, ce jour-là,

---

(1) Peu après son retour en Angleterre, l'auteur, qui avait quitté l'Europe avec quatre compagnons, reçut la triste nouvelle que l'un d'eux avait péri, victime du rigoureux régime de quarantaine, auquel il avait été soumis à Odessa. Il avait succombé, à la fleur de l'âge. Il était doué de ces qualités aimables qui concilient l'affection et l'estime. Son mérite réclame un hommage cordial, et un souvenir reconnaissant de la part de l'ami qui lui survit.

(*a*) Nous supprimons ici les plaintes de l'auteur sur l'extrême malpropreté de quelques parties de l'Arabie, et de la Palestine, ainsi qu'un souvenir peu agréable du même genre, qui a pour objet le midi de la France.

était d'une fraîcheur et d'une beauté extraordinaires : nous partîmes pleins d'ardeur, attendant, avec le plus vif empressement, le moment où nous allions contempler ces murs depuis si long-temps le but de nos courses. Enfin, après une route de deux heures, nous aperçûmes, pour la première fois, d'une éminence et dans l'éloignement, les mosquées et les minarets qui s'élèvent au centre de la métropole du christianisme.

Ecco apparir GERUSALEM *si vede,*
Ecco aditár GERUSALEM *si scorge.*
La Gerusalemme liberata, cant. terz. stan. 3. (a)

A mesure que nous descendions, la ville se déployait par degrés à nos yeux dans toute son étendue. Toutes les circonstances de sa situation actuelle, la scène dont nous étions environnés, nous paraissaient réaliser l'éloquente description qui orne le début du poëme sur la Palestine.

« Privée de tes enfans, abandonnée à tes en-
» nemis, pleure, reine des veuves, Sion main-
» tenant oubliée, pleure! c'est ici que tu t'élevais,
» triste cité ; c'était ici ton trône ; ici, où le dé-
» sert solitaire enfante ses pierres raboteuses ;
» ici, où un soleil maudit ne darde que des
» rayons irrités, où le pélerin fatigué cherche

(a) Tout-à-coup Jérusalem paraît : tous se montrent Jérusalem : mille voix confondues répètent Jérusalem ! Jérusalem !
Jérusalem délivrée, trad. de M. LEBRUN.

4*

» quelque maigre source. Qu'est devenue cette
» pompe que les rois mêmes contemplaient d'un
» œil d'envie? Qu'est devenue cette puissance de-
» vant laquelle pliaient tous ces rois? On ne voit
» plus tes bandes guerrières s'exercer aux com-
» bats devant tes portes. Une multitude sup-
» pliante ne se presse plus autour du parvis de
» ton temple. On n'entend plus un barde pro-
» phétisant éveiller les cordes de sa lyre au mi-
» lieu de la cour brillante de tes princes, et faire
» retentir les chants de sa verve inspirée : mais,
» en récompense, on voit régner ici la force sans
» frein, le besoin que la maigreur dévore, la
» crainte au coup-d'œil rapide qui ne connaît
» pas le repos; tandis que le froid oubli, couché
» parmi tes ruines, replie ses ailes humides à
» l'ombre du lierre. » (HEBER. Palestine).

Nous entrâmes dans la ville par la porte de Damas; et nous arrivâmes promptement au couvent catholique, où nous reçûmes l'accueil d'une aimable hospitalité.

LETTRE VI,

A Sir G. E. Bart.

Jérusalem, août 1817.

*Juvat integros accedere fontes
Atque haurire.* Lucret. (a).

M<small>on cher</small> E.....

Les renseignemens puisés dans les livres, l'exactitude même la plus minutieuse d'une narration orale, ne sauraient donner à un Européen une idée juste d'un pays dont la constitution morale et physique dérive de principes qui diffèrent essentiellement des habitudes de notre Occident. L'esprit, n'ayant point de modèle auquel il puisse comparer des objets si complètement nouveaux pour lui, ne sait comment former ses idées. Il arrive donc inévitablement que la réalité n'a qu'un rapport très-faible avec l'image qu'on s'en était faite d'avance. Cette observation s'applique particulièrement au voyageur qui visite la Terre-Sainte. A son arrivée sur la côte de Syrie, se présentent à lui des objets sans aucune ressemblance avec ceux qu'il a eus jusqu'alors sous les yeux. Le règne végétal, la création animale, sa propre

---

(a) Approchons de ces sources abondantes, et puisons-y librement.

espèce même, s'offrent à sa vue sous des aspects tout différens : il se croirait presque transporté au loin sur une autre planète.

Aussi, les premières sensations qu'éprouve le voyageur dans la Palestine, sont celles de la fatigue et de l'abattement. Mais, à mesure qu'il avance dans cette enceinte sacrée, lorsqu'il voit une plaine sans bornes s'étendre de tous côtés, ces impressions font place à un sentiment d'exaltation. Un mélange de surprise et de respect s'empare de ses facultés, et, loin de le décourager, cette émotion élève son cœur en attachant son esprit. Les scènes étonnantes qui se déploient devant le spectateur à chaque pas, l'avertissent qu'il contemple ces régions choisies autrefois pour le théâtre des miracles. Un climat brûlant, le vol impétueux de l'aigle, le figuier desséché, toute la poésie, tous les tableaux des livres saints sont présens à sa vue ; chaque nom vénéré lui rappelle quelque mystérieux agent de la divinité ; chaque vallée semble retentir encore des prédictions des prophètes ; chaque montagne lui renvoie l'écho des accens sacrés de l'inspiration ! *la voix terrible de l'ÉTERNEL LUI-MÊME a résonné sur ces rivages* (1) !

Fouler le sol qu'ont foulé les maîtres de la

---

(1) Voici le passage de l'*Itinéraire à Jérusalem*, que le voyageur anglais a presque traduit.

« Quand on voyage dans la Judée, d'abord un grand ennui

terre, étudier l'histoire des nations dans les fragmens consacrés à leur gloire, a souvent, et avec raison, été considéré comme une source de plaisirs du genre le plus élevé. Mais si des considérations, purement humaines, peuvent produire de pareilles impressions; si le philosophe et l'historien se sentent accablés du poids de leurs réflexions, lorsque leurs yeux se fixent sur les lieux où s'asseyait Romulus, où haranguait Cicéron, où tomba César, combien plus fortes les émotions du moraliste chrétien ne seront-elles pas, lorsqu'il contemplera « les champs sacrés qui » ont reçu les traces de ces pieds bénis, cloués, » il y a dix-huit siècles, pour le salut du genre » humain, sur le bois d'une affreuse croix (1). »

» saisit le cœur; mais, lorsque passant de solitude en soli-
» tude, l'espace s'étend sans bornes devant vous, peu à peu
» l'ennui se dissipe : on éprouve une terreur secrète, qui,
» loin d'abaisser l'âme, donne du courage, et élève le génie :
» ses aspects extraordinaires décèlent de toutes parts une terre
» travaillée par des miracles : le soleil brûlant, l'aigle impé-
» tueux, le figuier stérile, toute la poésie, tous les tableaux
» de l'Ecriture sont là : chaque nom renferme un mystère :
» chaque grotte déclare l'avenir : chaque sommet retentit des
» accens d'un prophète : Dieu même a parlé sur ces bords, etc.
  Itinéraire à Jérusalem, 2ᵉ vol. 3ᵃ édit. p. 169.

(1)   « Those holy fields,
» Over whose acres walk'd those blessed feet,
» wich eighteen hundred years ago were nail'd,
» For our advantage, to the bitter cross! »
  (SHAKESPEARE, Henri IV, part. 1, act. 1, sc. 1.)

Oppressé par les mouvemens multipliés qui pénètrent et agitent son sein, il cèdera, pour un moment au moins, à l'impulsion de son cœur; et, cherchant la religion dans son vrai sanctuaire, il se prosternera au pied de ses autels dans la ferveur d'une adoration expiatoire.

La fondation de Jérusalem remonte à l'une des époques de l'antiquité la plus reculée. On attribue son origine au grand-prêtre Melchisédech, qui traça ses limites sur les monts Moria et Acra, 1991 ans avant la venue de Jésus-Christ. Son fondateur lui donna le nom de Salem, terme qui la désignait comme la demeure de la paix. Mais un coup-d'œil sur les antiques annales des Juifs suffit pour reconnaître combien peu ses destinées s'accordèrent avec un si magnifique présage. Soixante ans s'étaient à peine écoulés, qu'elle tomba au pouvoir des Jébuséens, tribu descendue de Jébus, fils de Chanaan. Les nouveaux possesseurs ne négligèrent pas les moyens ordinaires pour s'assurer de leur conquête. Ils agrandirent les remparts, et construisirent une forteresse sur la montagne de Sion, à laquelle ils donnèrent le nom de Jébus leur père. La ville prit alors le nom qu'elle porte encore, Jérusalem, c'est-à-dire, vision de paix. Josué, qui avait succédé à Moïse dans le gouvernement d'Israël, conduisit ses armées dans la terre promise, et, marchant contre la Cité nouvelle, s'empara de la ville basse. Il fit mettre à mort Adonisedech et les quatre princes confédérés, rois d'Hébron, de Jérimol, de Lachis et d'Eglon. Cependant les Jébuséens demeurèrent maîtres de la ville haute et de la citadelle de Jébus. Ils n'en furent finalement chassés que sous le règne de David, 824 ans après qu'ils se furent établis dans la cité de Melchisédech. David fit fortifier la citadelle, réparer et agrandir ses ouvrages, et lui donna son propre nom. Ce monarque fit aussi bâtir sur la montagne de Sion un palais et un tabernacle, afin d'y déposer l'arche d'alliance. Salomon, son fils et son successeur, orna la ville d'un grand nombre de beaux édifices, l'enrichit de monumens d'architecture, et fit construire ce temple célèbre, dont les livres sacrés donnent une description si détaillée, et dont le fondateur lui-même a chanté la magnificence avec tout l'enthousiasme poétique.

Cinq ans après la mort de Salomon, Sésac, roi d'Egypte, attaqua Roboam, s'empara de Jérusalem, et la livra au pillage. Elle fut encore saccagée 150 ans après par Joas, roi d'Israël, et envahie ensuite, de nouveau, par les Assyriens. Manassés, roi infortuné de Juda, tomba dans les mains du conquérant, et fut emmené captif à Babylone. Enfin, sous le règne de Sédécias, Nabuchodonosor la détruisit complètement, brûla son temple, et transporta ses malheureux habitans, en captivité, dans sa capitale.

Le premier temple fut détruit 470 ans, 6 mois

et 10 jours après sa fondation, par Salomon, l'an du monde 3513, et environ 500 ans avant la naissance de notre Sauveur. 477 ans s'étaient écoulés depuis le temps de David jusqu'au règne de Sédécias, et la ville avait été gouvernée par dix-sept rois. Après 70 ans de captivité, Zorobabel commença à rebâtir le temple, et à faire sortir la ville de ses cendres. Cette entreprise, suspendue pendant quelques années, fut à la fin terminée successivement par Esdras et Néhémie.

Alexandre-le-Grand entra dans la Cité sainte l'an du monde 3583, et offrit des sacrifices dans le nouveau temple (*a*). Jérusalem tomba bientôt sous la domination de Ptolémée, fils de Lagus. Mais Ptolémée Philadelphe y exerça une autorité

―――――――――――――――――――――――

(*a*) Il y a ici une erreur; l'auteur, d'après M. de Châteaubriant, dont il prévient qu'il a suivi l'esquisse historique sur Jérusalem, ne met que 70 ans d'intervalle entre la destruction de cette ville par Nabuchodonosor, et la visite d'Alexandre au temple, ce qui ferait croire que ce conquérant y serait allé la première année du retour des Juifs dans leur pays. Or, ce retour a eu lieu, après la ruine de l'empire de Babylone, par Cyrus; on n'a commencé que la seconde année après, la réédification du temple, et, il y a entre Cyrus et Alexandre, un intervalle de 202 ans. Nabuchodonosor détruisit Jérusalem, vers l'an du monde 3377 : et ce fut vers l'an 3650, qu'Alexandre alla à Jérusalem, c'est-à-dire, environ 273 ans, après la ruine de cette ville; et 201 ans, après qu'on eut commencé la construction du nouveau temple. *Histoire universelle. Trad. de l'allemand, de Schlœtzer et Schroëck. Edit. de 1817. Tablettes chronologiques*, p. 556 et suiv.

tempérée par la justice et l'humanité. Il orna le temple de présens magnifiques. Antiochus-le-Grand reprit la Judée sur les rois d'Egypte, et la rendit ensuite à Ptolémée Evergetes. Antiochus Epiphane saccagea et pilla de nouveau la capitale. Il plaça la statue de Jupiter Olympien dans le sanctuaire du temple. La valeur active et le courage persévérant des Machabées rendirent la liberté à leur patrie, et la défendirent avec succès contre les invasions des rois de l'Asie.

Malheureusement Aristobule et Hircan, chefs de cette famille, qui se disputaient le trône, poussés par un mauvais génie, s'adressèrent aux Romains, devenus, depuis la mort de Mithridate, roi de Pont, les maîtres absolus de l'Orient. Pompée accourut à Jérusalem, et se rendit maître du temple. Vainqueur généreux, il respecta cet auguste monument, que la rapacité de Crassus livra bientôt après, sans pitié, au pillage. Hircan, dont Rome appuyait les prétentions, maintint quelque temps son autorité. Antigone, fils d'Aristobule, excité par les partisans de Pompée, fit la guerre à son oncle, et appela les Parthes à son secours. Ceux-ci font une irruption en Judée, entrent à Jérusalem, et emmènent Hircan prisonnier.

Hérode-le-Grand, fils d'Antipater, un des principaux officiers d'Hircan, avec l'appui des Romains, s'empare du trône. Bientôt il livre à Antoine, Antigone, que les hasards de la guerre avaient fait tomber entre les mains de son compétiteur. Triste exemple des caprices du sort, la destinée affreuse de ce prince nous prouve que la légitimité des titres d'un monarque n'est point un abri contre les coups de la fortune. Le dernier des Machabées, le seul descendant existant de cette famille de héros, dont le courage et l'habileté avaient si noblement soutenu la fortune chancelante de leur nation, le souverain légitime de la Judée est saisi brutalement par les ordres d'un officier romain, attaché à un poteau, battu de verges, et inhumainement mis à mort.

Hérode, devenu maître absolu de Jérusalem, ne se montra pas d'ailleurs indigne de sa haute fortune. Il répara et embellit la ville. Il l'orna de ces monumens publics qui favorisent le génie et le goût, et procurent de l'emploi à une multitude d'artisans. *Ce fut sous le règne de ce prince que* JÉSUS-CHRIST *vint au monde.*

Archélaüs, fils d'Hérode et de Mariamne, succéda à son père. En même temps, Hérode Antipas, autre fils d'Hérode-le-Grand, fut tétrarque de la Galilée et de Péra. Ce fut ce dernier qui fit décapiter St. Jean-Baptiste, et qui renvoya le Christ à Pilate. L'empereur Caligula exila cet Hérode à Lyon.

Agrippa, petit-fils d'Hérode-le-Grand, obtint ensuite la couronne. Mais Hérode son frère, roi de Calcide, eut l'autorité absolue sur le temple, et prit possession des trésors sacrés. Après la mort d'Agrippa, la Judée fut réduite en province romaine. Les Juifs s'étant révoltés contre leurs maîtres, Titus (1), si mal à propos surnommé *les délices du genre humain*, assiégea et prit leur capitale. On dit que 200 mille Juifs périrent par la famine durant ce siége mémorable. Depuis le 14 avril jusqu'au 1er juillet, l'an 71 de notre ère,

---

(1) Un homme qui exerce contre ses prisonniers des vengeances aussi cruelles, après les horreurs d'un siége, auquel l'histoire n'en offre aucun de comparable, tandis que l'ardeur de leur patriotisme, et leur courageuse patience eussent dû leur concilier au plus haut degré l'admiration et le respect, nous paraît avoir bien peu de droit à la qualification glorieuse qu'expriment ces mots : « *Amor ac deliciæ generis humani.* » (Voyez Suétone, et la préface de l'histoire naturelle de Pline). Les termes employés par Suidas pour exprimer le même sentiment sont peut-être encore plus emphatiques. ως προς απαντων ερως, τε και Τρυφὴ τȣ θνητȣ προσαγορευθηναι γενους.

« Héros au-dessus des héros, et né pour être célébré, comme » l'honneur du genre humain. » Ce dernier écrivain a peint le fils de Vespasien, comme doué d'une rare modération !! μετριωτατος ἦν (*a*).

(*a*) Il n'est pas juste de juger les Anciens avec les idées des Modernes. Les Juifs, aux yeux des Romains, étaient des sujets révoltés que leur opiniâtre résistance rendait plus dignes de châtimens. Titus, comme général romain, agissait conformément au droit politique de son pays, et peut-être aux ordres de son père. Ce qui n'empêchait point que, livré à lui-même, il ne fût humain et modéré, et que ces vertus sur le trône ne lui aient mérité la glorieuse qualification contre laquelle réclame l'auteur. Si celui-ci s'était borné à regretter que Titus n'eût pas imité la générosité de plusieurs grands hommes de l'antiquité envers des rebelles vaincus, on n'aurait pu qu'applaudir à un sentiment aussi légitime.

115 mille 880 cadavres furent portés hors des murs de la ville. Les malheureux qui vivaient encore furent réduits à manger le cuir des souliers et des boucliers. On en vint à se nourrir d'ordures ramassées dans les égouts de la ville. Les plus doux liens de la nature furent méprisés, et l'on vit (spectacle horrible) une mère dévorer son enfant. Les assiégés, soit pour cacher leurs trésors, soit pour tromper l'avidité des ennemis, avalaient leur or. Mais le soldat romain, instruit de cet acte de désespoir, ouvrait le ventre de ses captifs, et cherchait le métal précieux dans les entrailles pantelantes de ses victimes. 1100 mille Juifs périrent dans la ville de Jérusalem, et 238 mille 460 dans le reste de la Judée, sans compter les femmes et les enfans, les vieillards et les infirmes enlevés par la famine ou par les autres événemens qui affligent une ville assiégée. Enfin, 99 mille 200 habitans tombèrent en captivité. Une partie fut condamnée aux travaux publics; le reste fut destiné à orner le triomphe du vainqueur. On les força de combattre comme gladiateurs dans les cirques, où ils s'entre-tuèrent pour l'amusement de la populace du monde romain. Ceux qui n'avaient pas atteint l'âge de dix-sept ans, furent vendus avec les femmes. Trente de ces malheureux ne coûtaient qu'une pièce d'argent. Le sang DU JUSTE avait été vendu pour *trente pièces*, et le peuple s'était écrié : *Que son sang*

retombe sur notre tête et sur celles de nos enfans. Le Tout-Puissant entendit leur imprécation, et pour la dernière fois il exauça leur prière ; après quoi il détourna sa face de la terre promise, et se choisit ailleurs de nouveaux sujets. Le temple fut détruit trente-huit ans après le crucifiement de Jésus-Christ. Ainsi, un grand nombre de ceux qui avaient entendu les menaces prophétiques du Sauveur, purent en voir le terrible accomplissement.

Le reste de la nation juive s'étant révolté de nouveau, Adrien acheva de détruire ce qui avait échappé aux armes de Titus. Sur les ruines de la ville de David, il bâtit une nouvelle ville, qu'il appela Ælia Capitolina (1). On sculpta l'image d'un porc sur la porte qui conduit à Bethléem, et l'entrée de la capitale fut interdite aux Juifs, sous peine de mort. Au rapport de Dion, 585 mille Juifs périrent sous le fer du soldat dans cette guerre contre Adrien : une multitude d'esclaves des deux sexes furent vendus aux foires de Gaza et de Membré. Cinquante châteaux et 985 bourgades furent rasés.

Adrien fit construire sa ville sur l'emplacement qu'elle occupe aujourd'hui. Sa position n'est pas exactement la même que celle de l'ancienne Jérusalem, puisqu'il enferma le mont Calvaire dans

---

(1) De son nom, Ælius.

l'enceinte des murailles. Pendant la persécution de Dioclétien, le véritable nom de Jérusalem était si complètement oublié, qu'un individu cité devant un magistrat romain qui lui demandait le lieu de sa naissance, ayant répondu qu'il était né à Jérusalem, le gouverneur crut qu'il parlait d'une nouvelle colonie secrètement établie par les chrétiens rebelles. Vers la fin du septième siècle, Jérusalem portait encore le nom d'Ælia.

Quelques mouvemens paraissent encore avoir eu lieu dans la Judée sous les empereurs Antonin, Septime Sévère et Caracalla. Jérusalem, qui était devenue païenne dans ces derniers temps, reconnut enfin le Dieu qu'elle avait renié. Constantin et sa mère renversèrent les idoles élevées sur le sépulcre du Sauveur, et préservèrent les saintes reliques de nouvelles atteintes, par l'érection d'un édifice sacré, au-dessous duquel elles sont maintenant renfermées.

Julien rassembla les Juifs environ quarante ans après, et fit de vains efforts pour rebâtir le temple. Les hommes y travaillaient avec des outils d'argent, et les femmes portaient la terre dans les plis de leurs robes les plus riches. Mais on vit tout-à-coup des globes de feu sortir de terre, disperser les ouvriers, et empêcher la continuation des travaux (1).

---

(1) L'auteur s'est dispensé à dessein de citer toutes les autorités sur lesquelles s'appuie sa narration. Ceux à qui les

On trouve une révolte des Juifs sous Justinien, au commencement du sixième siècle. Pendant le règne de cet empereur, l'église de Jérusalem fut élevée à la dignité patriarchale. Toujours destinée à combattre les illusions de l'idolâtrie et à détruire les fausses religions, Jérusalem fut prise par Cosroës, roi de Perse, l'an 613. Les Juifs dispersés dans la Palestine, achetèrent de ce prince 90 mille prisonniers chrétiens, qu'ils immolèrent à leur vengeance. Héraclius, vainqueur de Cosroës en 627, reprit la sainte croix que ce monarque avait enlevée, et la replaça dans la ville sacrée. Neuf ans après, le calife Omar, troisième successeur de Mahomet, s'empara de Jérusalem après un siège de quatre mois, et la Palestine, ainsi que l'Egypte, subit le joug du conquérant. Omar fut assassiné en 643. L'établissement de plusieurs califats en Arabie et en Syrie, la chute de la dynastie des Ommiades, et l'élévation de celle des Abassides, remplirent la Judée de calamités pendant l'espace de deux cents ans.

---

lettres anciennes sont familières peuvent aisément se les rappeler, et une liste des auteurs consultés aurait surchargé inutilement le volume. Mais l'événement qui trompa les intentions de Julien, doit être soumis à l'examen le plus scrupuleux. Il ne sera donc, peut-être, pas inutile, d'indiquer quelques-uns des écrivains les plus estimés qui ont approfondi ce fait, et en ont constaté les preuves. De ce nombre sont Alb. Fabricius, Ammien Marcellin, Saint Chrysostôme, Newton, Mosheim, Warburton, et Moyle.

Milton prétend qu'il vaudrait autant raconter les combats des oiseaux que les querelles et les guerres confuses de l'heptarchie saxonne. Les factions et les troubles qui déchirèrent la Palestine à la même époque, mériteraient à peine le récit le plus abrégé. Après des luttes sans fin entre les chefs des partis rivaux, dont il serait même difficile de rapporter les noms, les califes fatimites l'emportèrent; ils étaient maîtres de la Cité sainte quand les champions de la Croix parurent sur les frontières de la Palestine (1).

« Les Croisades, dit le vicomte de Château-

---

(1) L'auteur, tout en calquant son récit sur celui de M. de Châteaubriant, a jugé à propos d'ajouter, de retrancher, et quelquefois aussi de substituer sa narration à celle de son modèle; quoiqu'il n'y eût rien de mieux à faire que de transcrire les pages de l'écrivain célèbre qu'il a pris pour guide, notre devoir étant de traduire fidèlement, nous avons dû nous attacher à notre texte, dans cette occasion, et toutes les fois que l'auteur a emprunté à M. de Châteaubriant des idées et des détails locaux. C'était d'ailleurs le seul moyen d'éviter l'imputation de plagiat, qu'on ne pouvait adresser à un Anglais, imitant ou même traduisant un auteur français, mais que l'on aurait droit de faire à un Français, qui, pour s'épargner du travail, se bornerait à copier un de ses compatriotes. Nous avons cependant suivi son texte, à la lettre, quand il nous était impossible de faire autrement. Si l'auteur des Lettres sur la Palestine, etc., a fait à celui des Martyrs et de l'Itinéraire à Jérusalem, d'assez fréquens emprunts, il reste néanmoins au premier assez de son propre fonds, pour assurer, à son recueil, une valeur nouvelle et créée par lui.

» briant, ne furent des folies, comme on affectait
» de les appeler, ni dans leur principe, ni dans
» leur résultat. Si les sujets d'Omar, partis de
» Jérusalem, après avoir fait le tour d'Afrique,
» fondirent sur la Sicile, sur l'Espagne, sur la
» France même, où Charles Martel les extermina,
» pourquoi des sujets de Philippe Ier, sortis de
» la France, n'auraient-ils pas fait le tour de L'A-
» sie pour se venger des descendans d'Omar,
» jusque dans Jérusalem ? *N'apercevoir dans les*
» *Croisades que des pèlerins armés qui courent*
» *délivrer un tombeau en Palestine, c'est mon-*
» *trer une vue très-bornée en histoire. Il s'agis-*
» *sait non-seulement de la délivrance de ce tom-*
» *beau sacré, mais encore de savoir qui devait*
» *l'emporter sur la terre, ou d'un culte ennemi*
» *de la civilisation, favorable par système à l'i-*
» *gnorance, au despotisme, à l'esclavage, ou*
» *d'un culte qui a fait revivre chez les Modernes*
» *le génie de la docte antiquité, et aboli la ser-*
» *vitude.* L'esprit du mahométisme est la persé-
» cution et la conquête ; l'Evangile, au contraire,
» ne prêche que la tolérance et la paix. Où en
» serions-nous si nos pères n'eussent repoussé la
» force par la force ? Que l'on contemple *la Grèce*,
» et l'on apprendra ce que devient un peuple
» sous le joug des Musulmans. Ceux qui s'applau-
» dissent aujourd'hui du progrès des lumières,
» auraient-ils donc voulu voir régner parmi nous
» une religion qui a brûlé la bibliothèque d'A-

» lexandrie, qui se fait un mérite de fouler aux
» pieds les hommes, et de mépriser souveraine-
» ment les lettres et les arts?

» Le temps de ces expéditions est le temps hé-
» roïque de notre histoire; c'est celui qui a donné
» naissance à notre poésie épique. Tout ce qui
» répand du merveilleux sur une nation, ne doit
» point être méprisé par cette nation même. On
» voudrait en vain se le dissimuler, il y a quelque
» chose dans notre cœur qui nous fait aimer la
» gloire; l'homme ne se compose pas absolument
» de calculs positifs pour son bien et pour son
» mal, ce serait trop le ravaler; c'est en entrete-
» nant les Romains de *l'éternité* de leur ville,
» qu'on les a menés à la conquête du monde, et
» qu'on leur a fait laisser dans l'histoire un nom
» éternel. »

Godefroy de Bouillon, duc de Brabant, parut sur les confins de la Terre Sainte l'an 1099. Il était accompagné de Baudouin, son frère, et de beaucoup de gentilshommes des plus nobles familles. Pierre l'Hermite, son bâton de pélerin à la main, marchait à leur tête. D'après le calcul le plus modéré, 1,300 mille hommes, portant pour enseigne sur l'épaule droite un morceau de drap rouge en forme de croix, prirent part à cette expédition religieuse. Godefroy, à la tête d'une division, s'empara bientôt de Rama et d'Emmaüs, tandis que Tancrède et Baudouin pénétraient à Bethléem. Jérusalem fut promptement investie, et la bannière de la Croix flotta sur les murs de la citadelle, le vendredi 15 juillet 1099. Godefroy fut élu Souverain de la cité conquise, par ses frères d'armes. Mais il refusa de placer sur sa tête le brillant diadème qu'on lui offrait, ne voulant pas porter une couronne d'or, là où le Messie en avait porté une d'épines. On ne sait pas positivement où mourut Godefroy. Probablement ce fut à Jaffa, dont il avait fait rétablir les murs. Il fut remplacé par son frère Baudouin, qui expira au milieu de ses succès, laissant, en 1118, le gouvernement à son neveu Baudouin Dubourg. Melisandre, l'aînée des filles de Baudouin II, épousa Foulques d'Anjou, et vers l'an 1130, porta le royaume de Jérusalem, comme dot, dans la famille de son époux.

La seconde croisade prêchée par St. Bernard, conduite par Louis VII, roi de France, et par l'empereur Conrad, eut lieu sous le règne de Baudouin III. Après avoir occupé le trône vingt ans, Baudouin laissa la couronne à son frère Amaury, qui la porta onze années. Amaury eut pour successeur son fils Baudouin IVe du nom. Ce fut à cette époque que le célèbre Saladin parut sur le théâtre de la guerre. D'abord vaincu, il reprit ensuite l'ascendant, et termina la querelle par la victoire qui arracha les lieux saints aux chrétiens.

Une seule église échappa à la fureur des infidèles : ce fut l'église du Saint-Sépulcre, que sauvèrent les chrétiens de Syrie, au moyen d'une grosse somme d'argent. Saladin mourut aussitôt après la prise d'Acre; et Richard, son rival de gloire, à son retour en Europe, eut à souffrir en Allemagne les rigueurs d'une longue détention. L'histoire ne s'est que fort peu occupée de cet événement, devenu l'occasion de quantité d'aventures, et le sujet heureux des chants des troubadours.

Le courage de ce héros était si célèbre, qu'il était passé en proverbe, et qu'on le citait encore long-temps après sa mort. Gibbon raconte que, dans une occasion, un cheval s'étant arrêté tout court, sans aucune cause apparente, les Sarrasins s'écrièrent : « le fantôme de Richard lui est » apparu. »

L'an 1242, l'émir de Damas arma contre Nedjemmin sultan d'Égypte, et prit Jérusalem qu'il remit aux princes latins; mais, assiégés ensuite par les troupes du sultan, ils furent barbarement massacrés. Pendant le cours de ces événemens, la couronne de Jérusalem avait passé d'Isabelle, fille de Baudouin, à Henri, comte de Champagne, son nouvel époux; puis, de celui-ci, à A-maury, frère de Lusignan, et le quatrième mari d'Isabelle. Après la mort de leur fils unique, Marie, fille d'Isabelle, et son premier époux Conrad, marquis de Montferrat, succédèrent à ce royaume idéal. Jean, comte de Brienne, épousa ensuite Marie, de qui il eut une fille, nommée Isabelle, mariée depuis à l'empereur Frédéric II.

Ce prince, à son arrivée à Tyr, conclut la paix avec le sultan. Par les conditions du traité, Jérusalem fut partagée entre les chrétiens et les musulmans. En conséquence, Frédéric plaça sur son front la couronne de Godefroy, et s'en retourna ensuite en Europe. Les Sarrasins furent sans doute infidèles à leurs engagemens ; car, vingt ans après, en 1242, Nedjemmin saccagea Jérusalem, comme on l'a vu plus haut. Louis IX, roi de France, arriva en Orient sept ans après ce désastre. Plusieurs chefs mamelucks furent successivement maîtres de la sainte cité jusqu'en 1263, que le fameux Bibars-Bondoc-Dari prit le titre de sultan. Il ravagea la partie de la Palestine qui n'avait pas encore été soumise, et fit réparer la capitale. Kelaoun, son successeur, chassa les chrétiens de forteresse en forteresse, et son fils Khalil leur enleva Tyr et Acre; enfin, en 1291, les chrétiens furent entièrement expulsés de la Terre Sainte.

Le vain titre de roi de Jérusalem fut porté dans la maison de Sicile par Charles, frère du roi Louis IX, comte de Provence et d'Anjou, et qui réunissait dans sa personne les droits des rois de Chypre avec ceux de la princesse Marie, fille de Frédéric, prince d'Antioche. Les chevaliers de St.-Jean de Jérusalem, ensuite chevaliers de Rhodes et de Malte, les chevaliers de l'ordre teutonique, conquérans du nord de l'Europe, et fondateurs de la domination prussienne, sont les seuls débris existans de ces puissans croisés qui firent trembler l'Asie et l'Afrique, et qui occupèrent les trônes de Chypre, de Jérusalem et de Constantinople.

Les chrétiens ayant perdu leurs possessions dans ces contrées en 1291, les sultans victorieux conservèrent leur conquête jusqu'en 1382. A cette époque, les mamelucks circassiens usurpèrent le gouvernement de l'Égypte, et donnèrent une nouvelle forme à l'administration de la Palestine. A la fin, Sélim termina cette série de révolutions en s'emparant, en 1516, du souverain pouvoir en Égypte et en Syrie.

LETTRE VII,

A Sir G. E. — t Bart.

Jérusalem, août 1817.

Mon cher E.....

Notre première station fut au Saint-Sépulcre. Le gouvernement turc, dont la vénération de tous les chrétiens pour chaque relique qui leur rappelle les souffrances du divin fondateur de leur religion, a éveillé l'avarice, s'est fait de leur piété une source de revenus. Tout individu, non-sujet de la Porte, qui visite le tombeau de Jésus-Christ, est obligé, excepté dans quelques cas prévus, de payer une taxe de 25 sequins. Le firman qu'on nous avait délivré à Constantinople, nous exemptait de cet impôt, et nous fûmes admis sans difficulté avec cinq hommes de notre suite.

Dans la description que je vais donner des saints lieux, je me bornerai pour l'instant à suivre la narration de la personne que le père-gardien du couvent de la montagne de Sion, avait chargé de nous accompagner dans la ville. Il s'offrira peut-être quelque occasion d'examiner son rapport plus à loisir, et peut-être le soumettrons-nous alors à un examen plus réfléchi qu'une impression toute récente ne nous permettrait de le faire.

Le tombeau de notre Sanveur est renfermé dans l'église qui en a reçu son nom; il est placé au centre d'une rotonde, dont le haut est surmonté d'une brillante coupole. L'extérieur est celui d'un superbe mausolée, couvert d'une riche tapisserie de Damas cramoisi, à raies d'or. Le dessin que je joins ici (1), quoique l'esquisse faite sur le lieu ait été fréquemment interrompue, peut servir à vous donner une idée de la forme de ce monument. Il a son entrée du côté de l'orient. Tout en face, on a érigé une petite chapelle en souvenir du lieu où l'ange apparut aux deux Maries. Derrière est le caveau où le Rédempteur se soumit à être enseveli quelques jours. La porte d'entrée est très-basse, sans doute pour que l'on ne puisse s'y introduire que dans l'attitude de l'adoration. La forme de ce caveau est presque carrée : il a six pieds et plus de long, et la même largeur à quelques pouces près. Sa hauteur est, à ce que je crois, d'environ huit pieds. La surface du roc est revêtue de marbre, et tendue de soie couleur d'azur. Du côté du nord a été déposé le corps de N. S. sur une table de

---

(1) Voyez le frontispice.

pierre, élevée d'environ deux pieds. La pierre, souvent endommagée par la ferveur religieuse de la multitude des pélerins, est maintenant sous l'abri d'un marbre qui la couvre. Elle est jonchée de fleurs et inondée d'eau-rose. Au-dessus sont suspendues quarante-quatre lampes toujours allumées : la plupart sont d'argent, richement bosselées, quelques-unes sont d'or; elles ont été fournies par les différentes communions chrétienne (1) qui se partagent la possession de l'église.

Dans une nef, à l'orient du Saint-Sépulcre, est le lieu où le Christ apparut à Magdelaine sous l'habit de jardinier. Quelques pas plus loin, est l'endroit où il parla à sa mère : on a enlevé de la cour voisine de la salle d'audience, le poteau où il fut attaché pour être battu de verges, pour le dresser à droite de l'autel érigé dans la chapelle qui termine cette nef; cette chapelle, ainsi que l'autel du sépulcre, est consacrée au culte catholique. Le lieu où il subit le supplice de la couronne d'épines, celui où il endura le tourment de la crucifixion, l'endroit où ses vêtemens furent tirés au sort, sont tous renfermés à part dans

---

(1) Catholiques, Grecs, Arméniens, Syriens, Abyssins, Géorgiens, Nestoriens, Cophtes, Maronites, etc., etc., parmi tant de communions différentes que l'on voit à Jérusalem, on n'y trouve jusqu'à présent aucun établissement des confessions qu'on appelle *protestantes*.

l'enceinte de l'église, qu'on a bâtie de manière à y comprendre une partie considérable du mont Calvaire. La tradition a également conservé l'identité du lieu où se tenait la mère du Messie, lorsqu'accablée de douleur, elle le vit exposé à tant de cruautés et d'outrages.

L'irrégularité de la surface sur laquelle le temple est bâti, a servi à conserver cette partie de la montagne où le sacrifice du Sauveur fut accompli; la place où la croix fut plantée a été maintenue à la hauteur qu'elle avait alors. Le terrain adjacent n'a été uni qu'autant qu'il le fallait pour le paver en marbre. Il est élevé à dix-sept ou dix-huit pieds au-dessus du sol: on y arrive en montant vingt-un degrés. Le trou, dans lequel on a planté la croix, est au-dessous du milieu d'un autel grec. Cet autel paraît creusé dans le roc; il est plaqué de grosses lames d'argent, et orné de figures en bas-reliefs, représentant la Passion et d'autres sujets de l'Ecriture: treize lampes y sont constamment allumées.

Non loin de cette partie de l'église, mais à quelques pieds au-dessous du niveau du sol, on descend au puits où l'on a découvert la croix, la couronne d'épines, et la lance dont un soldat perça le côté de notre Sauveur.

Une inscription, en l'honneur de Godefroy et de son frère, est attachée au mur près de l'escalier; mais en faisant réparer le dommage qu'a souffert l'église par l'effet de l'incendie qui l'a consumée il y a huit ou dix ans (1), les chrétiens grecs, à qui appartient cette partie de l'édifice, soit négligence, soit caprice, ont laissé recouvrir cette inscription d'une couche de plâtre.

Pendant tout le temps que nous fûmes occupés à examiner les objets de notre vénération, nous voyions se presser autour des nombreux autels du temple, la foule des personnes pieuses des différentes communions, pour assister à la célébration, suivant leurs rites respectifs, des solennités de la religion.

En sortant de l'église, nous nous rendîmes à la montagne des Oliviers. Pour y aller, nous suivimes la *voie douloureuse*, ainsi nommée, parce que ce fut celle que le Christ suivit lorsqu'il fut conduit de la prison au mont Calvaire. Les murs extérieurs du lieu, qui était alors le palais de Pilate, font partie de ce chemin. L'ancienne entrée de ce palais est fermée, et l'entrée actuelle est

---

(1) Le dôme de l'église circulaire au milieu de laquelle se trouve placée la chapelle du Saint-Sépulcre, a été brûlé le 12 octobre 1807 : il fut rétabli six mois après sur les dessins d'un architecte grec de Constantinople, nommé *Comeano Calfa*. Les Latins accusent de cet accident les Arméniens et les Grecs que leurs richesses mettaient seuls en état de le réparer : les Grecs trouvent, en effet, dans cette reconstruction qui leur coûta fort cher, le prétexte d'éloigner du Saint-Sépulcre, les Catholiques latins.

M. le comte de Forbin, voyage dans le Levant, 2ᵉ édit., in-8°, 1819, page 105 et suiv.

par l'un des angles de la cour. Le vestibule était autrefois au milieu, et l'on y montait par un perron dont les degrés, transportés à Rome il y a plusieurs siècles, se voient aujourd'hui dans une petite chapelle, auprès de l'église de Saint-Jean-de-Latran : il ne reste au surplus que peu de débris de ce palais ; mais les moines franciscains prétendent avoir découvert le donjon dans lequel N. S. fut enfermé, et la salle où le délégué de l'empereur prononça la sentence du Christ. L'endroit où il fut battu de verges est maintenant une cour en ruines, du côté opposé du chemin. Non loin de là, mais dans une direction plus rapprochée du Calvaire, est l'arc ou portique que les religieux latins ont nommé *Il Arco d'ecce Homo*, d'après l'expression de Pilate, telle que la rapporte St. Jean (chap. xix, v. 5). Ce fut sur une éminence, entre les colonnes qui servent de supports à la voûte, que le gouverneur romain présenta son illustre victime à ses compatriotes aveuglés. Ce fut aussi entre cet endroit et le théâtre de son supplice, que le Messie, d'après la tradition, tomba accablé sous le poids de la croix. Suivant la même tradition, il tomba trois fois affaissé sous ce fardeau, et l'on croit que les endroits, où ces trois chutes eurent lieu, ont été soigneusement remarqués : elles sont indiquées par deux colonnes et par une entaille dans le mur.

Vers l'extrémité orientale de la ville, non loin de la porte de Saint-Etienne, on trouve la piscine d'Israël ou l'étang de Salomon (*a*), qu'un ange venait troubler à des temps marqués. Il était, à ce qu'il paraît, d'un volume considérable et construit avec habileté : mais, je ne pus m'assurer ni de sa profondeur ni de ses dimensions ; car, il est contigu à l'enceinte qui renferme la mosquée d'Omar, et l'on ne peut guère se hasarder à en approcher même les bords extérieurs ; notre drogman nous engagea donc à nous contenter d'un aperçu rapide. Auprès de cet endroit est l'église de Sainte-Anne, ainsi nommée, parce qu'elle est construite sur le sol où se trouvait autrefois la maison habitée par la mère de la Vierge, et où la Vierge elle-même naquit. Entre cet édifice et le palais de Pilate est la tour d'Antoine ; cette tour ruinée a un caractère d'antiquité plus frappant qu'aucun autre monument de la ville.

Le lieu du martyre de St. Etienne est tout près, et en dehors des murs. Nous y passâmes, en descendant au torrent de Cédron qui coule à travers la vallée de Josaphat, au pied de la montagne. Le lit en est, pour le moment, tout-à-fait à sec. Sa largeur est d'un peu plus de trois pieds, et sa profondeur à peine de deux. A quelque distance, à gauche, est un caveau consacré par les sépulcres de la Vierge, de Joseph, de Ste. Anne et de St. Joachim.

(*a*) *Stagnum Salomonis* (Josephe).

C'est une voûte magnifique, spacieuse, modestement ornée : on la conserve très-propre avec beaucoup de soin. On y descend par un escalier de cinquante marches. Plusieurs tombeaux se font remarquer par des chapelles et des autels, garnis de lampes et de tapisseries : ils sont décorés d'ornemens adaptés au caractère de ceux dont on a voulu honorer les vertus. Nous n'avons pas de moyens pour vérifier sur quelle autorité est fondée l'opinion que la mère du Messie est morte à Jérusalem, ou que ses restes mortels y ont été déposés dans ce caveau. Pour éclaircir des questions de cette nature, s'adresser aux religieux est à la fois inutile et déplacé : car toute recherche des sources d'où dérivent les traditions, semble à nos hôtes une critique indirecte de leur crédulité. L'époque de la construction de ces tombeaux est tout-à-fait inconnue. L'évangile nous apprend qu'en mourant, notre Sauveur légua sa mère au disciple bien-aimé, et quelques auteurs ont conjecturé qu'elle avait terminé à Éphèse sa carrière mortelle; mais quelle qu'ait été la destination primitive du caveau dont nous venons de parler, la dépense et le travail, employés à le construire, suffiraient pour le classer parmi les objets dignes d'une sérieuse attention. C'est évidemment à ce caveau, que Le Tasse fait allusion dans le passage suivant, quoique le plan de son poëme ne lui ait pas permis d'en faire une description plus exacte :

MONTAGNE DES OLIVES.

en 1817.

A Chapelle érigée sur le lieu présumé de l'Ascension de J. C.
B Tombeau de la Ste Vierge.
C Route de Béthanie.
D Pont sur le Torrent de Cédron.
E Jardin de Géthsémani.
F Tombe moderne.
G Cours du Torrent de Cédron.
H Environs de la Ville.

Nel tempio de cristiani occulto giace
Un sotterraneo altare; e quivi è il volto
Di colei che sua diva e madre face
Quel volgo del suo dio nato e sepolto.
Dinanzi al simulacro accesa face
Continua, splende; egli è in un velo avvolto.
Pendono intorno in lungo ordine i voti
Che vi portaro i creduli devoti.
  La Gerusalemme liberata, canto II, stan. 5 (1).

Après avoir passé le pont jeté sur ce ruisseau, nous trouvâmes, à quelques pas, le champ de Gethsémani, où le Messie pria, dans une agonie douloureuse, la sueur coulant de son corps en gouttes de sang. Ce fut aussi le lieu où Judas accomplit sa trahison. Cet endroit, grand à peine d'une demi-acre, est en partie fermé par une muraille peu élevée. On y voit huit oliviers d'une antiquité vénérable, que l'on croit plantés à l'époque où le Christ fit son entrée dans la ville. Ils portent certainement l'empreinte d'une extrême vieillesse; mais Josephe dit expressément

---

(1) Dans le temple des Chrétiens, au fond d'un souterrain inconnu, s'élève un autel; sur cet autel est l'image de celle que ce peuple imbécille révère comme une déesse, comme la mère d'un Dieu mort et enseveli (a); une lampe toujours allumée brûle devant elle; un voile la couvre: autour sont suspendues les nombreuses offrandes qu'y consacrèrent de crédules dévots.   (*Jérusalem délivrée*. Trad. de M. Lebrun.)

(a) Il ne faut pas oublier que c'est le magicien Ismen, ennemi acharné des Chrétiens, qui parle.

que Titus fit couper tous les arbres autour de Jérusalem pour les travaux du siége (1). C'est au sommet de la montagne que la tradition a placé la dernière apparition de notre Sauveur sur la terre, et son ascension dans les cieux. L'empreinte de son pied sur la surface du roc y a été gravée, pour conserver le souvenir de l'attitude du Messie lorsqu'il quitta ce monde. Ce monument indique que la main gauche du Christ était dirigée vers Jérusalem, située à l'ouest de la montagne, et que conséquemment il avait la face tournée au nord (2). De cette élévation, la vue s'étend au loin; elle embrasse la vallée arrosée par le Jourdain, et l'embouchure de cette rivière dans la mer Morte, qui ressemble à un vaste plateau d'argent poli.

On croit que ce fut dans un jardin, situé à environ 50 toises au nord-ouest, que notre Sauveur prescrivit à ses disciples la prière univer-

---

(1) Josephe. Bell. judaïc. lib., v, cap. XII.

(2) Il est difficile de lire avec la gravité que le sujet doit inspirer, les détails minutieux sur ce miraculeux événement, et les réflexions dont ces détails sont accompagnés, dans quelques-uns des anciens voyages. Cependant, à moins d'être déterminé à nier le fait de l'ascension du Christ, on ne regardera pas comme contraire aux lois de la probabilité l'opinion d'après laquelle ceux qui en ont été les témoins, jaloux d'en perpétuer la mémoire, auront empreint la surface du roc d'une image grossière de l'impression d'un pied, dont le temps a dû rendre la ressemblance peu sensible.

selle (*le pater*). Du côté opposé, et à une plus grande distance du haut de la montagne, est la grotte où les apôtres s'assemblèrent pour composer le symbole (*le credo*) qui porte leur nom. C'est une retraite souterraine, assez étendue en longueur, portant sur douze arceaux, mais qui n'est curieuse que pour avoir servi d'asile à ces illustres martyrs (1).

Après avoir fait la description de cette grotte, le vicomte de Châteaubriant ajoute les réflexions suivantes : « Tandis que le monde entier adorait
» à la face du soleil mille divinités honteuses,
» douze pêcheurs, cachés dans les entrailles de
» la terre, dressaient la profession de foi du genre
» humain, en reconnaissant l'unité de Dieu, créa-
» teur de ces astres, à la lumière desquels on
» n'osait encore proclamer son existence. Si quel-
» que Romain de la cour d'Auguste, passant au-
» près de ce souterrain, eût aperçu les douze

---

(1) Un critique, dans l'une de nos revues, censure cette allusion à l'origine *apostolique* des articles de notre foi. Cependant l'auteur n'a fait que rapporter les traditions, telles que les lui exposait son guide. L'auteur n'a nullement voulu insinuer ses propres opinions. Ceux qui s'intéressent à ces discussions pourront consulter, à ce sujet, un ouvrage plein de recherches et fait par un homme habile, qui fut publié au commencement du dernier siècle ; il est intitulé : « Histoire
» du Symbole des Apôtres, avec des observations critiques
» sur ses divers articles. » « *The history of the apostles' creed,
» with critical observations, on its several clauses.* »

» Juifs qui composaient cette œuvre sublime,
» quel mépris il eût témoigné pour cette troupe
» superstitieuse! Avec quel dédain il eût parlé
» de ces premiers fidèles! Et pourtant, ils allaient
» renverser les temples de ce Romain, détruire
» la religion de ses pères, changer les lois, la
» politique, la morale, la raison, et jusqu'aux
» pensées des hommes. »

Le sommet de la montagne des Oliviers offre, à la vue du spectateur, le panorama complet de la ville. Bâtie sur un plan incliné, on la voit de ce point, avec les rues qui la coupent en sens divers, presqu'aussi distinctement qu'un terrain uni; c'est aussi de cet endroit que, sans courir grand risque d'être troublé, un chrétien peut le mieux examiner les édifices qui ont remplacé le temple de Salomon. Eu égard à la circonscription actuelle des murs, la situation de ce célèbre monument ne paraît pas avoir été très-bien choisie. L'enceinte commence à l'angle sud-est de la ville, s'étend, au nord, à environ cinq cents pas, et à cent soixante pas vers l'ouest. Cet espace est occupé en partie par deux mosquées turques, dont l'une ressemble à une vaste grange mal bâtie, et teinte en rouge; l'autre est de forme octogone, et décorée d'un grand nombre d'ornemens à la manière orientale : celle-ci est l'édifice célèbre construit par Omar au septième siècle. Il paraît moins grand et moins spacieux que Sainte-Sophie, quoiqu'il surpasse de beaucoup cette église en légèreté et en élégance; mais je le crois bien inférieur en grandeur et en beauté à la mosquée, construite par Achmet II, sur l'Atméidan à Constantinople.

Si nous pouvons parvenir à voir de plus près celle d'Omar, je tâcherai de donner une description plus détaillée de ce singulier monument. Quant à présent, à peine puis-je en offrir même une esquisse imparfaite.

LETTRE VIII,

A Sir G. E. Bart.

Jérusalem.

Mon cher E.....

Nous allâmes hier à Bethléem. Cette ville n'est pas à plus de deux lieues de distance de la capitale. En la quittant, notre drogman tourna au midi vers une éminence où les Juifs s'assemblèrent pour délibérer sur le moyen de se saisir de Jésus-Christ. Cette circonstance l'a fait nommer par les catholiques : *Il monte di mal consiglio*, la montagne du mauvais conseil. La route de Bethléem traverse une contrée déserte, sauvage, d'un sol rude et inégal, et où l'on n'aperçoit guère que quelques oliviers dispersés, les seuls arbres à peu près que l'on trouve dans cette région. A droite est la vallée de Rephaïm, célèbre par les victoires de David sur les Philistins. (2. Sam. XXIII, 13). Le passage de l'Ecriture Sainte, où ces exploits du roi d'Israël sont rapportés, rappelle le refus magnanime de ce prince, qui, quoique tourmenté par la soif, ne voulut point boire de l'eau du puits de Bethléem, parce que ses compagnons n'avaient pu la lui procurer qu'au prix de leur sang (1). Le réservoir que l'on nous montra comme celui qu'avaient attaqué les trois vaillans hommes, qui, dans cette occasion, se firent jour au milieu de l'armée ennemie, nous parut trop éloigné de la porte, pour que l'on puisse faire concorder cette tradition avec le récit de l'Écriture.

A peu près à moitié chemin, nous arrivâmes à un grand monastère bâti en l'honneur de St.-Élie. L'extérieur de ce bâtiment n'a rien qui fixe l'attention; mais notre guide nous proposa, d'un ton solennel, de voir un caveau creusé dans l'un des flancs du rocher, en face de la porte. Par une disposition dominante parmi les Catholiques, et que j'ai eu souvent occasion de remarquer, ils attribuent d'ordinaire aux personnes que l'on croit avoir été douées d'un génie éminent, une stature et une force au-dessus de la stature et de la force communes. On nous dit que le creux qui se voit dans la pierre, auprès de l'entrée du couvent, était l'effet de la pression produite par le corps du Saint, lorsque quelque circonstance l'obligeait de s'y reposer.

De cette éminence, nous aperçûmes distinctement le village de Bethléem, situé au haut d'une

---

(1) Plutarque attribue à Alexandre un acte d'abnégation du même genre, dans son récit de la longue et pénible poursuite de Darius par le héros macédonien.

côte peu élevée. En avant de cette côte, le sol est partagé en plusieurs petits enclos, et planté d'oliviers et de figuiers. Des collines et des vallées jettent sur la contrée voisine beaucoup de variété, et lui donnent tous les caractères d'un site pittoresque. Cependant elle a évidemment peu de titres à la réputation de fertilité qu'indiquerait la qualification d'*Ephrath* par laquelle on la distinguait jadis (*a*). Toutefois, M. Volney attribue à la partie la plus voisine de la ville la supériorité sur le reste du district, en modifiant néanmoins cet éloge par une observation qui suffit pour justifier une opinion différente. « Mais la cul- » ture, dit-il, manque comme partout ailleurs. »

A quelques toises, à la droite de la route, et à peu de distance du monastère d'Élie, on nous fit voir un petit bâtiment carré, surmonté d'un dôme, que nos compagnons nous assurèrent être la tombe de Rachel. Je n'ai pu comprendre sur quel fondement cette assertion était appuyée; car il n'y a pas moyen maintenant de retrouver la

---

(*a*) Elle fut surnommée Ephrata (fructueuse), du nom de la femme de Caleb, pour la distinguer d'une autre Bethléem de la tribu de Zabulon.

M. de Chateaubriant, *Itinéraire à Jérusalem*, 2ᵉ édition, tome 2ᵉ, page 143.

— Je n'ai pourtant point remarqué dans la vallée de Bethléem la fécondité qu'on lui attribue; il est vrai que sous le gouvernement turc, le terrain le plus fertile devient désert en peu d'années, *idem, ibid.*, page 144.

marque distinctive dont Jacob avait signalé le tombeau de sa femme (Gen. xxxv, 20.). Mais le petit bâtiment qu'on nous montra n'avait pas même l'apparence d'une antiquité moyenne (*a*).

Nous arrivâmes au couvent des Franciscains vers midi. Nous y fûmes reçus avec la cordialité à laquelle nous étions accoutumés. Après que nous eûmes pris quelque repos, les frères nous firent voir les divers objets de la vénération des fidèles. On attribue la fondation de l'église à la mère de Constantin. Quoique restée sans être achevée, on y a remarqué maintes traces de grandeur dans le plan et de magnificence dans le décor. Elle a la forme d'une croix. Quatre rangées de superbes colonnes de marbre (au nombre de 48) d'ordre corinthien, ornent la nef principale, et la voûte est, dit-on, de bois de cèdre du Liban (*b*). Entre les fenêtres, on voit des restes

---

(*a*) Les traditions des Chrétiens s'accordent à placer le sépulcre de Rachel dans ce lieu: la critique historique est favorable à cette opinion; mais malgré Thevenot, Monconys, Roger, et tant d'autres, je ne puis reconnaître un monument antique dans ce qu'on appelle aujourd'hui le tombeau de Rachel; c'est évidemment une fabrique turque, consacrée à un santon.

M. de Chateaubriant, *Itinéraire à Jérusalem*, etc., 3ᵉ édit.; tome 2ᵉ, pag. 141-142.

(*b*) Une charpente à jour prend sa naissance au haut des murs, et s'élève en dôme pour porter un toit qui n'existe plus,

mutilés de figures en mosaïque, et des inscriptions en grec à demi-effacées, tirées des évangélistes.

A l'extrémité du bâtiment est un autel dédié aux Rois-Mages; on nous fit remarquer au pied de cet autel l'image de l'étoile conductrice, faite de marbre jaspé. Cette étoile passe pour correspondre précisément au point du firmament où la céleste planète se fixa après avoir conduit ces Sages hors de Jérusalem.

Vous me rendrez, je l'espère, la justice de croire qu'en rapportant les circonstances transmises par les traditions, je ne prétends point adopter exclusivement toutes les opinions de ceux qui y adhèrent. Je les offre à votre attention, comme indices de l'état de l'instruction dans les siècles où quelques-unes furent sans doute inventées (1).

---

ou qui n'a jamais été achevé. On dit que cette charpente est de bois de cèdre; mais c'est une erreur.

Itinéraire à Jérusalem, 3ᵉ édit., tome 2ᵉ, page 145.

(1) Environ à deux tiers de lieue de Jérusalem, on fixa notre attention sur un caveau voisin du bord du chemin, et dont on se sert comme d'une citerne : « C'est de là, dit notre » conducteur, qu'il partit une étincelle lumineuse qui guida » les Sages de l'Orient vers le lieu de la nativité. » A ces mots, je craignis que notre drogman n'eût aperçu sur la physionomie de ses auditeurs le doute que cette partie de sa narration

En retournant de l'autel à l'endroit où nous étions d'abord arrivés en entrant dans l'église, nous descendîmes quelques marches, et nous

---

excitait ; car, il ajouta d'un ton qui n'était pas tout-à-fait exempt d'amertume : « *Causa volete ?* c'é UN MIRACOLO *del* » *Dio !* » (*a*).

Rien ne pouvait être plus éloigné de l'intention de l'auteur, et de ses compagnons de voyage, que d'essayer de troubler la ferme conviction où paraissaient être leurs conducteurs. Respectant sincèrement la piété fervente dont les gardiens des Saints Lieux se montraient animés en toute occasion, nous avions résolu d'écouter en silence tous les miracles qu'ils pourraient nous raconter. Quelques détails étaient cependant d'une nature telle qu'il devenait presque impossible de comprimer absolument tout symptôme d'incrédulité.

. . . .
. . . .
. . . .
. . . .
. . . .

L'Editeur a cru devoir supprimer ici quelques observations de l'auteur, qui est né dans la religion protestante ; il lui fera remarquer en passant, qu'avec un peu plus d'attention, il eût cependant reconnu que les catholiques éclairés, sans repousser dédaigneusement une multitude de traditions, ne les regardent pas comme des articles de foi, et que l'esprit du catholicisme n'est pas plus une croyance aveugle à ces sortes de récits, que l'esprit de l'érudition n'est une foi implicite à ceux qui ont pour objet les tombeaux d'Achille, de Patrocle, ou autres traditions historiques aussi peu cer-

parvînmes à ce qu'on appelle l'oratoire de St. Jérôme, lieu contigu à la cellule où il traduisit les écritures en latin. La tombe du Saint n'est pas loin de là. Elle est précisément en face des monumens de Sainte Paule et de sa fille Eustochie. On y voit aussi un cénotaphe érigé à la mémoire d'Eustathe. Aucune de ces antiquités ne mérite une description particulière.

En suivant le détour d'un passage étroit, nous nous trouvâmes peu à peu plus près du sol, et nous arrivâmes à l'endroit où, dit-on, la Vierge se reposa lorsqu'elle entra pour la première fois dans l'étable. Ce fut à quelques pas de là que le Messie naquit pour se soumettre aux peines de l'humanité. L'endroit est consacré par une étoile de marbre blanc jaspé, et entourée d'un cercle d'argent. Autour des rayons est gravée cette inscription :

HIC DE VIRGINE MARIA, JESUS CHRISTUS NATUS EST (a).

A partir de cet endroit, il y a seize marches à monter pour se retrouver au niveau du sol. Ainsi

---

taines, et que l'auteur paraît cependant adopter assez légèrement, ainsi qu'on le verra par la suite.

(a) C'est ici que Jésus-Christ est né de la Vierge Marie.

l'étable était de dix à douze pieds au-dessous. C'est de la même manière que sont construites aujourd'hui les étables à Jérusalem.

Un autel a été dressé sur le lieu de la nativité : il est éclairé par des lampes que l'on a soin de ne jamais laisser éteindre. On trouve, quelques marches plus bas, la crèche où l'enfant reposait. A l'opposite est un autre autel qui indique l'endroit où la Vierge était assise lorsque les Mages vinrent offrir leurs hommages au Roi nouveau-né.

A notre retour au couvent, nous montâmes sur la terrasse pour contempler la scène qui s'offrait à nous. La vue embrasse beaucoup d'objets cités dans la narration évangélique; entre autres une campagne où les bergers veillaient sur leurs troupeaux lorsque l'ange proclama la naissance du Sauveur. Après un léger repas, nous prîmes congé de nos hôtes, et nous tournâmes au midi pour examiner *la piscine*, dont on attribue la construction à Salomon. Le royal prophète y a fait allusion, ainsi qu'à beaucoup d'autres témoignages de sa grandeur et de sa magnificence, dans le passage où il montre l'insuffisance des biens de ce monde pour procurer le bonheur (1). Il y a trois piscines, placées presqu'en droite ligne, au-dessus l'une de l'autre, comme les écluses d'un canal. De cette manière, la première verse

---

(1) Ecclesiast., ii.

l'excédant de ses eaux dans la seconde, qui à son tour décharge les siennes dans la troisième. De là une abondance constante d'eau vive transportée le long des côtes de la colline à Bethléem et à Jérusalem. La forme de ces citernes est un rectangle. Elles sont toutes trois à peu près de la même largeur, mais diffèrent de beaucoup en longueur. La troisième a presque moitié en sus de l'étendue de la première. Elles sont toujours en assez bon état, et on les restaurerait complètement à peu de frais. La source qui leur fournit l'eau n'est qu'à environ vingt perches de distance: elle sort de terre à quelques pieds au-dessous du niveau du sol. L'ouverture en est fermée par une porte construite de manière à mettre l'eau à l'abri de toute souillure imprévue.

Les traducteurs ont découvert dans les comparaisons pastorales dont Salomon a orné le poëme qui porte son nom, un sens mystique dont il n'est pas toujours facile de saisir l'analogie. Il n'y aurait cependant rien d'outré ou d'improbable à conjecturer que l'auteur a tiré quelquefois ses métaphores du cérémonial religieux en usage chez les Juifs, ou quelquefois aussi de monumens d'utilité publique exécutés sous sa direction. Les pères gardiens de la Terre Sainte pensent que le poëte avait en vue le courant qui alimente les réservoirs dont nous venons de parler, lorsque célébrant la pureté sans tache de sa fiancée, il s'écrie:

> Ma sœur, mon épouse est comme un jardin enclos,
> Comme une source fermée, comme une fontaine scellée.
>
> Cantique des cantiques, iv, 12.

Le soir, à notre retour à la ville, nous nous rendîmes auprès du gouverneur turc pour lui faire connaître notre projet d'aller visiter la mer Morte, et le prier de nous en accorder la permission avec l'escorte d'usage. Cet aga occupe le bâtiment construit sur les ruines du palais de Pilate. Il lui sert de sérail et de résidence officielle pendant le jour. Le harem où il passe la nuit est dans le même quartier, mais séparé du bâtiment principal. Notre visite fut sans succès. Le gouverneur nous reçut cependant avec la plus grande politesse, mais il nous assura que traverser la plaine de Jéricho sans une garde arabe, était un projet inexécutable. Nous étions donc obligés ou de marcher avec un appareil militaire, ou de renoncer à notre dessein. En quittant l'aga, nous fîmes le tour de la montagne de Sion. Avant de monter sur la sainte colline, nous traversâmes le quartier des Arméniens. C'est dans cette partie de la ville qu'était situé le palais de David, et l'on nous montra l'endroit où était la tour du haut de laquelle ce prince contempla les charmes de Bethsabée. Cet ancien édifice fut enveloppé dans la dévastation générale de la ville lors de sa destruction. Mais une forteresse moderne a été élevée sur ses fondemens, et sert de lieu de garnison pour les troupes du Grand-Seigneur.

La maison d'Anne, beau-père du grand-prêtre Caïphe (St.-Jean, xviii, 22), n'était pas éloignée. L'emplacement en est maintenant occupé par un couvent arménien. Près de ce dernier bâtiment en est un autre assez spacieux, qui appartenait d'abord aux franciscains catholiques, mais qu'on leur a enlevé depuis, et qui appartient aussi maintenant aux Arméniens. Le bâtiment est assez étendu pour comprendre dans son enceinte quelques jardins de belle apparence. L'établissement est formé sur une plus grande échelle que de coutume, et tout y a un air de propreté que l'on a rarement lieu de remarquer dans les autres établissemens monastiques. Nous trouvâmes le chef de cette communion, lequel porte le titre et le costume de patriarche, reposant sur la principale terrasse, entouré de plusieurs ecclésiastiques d'un ordre inférieur, et se faisant reconnaître par d'autres témoignages extérieurs de sa dignité.—*Cela nous semblait blesser l'humilité*(a). Ses manières étaient froides, brusques et embarrassées, et ses civilités paraissaient gauches et faites à contre-cœur. L'église appartenant à l'établissement dont nous parlons, est bâtie sur le

---

(a) Ces mots sont en français dans l'original.

lieu où St.-Jacques souffrit le martyre. C'est un édifice somptueux, et plus vaste de beaucoup qu'aucun temple chrétien à Jérusalem, excepté celui du Saint-Sépulcre. Les ornemens en sont splendides jusqu'à la profusion; mais la multitude de mauvaises peintures nuit beaucoup à l'effet général qu'elles devraient produire. L'intérieur, toutefois, est entretenu avec autant de soin qu'une cathédrale anglaise. De là nous visitâmes un couvent construit sur le sol où fut autrefois la demeure du grand-prêtre Caïphe. Ce fut là qu'on emprisonna notre Sauveur, et que Pierre renia son divin maître. Les frères de ce couvent assurent que la pierre sur laquelle on posa le corps du Christ quand on le mit au tombeau, en fut enlevée adroitement, dans un temps de dissensions civiles, par quelques religieux de leur ordre, et déposée sous l'autel de leur chapelle.

Ici tant d'intéressans souvenirs sont éveillés par le nom de Sion, qu'à peine peut-on concilier la misère de son existence actuelle avec l'éclat mystérieux que répandent sur ce mont sacré les écrits des prophètes. Son élévation au-dessus de la ville est la même que celle du Mont-Aventin au-dessus du Forum à Rome. Mais si l'on voulait en estimer la hauteur, à partir de la base, dans la vallée de Gehinnon, d'où il s'élève brusquement, on la trouverait égale à celle de quelques-unes des collines les moins élevées qui environnent Bath. La surface en est d'une couleur blafarde, tirant sur le jaune; la végétation y paraît très-maigre; il sert maintenant de cimetière aux chrétiens catholiques, grecs et arméniens. On présume que la maison dans laquelle mourut la Vierge, était sur cette montagne, et nos guides croyaient pouvoir en indiquer exactement la situation. C'est ici encore que l'on voit le saint Cénacle *(Cænaculum)* bâti sur la partie de la montagne où notre Sauveur célébra la Pâque pour la dernière fois. Cette église est devenue un temple consacré à Mahomet, et est par conséquent inaccessible pour tout autre qu'un Musulman. Le tombeau de David est aussi enfermé dans l'enceinte de la mosquée, et en conséquence inabordable pour les chrétiens.

LETTRE IX,

A S. Sq**e Esq.

Je viens donc à ces petits détails qui piquent la curiosité, en raison de la grandeur des lieux dont on parle. On ne se peut figurer qu'on vive à Athènes et à Sparte, comme chez soi. JÉRUSALEM surtout, dont le nom réveille tant de mystères, effraie l'imagination. Il semble que tout doive être extraordinaire dans cette ville extraordinaire.

CHATEAUBRIANT, *Itinér. à Jérus.*, tome 2e, page 338.

Jérusalem, 20 août 1817.

MON CHER MONSIEUR,

Si un voyageur, venu les yeux bandés d'Angleterre, était placé tout-à-coup au milieu de Jérusalem ou sur l'un des monts qui la dominent, quel ne serait pas son étonnement au moment où on lui ôterait tout-à-coup son bandeau? Du centre des hauteurs voisines, il verrait un désert sauvage, âpre, montueux. Pas un seul troupeau paissant sur les sommets de ces montagnes, point de bois qui en revêtissent les flancs, point d'eau courante à travers les vallées; mais le sévère et lugubre spectacle d'une solitude ravagée, au milieu de laquelle la Judée, jadis si glorieuse, baisse son front humilié dans le veuvage et la désolation. En entrant dans la ville, la magie de son nom et tous les antiques souvenirs qui s'y associent, disparaissent bien plus vite encore, et font éprouver au spectateur un mécompte bien plus cruel. Point de rues ornées de palais, ni de promenades magnifiques; point d'arcs de triomphe qui s'élèvent dans les airs, de fontaines rafraîchissantes, de portiques pour garantir du soleil, aucun vestige qui rappelle une ancienne grandeur militaire ou un commerce opulent; mais au lieu de ces traces d'antique puissance, on se trouvera partout entouré de murs d'une grossière maçonnerie, dont la lourde uniformité n'est interrompue que par la saillie de quelques fenêtres grillées : « Toute beauté s'est enfuie de » la fille de Sion. »

Le plus beau quartier de la ville est incontestablement celui des Arméniens. Dans les autres, les rues sont trop étroites; à peine trois chameaux pourraient-ils y marcher de front. Les bazars sont ici, comme dans toutes les villes d'Asie, relégués dans un quartier particulier. Cette disposition empêche que le nombre des artisans ne dépasse certaines limites. On varie sur celui des habitans, la population ne pouvant s'évaluer que sur des données inexactes; la plus haute estimation la porte à 25 mille ames, parmi lesquelles on compte :

Juifs. . . . . de 3 à 4000
Catholiques romains. 800

Grecs.	2000
Arméniens.	400
Cophtes.	50
Mahométans	13000

C'est un bien chétif résultat, en comparaison de la population florissante dont la ville s'énorgueillissait autrefois. Mais les siéges fréquens qu'elle a supportés, les pillages qui en ont été la suite, n'ont laissé aucuns vestiges de son ancienne puissance. Jérusalem, sous le gouvernement d'un aga turc, ne ressemble pas plus à Jérusalem sous le règne de Salomon, qu'Athènes, sous l'administration de Périclès, ne ressemble à Athènes sous la domination du chef des eunuques noirs. Il est écrit dans les sentences du prophète (a) : « De-
» vant une armée en marche, la terre ressemble
» au jardin d'Eden ; est-elle passée, c'est la soli-
» tude du désert. » L'aspect de la Judée montre ces redoutables prédictions de l'homme de Dieu accomplies de la manière la plus terrible.

L'étendue de Jérusalem, dans son état actuel, peut être évaluée assez exactement par le temps que l'on met à faire le tour de ses murs. Je le fis en cinquante minutes, et comme je marchais sans me hâter, je ne crois pas que la circonférence de la ville excède une lieue. Elle était autrefois ceinte

---

(a) *Quasi hortus voluptatis, terra coram eo, et post eum solitudo deserti.*   JOEL, II, 3.

de trois remparts (1). Celui qui l'entoure à présent a été, dit-on, construit par Soliman-le-Magnifique (Soliman II) vers le milieu du seizième siècle. De distance en distance on trouve des inscriptions en caractères arabes, qui indiquent probablement l'époque de cette construction. Mais je ne pus déterminer ni le drogman, ni aucun interprète capable de les déchiffrer, à m'accompagner. Ils s'excusèrent assez gauchement sur l'abattement que leur causait l'extrême chaleur. Le motif réel de leur répugnance était la crainte d'exciter les soupçons des Turcs, qui auraient pu les voir avec un Franc occupé à copier les inscriptions gravées sur les créneaux. Je fus donc obligé de me promener seul, et comme ma promenade n'avait aucun objet apparent, on me laissa aller sans me questionner ni me troubler.

L'intérieur de la ville est coupé d'un grand nombre de ruelles et de passages étroits. Voici les noms des principaux :

1. (2) TARREK-BAB-EL-HAMMOND. — *Rue de la porte de la Colonne.* — Traverse irrégulièrement la ville du nord au midi.

---

(1) Ce triple rempart ne s'étendait pas, en entier, tout autour de la ville ; il ne s'élevait que dans les endroits qui n'étaient point défendus par la hauteur naturelle des collines.

Joseph, Bell. Jud. Lib. v.

(2) *Tarrek* signifie *rue*. *Harat* répond, à peu près, à notre mot ruelle.

2. Souk-el-Keber. — *Rue du Grand-Bazar.* — Va de l'ouest à l'est. Une rue plus petite, qui aboutit à celle-ci, s'appelle la *rue du Petit-Bazar.*

3. Tarrek-el-Allam. *Via Dolorosa.* — Cette rue est très-irrégulière. Elle commence à la porte de Saint-Etienne, passe par le palais de Pilate, et finit au Mont-Calvaire.

1. Harat-el-Muslmin. — *Quartier des Turcs.*

2. Harat-el-Nassara. — *Quartier des Chrétiens* — Conduit de la Voie Douloureuse au Saint-Sépulcre.

3. Harat-el-Arman. — *Quartier des Arméniens.* — A l'ouest de la tour de David. Le quartier le plus propre et le plus agréable de la ville.

4. Harat-el-Youd. — *Quartier des Juifs.* — D'un aspect tout opposé au précédent.

5. Harat-bab-Hotta. — *Quartier du Temple.* — Ainsi nommé, à cause de sa proximité de la mosquée d'Omar.

6. Harat-el-Zahara. — *Strada Comparita. Le quartier public.* Habité indifféremment par des individus de toute nation; considéré comme le repaire des habitans les plus abandonnés et les plus dissolus. On présume que c'était la résidence du Pharisien de la Parabole.

7. Harat-el-Maugrarbé. — *Quartier des Tunisiens.* — Le nombre en est à présent très-réduit. On les croit descendans des Maures chassés d'Espagne par Ferdinand et Isabelle.

Il y a en outre six portes que l'on ferme régulièrement tous les soirs. Voici leurs noms :

1. Bab-el-Hhaleel. — *La porte de l'Elu ou du Bien-Aimé.* — Conduit à Bethléem, à Hebron, etc., etc. C'est par cette porte que les pélerins venus par la route de Jaffa, entrent dans la ville.

2. Bab-el-Nabi-Daoud. — *Porte du prophète David.* — Sur le mont de Sion. C'est l'entrée méridionale de la ville.

3. Bab-el-Maugrarbé. — *Porte Sterquiline.* Ce fut par cette porte que le Christ, après avoir été arrêté, fut conduit à Pilate. C'est une des plus nouvellement et des plus mal reconstruites.

4. Bab-el-Sitti-Mariam. — *La Porte de la Ste.-Vierge.* — Ouverte à l'orient ; conduit au tombeau de la mère de Jésus et à la montagne des Oliviers. On l'appelle aussi porte de St.-Etienne, dont le martyre eut la Vierge pour témoin.

5. Bab-el-Hammond. — *Porte de la Colonne*, qu'on appelle aussi *Porte de Damas*. Elle est beaucoup plus belle que les autres au nord et sur la route de Sichem.

6. Bab-el-Zahara. — *Porte d'Hérode.* C'est une petite porte, située entre celle de Damas et celle de St.-Etienne.

Autrefois, il n'y aurait pas eu de sûreté à se montrer dans les rues en habit européen. Avec ce costume, on était exposé à toutes sortes d'injures et de malédictions, proférées sourdement ou à haute voix, poursuivi par les hommes, insulté et lapidé par les enfans : mais l'invasion des Français a opéré une révolution dans les dispositions de la population turque. L'habileté et la loyauté affable de sir Sidney-Smith à Acre, la popularité qu'il sut se concilier pendant son séjour à Jérusalem, ont procuré aux Anglais un degré de considération qui ne s'étend pas aux membres des autres sociétés chrétiennes (a). Je me suis souvent dépouillé de mon manteau arabe pour parcourir la ville en habit de chasse, avec le petit chapeau de Smyrne, sans avoir éprouvé la plus légère contrariété (1).

(a) L'auteur nous permettra de protester contre ce trait de partialité nationale, et de revendiquer pour nous, à plus juste titre, la révolution dont il parle : ce sont nos Kléber, nos Desaix, nos Denon, nos Monge, etc., etc. : ce sont nos victoires, et nos travaux, bien autrement importans aux yeux des Orientaux, que la défense de Saint-Jean d'Acre, quelqu'honorable qu'elle soit pour sir Sidney, qui leur ont appris à respecter le nom français, et les Européens en général. Ce n'est pas en anglais, c'est en bon français, que M. de Châteaubriant a entendu de petits bedouins se crier les uns aux autres, *en avant*, *marche*. (*Voy.* Itin. à Jérus., t. 2, p. 130.)

(1) Lorsque l'auteur et son compagnon de voyage partirent de Tripoli, on leur fit entendre qu'en avançant dans le pays, à moins d'en adopter le costume, ils seraient exposés à des accidens désagréables. Ils se procurèrent, en conséquence, des habillemens complets, dont le détail pourra peut-être amuser le lecteur.

La partie la plus importante d'un vêtement de ce genre

ressemble à un large pantalon, attaché autour du milieu du corps par un nœud coulant. Ce pantalon est de drap, de toile ou de soie au goût de celui qui le porte. On se sert du drap ou de la toile pour aller à cheval, et de la soie pour les jours de cérémonie. Le pantalon de l'une des deux premières étoffes est un *salual*, ou un *sharroweel*; le pantalon de soie s'appelle un *sintian*. On endosse ensuite le *kombos*, espèce de tunique à longues manches, qui descend presque jusqu'au bas de la jambe. On attache cette tunique avec un riche baudrier ou ceinture nommée *zennar*, à laquelle on porte ses pistolets ou autres armes, magnifiquement ornées. Le *daraben*, est une sorte de casaque de campagne que l'on porte quelquefois par-dessus la tunique, au lieu du manteau appelé *benis*, lequel est ordinairement de quelque étoffe légère, et de couleur vive. Mais le vêtement de beaucoup le plus gracieux est le *bornos*, longue robe blanche flottante, de soie et de crin de chameau, bordée d'une frange de soie. Rien n'est au-dessus de la légèreté et de l'élégance de cette robe, dont la forme ressemble à l'antique pallium, à l'imitation duquel on en rejette un bout sur l'épaule gauche. Le *turban* est extrêmement simple. Il consiste en un bonnet rouge, orné, au sommet, d'un gland de soie bleu, avec un schall roulé autour. Ce schall peut être de toute couleur, à l'exception du vert consacré spécialement aux descendans du prophète. On préfère généralement le blanc simple. Mais on le porte quelquefois d'un rose cramoisi, ou d'un bleu clair. Il est indispensable de se faire raser la tête, autrement la chaleur de la coiffure serait insupportable.

La chemise est faite d'une étoffe très-douce au toucher, de soie ou de fil fin. Elle est ouverte, de manière à laisser le cou, la gorge et les bras entièrement nus.

Tandis que nous examinions les ruines de Balbec, les prin-

Porte, est répartie entre plusieurs agens. Le principal est le *motsallem* ou gouverneur militaire. Le premier, en autorité après lui, est le *moula-cadi*, office qui répond aux fonctions de nos magistrats de police. Vient ensuite le *mufti*, chef de la religion et de la justice. Pouvoir redoutable dans tout gouvernement despotique ; mais plus redoutable encore en Turquie, où les volontés sont aussi complètement enchaînées que les hommes, et où la tyrannie est entée sur l'esclavage de la pensée. Il y a en outre un agent qui préside

---

cipaux propriétaires de la contrée vinrent nous voir. L'un d'eux, personnage d'une allure très-gaie, et d'un rang élevé dans le pays, paraissait très-disposé à troquer avec l'auteur sa coiffure. Mais, celui-ci, avait plus d'un motif pour se refuser à cet honneur. Il fut à la fin obligé de faire entendre que certaines coutumes nationales ne lui permettaient pas d'accepter cette politesse.

L'auteur a fait mention de ce genre de civilité, parce que ce fut pour lui une occasion d'examiner l'objet dont on proposait l'échange, de plus près qu'il n'eût pu le faire autrement avec sûreté.

Cette circonstance fait croire que la coiffure est l'objet d'une attention particulière; car, sans parler des autres ornemens, le turban du jeune Émir était de la plus riche soie de Damas.

La dépense d'un habillement complet, élégant, avec les accessoires d'usage, sans compter les pistolets, dont la valeur est proportionnée à la richesse de la matière qui en orne la monture, ne doit pas excéder cinquante livres sterlings.

à la mosquée érigée sur l'emplacement du temple de Salomon. Je n'ai point eu de renseignement sur l'étendue de sa juridiction. Il y a enfin un *soubaski*, emploi qui répond à peu près à celui de major de place. Tous ces officiers, à l'exception du *mufti*, dépendent pour leurs appointemens du pacha de Damas, qui a dans son ressort le gouvernement de Jérusalem.

LETTRE X,

A Sir G. E. Bart.

Jérusalem.

M<small>on cher</small> E.....

Nous nous sommes mis avant-hier en route pour la mer Morte et le Jourdain. Il semble y avoir quelque intelligence entre l'arabe vagabond, qui infeste cette contrée, et les autorités de ce lieu : car, malgré toutes nos représentations, nous nous sommes vus dans l'alternative, ou de renoncer à l'idée de visiter cette partie de la Judée, ou de nous soumettre à la protection d'une escorte arabe. Les individus de cette race ont conservé plusieurs des qualités respectables qui distinguaient leurs ancêtres du temps de Soliman.

Gli arabi avari,
Ladroni in ogni tempo, e mercenari (a).
L<small>a</small> G<small>erusalemme liberata</small>, canto ix, 6.

Après de longs débats avec le chef de la tribu, nous convînmes de prendre à notre solde vingt

---

(a) L'arabe en tout temps avide, brigand et mercenaire.

de ces braves, outre lesquels, il nous fallut encore acheter l'appui de quelques soldats turcs. Ceux-ci, courant devant nous à travers les rues de Jérusalem, nous conduisirent avec un appareil militaire aux tentes des Arabes, plantées à une lieue environ de la ville. En y allant, nous passâmes par le village de Béthanie, célèbre par la résurrection de Lazare. Les ruines du bâtiment où fut opéré ce grand miracle, existent encore. Ces ruines se réduisent au mur extérieur d'après lequel on peut juger que la maison était très-petite.

A peu de distance, nous trouvâmes les habitations des Bédouins. Ce sont des tentes couvertes d'un drap grossier, de couleur sombre. Environ cinquante de ces tentes étaient rangées en cercle : des chameaux, des chèvres, d'autres animaux domestiques erraient à l'entour. Les hommes paraissaient d'une taille au-dessus de la moyenne, maigres et bien proportionnés : quelques-uns se faisaient remarquer par de beaux traits; mais leur physionomie était empreinte d'une expression toute particulière, et, à la couleur très-brune de leur peau, on les eût presque pris pour des Ethiopiens. Leurs dents paraissaient d'une blancheur éblouissante, sans doute à cause de la simplicité de leur régime (1) : peut-être aussi était-ce l'effet

---

(1) Genèse, XLIX, 12.

du contraste avec leur teint. Par une singularité frappante, dans le costume des femmes, elles avaient toutes le visage à demi-couvert d'un voile de toile : le bas de la figure restait exposé à la vue.

Nous fûmes retenus là près d'une heure, pendant que le chef de la tribu formait une bande de vingt-un hommes d'élite, sans le compter, ni son lieutenant. Chaque arabe était armé d'un mousquet jeté en travers de ses épaules, et portait un cimeterre à la ceinture. Réunie aux soldats turcs, et à notre suite, cette escorte nous entourait d'une force imposante. Après les préparatifs ordinaires, nous nous remîmes en voyage. La lune se levait au moment même, et lorsque nous descendîmes le col de la montagne, l'agreste drapeau flottant, les armes brillantes de nos Arabes, que la rapidité et l'irrégularité de leurs mouvemens rendaient encore plus remarquables, offraient un spectacle curieux et pittoresque.

La perspective, à laquelle aucun des objets qui font le charme des beautés de la nature, ne donnait d'attrait, semblait partout âpre et triste, et la route rude et en pente trop rapide. Une ombre épaisse, qui se projetait sur les précipices, augmentait encore à la vue leur profondeur réelle. En six heures de temps, nous arrivâmes à un vaste monastère consacré au législateur des Juifs, dont la mémoire est également vénérée des

Turcs et des Chrétiens, et que les premiers croient inhumé en ce lieu; mais les disciples de Mahomet ne sont pas de grands chronologistes, et leurs connaissances en géographie ne sont pas fort étendues. On sait que le prophète d'Israël expira sur la montagne de Nébo, sans être entré dans la terre promise, et que ses os furent déposés dans la vallée de Moab, en face de Beth-Peor; « mais personne, jusqu'à ce jour, n'a su où était son tombeau. » Sa mort arriva vers la fin de la quarantième année après la sortie d'Egypte, l'an du monde 2552 : ce couvent a sans doute été fondé par quelque personne pieuse, qui portait le même nom que le frère d'Aaron, mais qui vivait plusieurs années après la venue de Jésus-Christ. Le bâtiment, quoique spacieux, et pourvu, en grande partie, de ce qui est nécessaire à un grand établissement, est presque tout-à-fait abandonné, et ne sert accidentellement qu'à loger un santon. Nous entrâmes dans l'une des cours intérieures, et nous nous y reposâmes sur le pavé, environ deux heures ; après quoi, nous nous remîmes en route : la nuit était très-avancée; la lune couchée; mais la clarté de l'atmosphère, les étoiles, qui rayonnaient, nous donnaient assez de lumière pour nous diriger dans des chemins obscurs et rocailleux. Au bout d'une heure et demie, nous approchions des bords du lac de Soufre. Là, nos gardes turques et le chef des Arabes insistèrent sérieusement pour que nous gardassions le silence. Nous voulûmes bien quelque temps céder à leur caprice, quoique bien convaincus de l'inutilité de cette précaution. En ce moment, à nous voir marcher dans cette taciturnité solennelle, au milieu des ténèbres de la nuit et de la tranquillité de la solitude, chacun des objets dont nous étions environnés portant l'empreinte de quelque convulsion de la nature, ou des châtimens du ciel, on aurait pu nous prendre pour un cortége funèbre, qui traversait la vallée de la mort.

> Alfin giungemmo al loco, ove già scese
> Fiamma del cielo in dilatate falde;
> Et di natura vendicò l'offese
> Sovra le genti in mal oprar si salde.
> Fu già terra feconda, almo paëse,
> Or acque son bituminose e calde,
> E steril lago; e quanto ei torce e gira,
> Compresa è l'aria, e grave il puzzo
> Spira (1).
> La Gerusalemme liberata, canto x, stan. 61.

A la fin, nous parvînmes au bord de l'eau, où notre escorte nous engagea à mettre pied à terre

---

(1) Enfin nous arrivâmes dans les lieux où fume encore la foudre vengeresse; terre jadis féconde, pays charmant, que couvrent aujourd'hui des eaux bitumineuses et un lac stérile, d'où s'exhalent des vapeurs impures, empoisonnées, qui attestent les crimes des hommes et le courroux des cieux.

Jérusalem délivrée, chant. x, trad. de M. Lebrun.

et à attendre le lever de l'aurore. Nous nous étendîmes sur le sable environ deux heures, et nous nous y livrâmes à un profond sommeil. Nous fûmes réveillés par le chef de nos guides, qui affectait une grande inquiétude sur le voisinage d'une tribu ennemie. Nous nous levâmes sans hésiter, et nous nous avançâmes vers l'embouchure du Jourdain, éloignée d'environ une lieue. Le fleuve, en cet endroit, est profond et rapide : il roule un volume d'eau considérable. Sa largeur paraît être de 2 à 300 pieds : le courant est si violent, que notre domestique grec, ayant essayé de le traverser, fut, malgré sa force, son agilité et son adresse à nager, contraint d'y renoncer; s'il eût réussi, nous eussions constaté avec exactitude la largeur du fleuve au moyen d'une corde tendue sur les deux rives. En la mesurant avec précision, nous eussions repoussé victorieusement les sarcasmes de Volney (1) sur cette rivière célèbre,

---

(1) Cet auteur, quoique justement estimé, pour l'étendue et la variété de ses connaissances, paraît éprouver une répugnance invincible à parler autrement, qu'avec un ton dérisoire, de tout événement ou circonstance ayant rapport à l'Histoire sainte. Voici ses expressions, en décrivant les cèdres du Liban : « ces cèdres si réputés, ressemblent à bien
» d'autres merveilles; quatre ou cinq gros arbres, les *seuls*
» *qui restent*, et qui n'ont rien de particulier, ne valent pas la
» peine que l'on prend, de franchir les précipices qui y mè-
» nent. » Cet énoncé est loin d'être exact. Le lieu distingué par la possession de ce qui reste de ces cèdres antiques s'ap-

que je le soupçonne fortement de n'avoir jamais vue. Elle se jette dans la mer Morte à son extrémité nord, lorsqu'elle prend sa direction vers le

pelle *arèze* ; ces arbres sont disséminés sur un monticule de trois ou quatre acres d'étendue ; quiconque est habitué à parcourir les montagnes peut les aller voir sans risque ni difficulté. Si l'on veut, à tout hasard, poursuivre sa route jusqu'au sommet de la montagne, on se trouvera bien dédommagé de ce surcroît de fatigue. La montée, en quelques endroits, est assurément très-rapide, et, quand nous approchâmes de la cîme, un courant d'air très-vif soufflait sur la hauteur ; mais, quoique difficile à supporter d'abord, on éprouve bientôt un sentiment très-vif de bien-être.

Peut-être n'est-il pas de lieu sur le globe, qui présente un spectacle aussi magnifique que celui qui se déploie aux yeux du haut du mont Liban. Un horizon sans bornes, s'ouvre à la vue, brillant et radieux. L'œil embrasse presque sans interruption depuis les eaux de la Méditerranée jusqu'aux confins du golfe Persique. Un tel aspect enlève pour un moment le spectateur au sentiment de sa faiblesse individuelle. Il sent ses facultés vitales s'agrandir. Il reste plongé dans un enthousiasme ravissant, à la vue des objets magnifiques dont il est entouré, jusqu'à ce que tant de splendeurs réunies deviennent, en quelque sorte, un tourment pour son imagination, et que ses sens succombent sous le poids de l'admiration.

Dans sa formation, cette montagne ressemble à toutes celles que l'on voit, en Syrie. Un *Stratum* de pierre calcaire blanche et dure en paraît être le tuf ; mais les couches suivent des directions très-irrégulières. On pourrait probablement y découvrir des productions minérales d'une haute valeur, si les habitans avaient ou assez d'industrie, ou assez d'activité pour en tenter la recherche. Les monts de la Judée abon-

sud-sud-est. On la voit, pendant trois ou cinq lieues, jusqu'à ce qu'elle soit disparue en faisant un coude vers l'est. La distance, qui sépare les mon-

---

daient autrefois en fer (*). Les mêmes raisons existent aujourd'hui pour faire présumer que l'on trouverait cette contrée encore aussi riche en métaux de même nature.

Nous continuâmes à descendre pendant quelques heures, en présence d'une scène variée, offrant à chaque détour quelque nouveau trait caractéristique, ou, d'une beauté pittoresque, ou d'une imposante sublimité. Parvenus à l'un des renflemens (monticules) inférieurs, qui forment la base de la montagne, nous nous trouvâmes tout à coup dans une épaisse et profonde forêt. Nous en traversions les bocages, lorsque nous entendîmes distinctement des bêtes féroces hurler du fond de leurs retraites ; mais nous ne vîmes que des loups et des chacals. Quelques lièvres passèrent à côté de nous, et plusieurs couvées de perdrix grises partirent à une portée de fusil. Deux de nos gens étaient chasseurs de profession, mais ils n'avaient pas l'idée de la chasse au vol. Néanmoins ils atteignaient adroitement un but marqué. En nous rapprochant davantage de la base, nous rencontrâmes une armée formidable de sauterelles qui marchaient en corps régulier sur le terrain dont elles dévoraient les productions, marquant leurs progrès par des traces de dévastation. Ces terribles insectes se montrent en plus grande quantité, lorsque l'hiver a été plus doux que de coutume ; car les dépôts de leurs œufs n'ayant point souffert du froid, on les voit éclore au printemps par myriades. Les naturels ont essayé divers moyens de se délivrer de ce dangereux fléau. On creuse des trapes, et l'on met le feu à de gros

(*) *Cujus lapides ferrum sunt, et de montibus ejus, æris metalla fodiuntur.*
Pays dont les pierres sont du fer, et dans les montagnes duquel on extrait l'airain. Deutéronome, VIII, 9.

tagnes des deux côtés du lac, paraît être d'environ trois lieues; mais, je ne puis croire que la largeur du lac excède une lieue deux tiers, ou deux lieues. En avançant vers le sud, elle devient évidemment plus considérable. Pline en évalue la longueur totale à trente-trois lieues, et la plus grande largeur a un peu plus de huit (*).

Parmi les propriétés fabuleuses attribuées à ce lac, on a prétendu que l'eau, à raison de sa pesanteur spécifique, y pouvait porter les matières les plus lourdes (1). Je l'ai trouvée un peu plus pesante que dans les autres mers, mais beaucoup plus chaude, et si fort imprégnée de soufre, que

---

tas de chaumes mouillés, pour les étouffer par la fumée. Il y a aussi un oiseau qui en fait sa proie, et qui, pour cette raison, est sacré aux yeux des habitans. Malheureusement ces expédiens ne font que diminuer bien peu le mal. Le remède le plus efficace est le vent du sud-est, qui les chasse avec une violence irrésistible vers la Méditerranée, et délivre pour quelque temps le pays des horreurs de la famine.

(*) Hist. nat., lib. v, chap. 16.

(1)   Questo è lo stagno in cui nulla di greve
Si getta mai, che giunga insino al basso;
Ma in guisa pur d' abete e d'orno leve,
L' uom vi sornuota el duro ferro el sasso.
LA GERUSALEMME LIBERATA, canto x, stan. 62.

Sur ses eaux épaisses, le corps le plus pesant repose immobile : l'homme, le fer, la pierre, y surnagent comme le bois léger. *Jérusalem délivrée*, chant. x, trad. de M. LEBRUN.

j'en contractai un violent mal de tête et que mes yeux enflèrent. Toutefois, je vérifiai que la pente du rivage était très-douce. Il aurait fallu entrer dans l'eau jusqu'à cinquante toises de distance pour perdre pied, et l'impatience des Arabes ne nous laissait pas assez de temps pour une pareille tentative.

Le vicomte de Châteaubriant, se conformant à l'opinion générale (1), avait d'abord représenté le lac conservant la tranquillité de ses eaux, même dans le tumulte d'une tempête. « Son eau, dit-il, » d'une amertume affreuse, est si pesante, que » les vents les plus impétueux peuvent à peine la » soulever. » L'inspection du lac a engagé l'éloquent écrivain à rectifier cette assertion (2): dans le fait, une légère brise est plus que suffisante pour en troubler la surface. C'est l'abri des montagnes, et non la pesanteur du fluide, qui rend très-rare toute violente agitation de ses flots.

Les rives du Jourdain, autrefois fréquentées par les lions, du moins, si l'on doit prendre à la lettre les expressions de Jérémie (3), ont cessé de-

---

(1) Voyez *Itinéraire à Jérusalem*, tome 2, page 168 et suiv.

(2) « Les merveilles ont disparu devant un examen plus » sévère. » *Itinér. de Paris à Jérus.*, 2ᵉ vol., page 178.

(3) *Ecce, quasi leo, ascendet de superbiâ Jordanis ad pulchritudinem robustam.* (*Vulgate*, Jérémie, chap. 50, v. 44.)

Le texte anglais porte : « Voici qu'il viendra, comme un » lion, des flots du Jourdain, dans la demeure du fort. »

puis long-temps d'être infestés de pareils hôtes, et nous cueillîmes les roseaux de ses bords sans être troublés le moins du monde. Le fleuve, au moment où il se jette dans la mer Morte, est d'une couleur terne; mais, en général, ses eaux sont limpides et brillantes. En approchant du bord, nous sentîmes une forte odeur de soufre; mais, à quelques pas de distance, cette odeur était à peine sensible. J'avais rempli de ce liquide une grande bouteille, dans l'intention de faire l'expérience recommandée par *Pococke*, dès que nous serions remontés à la côte : le goût en est très-âpre et très-amer (1). Quelques voyageurs ont attribué à ces eaux une influence redoutable sur les oiseaux,

---

(1) Ceux qui ont voulu satisfaire leur curiosité, en pareilles occasions, ont dû quelquefois regretter de ne l'avoir pu faire qu'aux dépens de leur santé. L'auteur, passant aux Thermopyles, but d'une source chaude qui s'échappe du pied de la montagne, à peu près l'équivalent d'un petit verre de vin. Au bout d'une heure, il ressentit une extrême lassitude, accompagnée de douleurs dans le dos et aux reins, si aiguës, qu'elles l'empêchaient de se tenir à cheval. Ce ne fut même qu'avec difficulté qu'il put se courber pour mettre pied à terre, et se coucher à côté du chemin. Quelques heures après, un de ses compagnons se joignit à lui pour passer les défilés du mont Æta; et, à la nuit, lui fit prendre une potion fortement sudorifique, composée de miel et de rum. Cette potion calma si bien la violence du mal, que, le lendemain matin, l'auteur put continuer sa route, sans cependant être tout-à-fait exempt de ressentimens de ses douleurs.

telle que Virgile dépeint celle du lac voisin du promontoire de Misène.

Quam super haud ullæ poterant impune volantes,
Tendere iter pennis ; talis sese halitus atris
Faucibus effundens suprà ad convexa ferebat.

Æneid. vi, 239 (*).

Je n'ai aucune observation personnelle à opposer à cette assertion ; mais, je n'en suis pas moins porté à en révoquer en doute l'exactitude. Le sable présentait l'empreinte de pattes d'oiseaux, dont quelques-unes, à en juger par la grosseur, devaient être des serres d'aigle ou de vautour. Nous ne pûmes cependant distinguer aucune trace qui annonçât des oiseaux aquatiques. Si les Turcs permettent quelque jour de naviguer sur cette mer, ceux qui y voyageront pourront y faire de très-intéressantes découvertes (**), peut-être y reconnaîtront-ils les débris des cités coupables. Nous avons entendu affirmer fermement qu'à certaines époques de l'année, on y voyait des colonnes brisées, et d'autres ruines de monumens, lorsque les eaux, beaucoup plus basses que de coutume, se sont retirées : mais, quand nous serrions de près nos conteurs, ils se trouvaient

---

(*) Aucun oiseau ne pouvait impunément essayer de traverser les airs, au-dessus de ses ondes, tant le souffle empoisonné qu'exhalent ses gouffres infects s'élève vers les cieux. *Traduction de* M. MOLLEVAULT.

(**) Voyez *Itinér. à Jérus.*, tome 2, page 178, *antè et post.*

hors d'état d'appuyer le fait de quelques détails propres à en confirmer la réalité. Strabon compte treize villes englouties dans le lac Asphaltite. La Genèse n'en compte que cinq, dont deux seulement, Sodome et Gomorrhe, sont flétries comme les objets de la vengeance du Tout-Puissant. « *Igitur, Dominus pluit super Sodomam et Gomorrham sulphur et ignem a Domino, de cælo.* »   (Genesis. xix, 24.)

Vous ne me soupçonnerez sûrement pas d'être assez téméraire pour vouloir porter atteinte à la sainteté du miracle, en attribuant ses effets à une cause naturelle; mais en montrant la Providence opérant par les causes secondes, instrumens accoutumés du pouvoir du Tout-Puissant, il nous doit être permis de remarquer que les constructions faites sur les bords du lac avaient été très-probablement élevées au moyen de matériaux puisés dans les carrières les plus voisines. Ces matériaux, imprégnés de particules sulphureuses, devaient prendre feu très-aisément, et étaient par conséquent incapables de résister à l'action continue du feu du ciel. Quelques écrivains ont conjecturé que ces villes avaient été détruites par une pluie de nitre, accompagnée d'un violent tremblement de terre. Mais Tacite attribue l'incendie qui les dévora aux coups de la foudre. En adoptant cette conjecture, on peut entendre par « le soufre et le feu tombant du ciel, » du soufre enflammé; et la tempête se combinant avec un tremblement de terre, l'eau dut naturellement se précipiter dans les gouffres qu'avait formés la terre en s'affaissant. Etant ainsi amalgamée avec les matières bitumineuses, il en résulta un lac dont les propriétés particulières caractérisent la mer de Sodome. Strabon, Tacite, Diodore de Sicile et d'autres écrivains latins ont raconté ce prodige. Leurs récits sont curieux et amusans, quoique toutes les circonstances n'en soient pas également dignes de foi. Il ne faut aussi admettre la description de Josephe qu'avec beaucoup de précaution; car cet auteur nous conte hardiment que Vespasien, dans un excès de cruauté capricieuse, ayant fait jeter quelques-uns de ses esclaves dans le lac, après leur avoir fait lier les membres pour les empêcher de nager, on les vit tous flotter sur l'eau, comme s'ils eussent été repoussés au-dessus du lac par un courant souterrain. Sa longueur, suivant le même historien, n'excédait pas 580 stades, jusqu'à Zoar en Arabie; sa plus grande largeur était de 150 stades. Le terrain d'alentour se faisait remarquer autrefois par sa fertilité et sa richesse, quoiqu'il ne présente plus aujourd'hui que l'aspect d'une effrayante désolation. L'historien continue en rappelant l'impiété des habitans, qui attira sur eux la vengeance céleste, et ajoute que les ombres des cinq cités proscrites laissent encore apercevoir des traces du feu lancé contre elles par la Divinité. Il affirme encore en termes exprès, que la statue de sel qui doit son origine à la métamorphose subie par la femme de Loth, existait encore à l'époque où il écrivait, et qu'il en a lui-même constaté l'existence. Il ne peut toutefois indiquer avec précision le lieu où s'effectua cette métamorphose. Mais comme Loth fuyait avec ses filles vers la ville de Zoar, c'est aux approches de cette ville qu'il faut chercher l'endroit où sa femme fut punie. La position écartée de cette ville, au point le plus méridional du lac, dans l'une des contrées les plus désertes et les plus dangereuses de l'Arabie, rend aujourd'hui toute recherche, à cet égard, impossible; mais on peut sans doute raisonnablement supposer qu'une créature humaine, frappée et asphyxiée par la foudre, aura été incrustée et enveloppée de matière sulfureuse, au point de se pétrifier, et de présenter aux yeux l'aspect d'une colonne ou d'une statue.

Nous avons tous ouï parler de ces fameuses pommes
« qui croissent
» près du lac de bitume, où brûla Sodome. » (1)
Elles brillent aux yeux, suivant Josephe; mais si l'on cède à la tentation de les cueillir, elles tombent, dit-on, à l'instant en poussière et en cen-

---

(1) « Wich grew
» Near that bituminous lake where sodom flamed. »
PARADISE LOST. Book x, v. 561.

dres. Un fruit qui possède des propriétés si singulières, devait naturellement fixer l'attention de tous les voyageurs qui ont parcouru ces contrées. Cependant, parmi les nombreux écrivains qui en ont signalé l'existence, à peine s'en trouve-t-il deux dont les descriptions s'accordent. Quelques-uns inclinent à traiter de fabuleux ce qu'on en raconte, ou plutôt à n'y voir qu'une allégorie des plaisirs trompeurs de ce monde. J'avoue que j'aspirais vivement à voir ces merveilleuses pommes, et, en mettant à l'écart les hyperboles de Tacite et de Josephe, je suis disposé à m'attribuer la découverte des singuliers fruits dont ils font mention. Ils croissent en bouquets sur un arbuste haut de cinq à six pieds; ils sont à peu près de la grosseur d'un petit abricot. Leur couleur est d'un jaune clair. Au contraste de cette teinte avec la verdure des feuilles, on croit voir l'union de l'or avec l'émeraude. Peut-être, étant mûrs, tombent-ils en poussière si on les presse trop fortement; mais ceux que j'ai cueillis ne conservaient pas la plus légère empreinte du toucher. Je les ai trouvés dans un épais buisson, environ à un demi-mille de distance de la plaine de Jéricho.

Les montagnes qui bornent la vallée de Siddim, courent dans une direction parallèle du nord au sud. La chaîne que l'on voit du côté de l'Arabie est beaucoup moins dévastée que celle qui sert de rempart à la Judée. Cette dernière s'élève sur un fondement de sable de couleur blanchâtre; mais les couches les plus hautes paraissent être de craie brune. Les sommités en sont plus irrégulières que celle de la chaîne orientale, et la surface est partout remarquable par une absence totale de végétation. L'impatience de notre escorte nous obligea à mettre assez brusquement fin à nos observations; nous courûmes à environ une lieue pour goûter l'eau de la fontaine d'Elisée, laissant un peu sur notre droite les ruines, ou plutôt l'emplacement des ruines de Jéricho. La purification de cette source miraculeuse est racontée fort au long par Josephe. Voici le récit de cet événement, tel qu'il est rapporté dans le livre des Rois. Je l'extrais de la traduction anglaise de la Bible que sir Sydney Smith a donnée à la bibliothèque du couvent.

(1) « Les hommes de la ville (Jéricho) dirent à Elisée : Regardez, je vous prie. La position de

---

(1) « *Dixerunt quoque viri civitatis ad Eliseum : ecce habi-
» tatio civitatis hujus optima est, sicut tu ipse Domine, pers-
» picis : sed aquæ pessimæ sunt, et terra sterilis.* »

« *At ille ait : afferte mihi vas novum, et mittite in illud
» sal. Quod cùm attulissent.* »

« *Egressus ad fontem aquarum, misit in illum sal, et ait:
» hæc dicit Dominus : sanavi aquas has, et non erit ultrà in
» eis mors, neque sterilitas.* »

« *Sanatæ sunt ergo aquæ, usque in diem hanc, juxtà
» verbum Elisæi quod locutus est.* »

Vulgate, *Regum*, liber IV, cap. 11-19.

cette ville est agréable, comme vous le voyez; mais l'eau est mauvaise et le sol stérile. »

« Et il leur dit: Apportez-moi un vase neuf, et mettez-y du sel, et ils lui en apportèrent un. »

« Il se rendit à la source d'eau, y jeta du sel, et dit : Ainsi parle le Seigneur : J'ai purifié ces eaux ; elles ne donneront plus la mort, et la terre ne sera plus stérile. »

« Les eaux ont donc été pures jusqu'à ce jour, » suivant la parole d'Elisée. »

Dans cette circonstance, il se servit du sel pour purifier les eaux. Antérieurement, et quand le peuple d'Israël, à *Marah*, murmurait contre Moise, nous lisons qu'il éleva la voix vers le Seigneur, qui lui montra du bois. « Lorsque Moïse l'eut jeté dans les eaux, elles devinrent douces. » (1) Pline fait mention d'une espèce de bois qui a la vertu de produire le même effet.

Le courant qui sort de cette source est clair, limpide, et d'une saveur agréable. Employé à l'irrigation des terres voisines, dont la position s'y prêterait à merveille, il deviendrait un excellent instrument pour l'agriculture. Mais les propriétaires du pays ont une horreur insurmontable pour toute espèce d'innovation. Toute pratique agricole, quelque simple et quelque facile

---

(1) *At ille clamavit ad Dominum, qui ostendit ei lignum : quod cùm misisset in aquas, in dulcedinem versæ sunt.*

Exodus, xv, 25.

qu'elle soit, est pour eux un objet de dédain ou de jalousie, si elle fut inconnue à leurs ancêtres, et c'est au hasard et au destin qu'ils laissent le soin de réparer un sol épuisé.

Immédiatement au-dessus de cette fontaine commence à s'élever la montagne appelée la Quarantaine, parce qu'on a imaginé, je ne sais pourquoi, d'y placer l'entretien de notre Sauveur avec Satan, lorsqu'il le tenta, en lui montrant « tous les royaumes de la terre. » La vue du haut de cette montagne est trop circonscrite pour donner du poids à une pareille conjecture. Le sommet du Liban eût beaucoup mieux convenu au projet du tentateur, n'eût-il même voulu donner à ces mots: « le monde » que le sens dans lequel ils sont employés par l'auteur de l'Epître aux Romains (CHAP. IV, vers. 13.). (*) De cette éminence, il pouvait montrer à son auditeur, à l'orient, le royaume de Perse, jadis si puissant; le royaume d'Arabie, si riche en or, en encens et en myrrhe; au midi, les frontières de l'Egypte,

« Le berceau des sciences,
» La mère des dieux, la terre des miracles » (1).

(*). « *Non enim per legem, promissio Abrahæ aut semini* » *ejus, ut hæres essent mundi : sed per justitiam fidei.* »

(1) « *Nurse of sciences,*
» *Mother of gods, and land of miracles.* »

À l'occident, il lui eût fait voir Tyr et les îles assujetties à sa domination, riches et puissantes par le commerce. De là, le transportant en idée à Rome, il lui eût offert l'image de la Reine, de la maîtresse du monde, tandis qu'au nord la vue eût embrassé l'ancien royaume d'Antiochus. Il pouvait croire que le souvenir de la profanation du temple par ce prince, de sa cruauté envers les tribus d'Israël, rallumerait une indignation patriotique dans le cœur de leur descendant (1).

La hauteur de la *Quarantaine* ne peut absolument embrasser une vue aussi étendue. De sa plus grande élévation on aperçoit la terre des Amorites, de Galaad et de Basan; au-delà de cette plaine, se voient les collines d'Abarim, limites septentrionales du territoire de Moab. Ce fut de cette chaîne de montagnes, sur le sommet desquelles s'élèvent les promontoires de Pisgah et de Nébo, que Moïse entrevit la Terre Promise, avant d'être ravi à son peuple (Nombres XXVII, 12, 13).

Après un léger repas sous un berceau cham-

---

(1) Milton suppose la rencontre du Sauveur avec l'Esprit malin sur cette partie du mont Taurus qui sépare l'Arménie de la Mésopotamie. (*Voyez* le Paradis reconquis, chant III, v. 251) par respect pour le silence de l'Ecriture sur ce point, le poëte s'est abstenu de désigner nominativement la localité. Mais on a remarqué que sa description s'accordait parfaitement avec celle que Strabon a donnée de cette montagne.

pêtre, à peu de distance de la fontaine, nous nous préparâmes à retourner à Jérusalem. Il était trois heures passées, et la chaleur commençait à devenir très-forte. Notre voyage avait, jusqu'à ce moment, été très-paisible; mais notre escorte arabe n'ayant à combattre aucune tribu ennemie, et comme fâchée de s'être mise pour rien en frais d'appareil militaire, commença à se livrer une espèce de guerre civile. Nous avions pour compagnon un ecclésiastique français, attaché à l'ambassade de Constantinople, et qui se prévalait des priviléges de son état pour parcourir quelques contrées de la Terre Sainte. Son caractère ardent et intrépide le rendait propre, à beaucoup d'égards, à une entreprise de ce genre, et son obligeance, ses manières conciliantes lui assuraient partout un bon accueil. Un jeune Arabe, qui connaissait ses dispositions bienveillantes, avait attaché à son cheval une grosse outre remplie d'eau de la fontaine d'Elisée, qu'il se proposait sans doute d'offrir à sa maîtresse ou aux chefs de sa propre famille. C'est un fléau pour toutes les sociétés, et je crains bien qu'il ne soit commun aux peuplades sauvages comme aux nations civilisées, de renfermer dans leur sein de ces individus qui ne sont jamais contens d'eux-mêmes que quand ils ont mis le trouble parmi les autres. Comme nous montions une côte très-rapide, une de ces *brebis galeuses* s'élança tout à coup près de l'ecclésiastique, et,

9

enlevant le trésor attaché à son cheval, s'enfuit avec sa proie au milieu des rochers. Le coup excita la colère du propriétaire de l'outre, et il s'ensuivit une querelle dans laquelle toute la troupe allait prendre part. En un moment les sabres furent tirés, les mousquets mis en joue, et toute l'autorité du chef put à peine parvenir à réprimer le désordre. Il prit fin, cependant, sans autre accident qu'une profonde blessure faite par une arme blanche à un Arabe qui la reçut au bras droit. Son sang coulait en abondance : je bandai la plaie avec mon mouchoir, recommandant de conserver le bandage jusqu'au matin, le sang écoulé me paraissant être le meilleur emplâtre. Pour cette mince opération de chirurgie, je reçus un bouquet de fleurs sauvages, cueillies sur le flanc de la montagne, et tressé en guirlande agreste.

Nous arrivâmes à la ville entre neuf et dix heures : les portes étaient fermées depuis longtemps, et nous fûmes obligés de faire en dehors, autour des murs, un circuit de trois quarts de lieue, pour entrer par la porte de Damas, que nos Turcs se firent ouvrir en déchargeant leurs pistolets.

LETTRE XI,

A Sir G. E. Bart.

Jérusalem.

Mon cher E.....

Cette après-midi, nous avons examiné les débris des antiquités existant au dehors et tout près de la ville. En traversant la vallée de Gehinnon, je remarquai plusieurs caveaux qui servaient sans doute autrefois d'asiles pour les tombeaux, quoiqu'aucun signe distinctif ne les fasse reconnaître. Plus loin, sur le penchant de la montagne, on aperçoit quelques indications moins équivoques. Mais notre drogman se trouva bientôt plus embarrassé que de coutume par des questions d'un genre tout différent de celles auxquelles il était accoutumé au couvent de la part de ses supérieurs, et il nous fit parcourir à la hâte ces sépultures, à l'aide de ces détails de tradition dont il était amplement pourvu. Toute cette montagne est, à un haut degré, un terrain neuf pour les recherches d'un amateur d'antiquités; et si la durée de la paix, par les facilités qu'elle procure pour explorer ces régions lointaines, pouvait engager quelques nouveaux voyageurs à faire de Jérusalem l'objet de perquisitions assidues, les différens genres d'érudition y trouveraient sans doute une ample pâture. En avançant vers le nord, toujours sur la rive droite du torrent de Cédron, nous parvînmes à trois monumens que l'on désigne généralement comme les tombeaux de Josaphat, d'Absalon et de Zacharie. On croit que le premier a reçu les cendres du monarque dont la vallée porte le nom. C'est une espèce de grotte peu élevée au-dessus du sol. L'entrée en est très-basse; la forme est fort désagréable, mais le portail est orné d'une frise élégante. Les deux autres ont été taillés dans le roc. On les croirait détachés de la montagne dont ils font cependant toujours partie intégrante. Leur hauteur est de dix-huit à vingt pieds, et leur largeur, environ de huit. Les murs latéraux sont des masses carrées, ornées de pilastres couronnés de chapiteaux d'ordre ionique (1). Le faîte du sépulcre, que la tradition assigne à Absalon, est d'une forme très-singulière : il ressemble à une large fiole à col

---

(1) Le vicomte de Châteaubriant assigne ces colonnes à l'ordre dorique. Comme dans toute autre circonstance, nous avons trouvé ses descriptions d'une exactitude scrupuleuse, ce n'est qu'après un examen réitéré, et dont le résultat lui a été confirmé par les observations de son ami, que l'auteur s'est déterminé à restituer ces colonnes à l'ordre ionique.

étroit, et dont la partie inférieure est décorée d'une guirlande aussi gracieuse que légère. L'autre tombeau est également carré, et orné du même nombre de colonnes. Peut-être ne sont-elles pas purement ioniques; mais elles se rapprochent davantage de cet ordre d'architecture que de tout autre. Le comble a la forme pyramidale. Aucunes de ces constructions ne portent de signes reconnaissables qui autorisent à croire qu'elles ont été érigées pour y déposer les restes des morts dont on leur a donné les noms. Elles ne présentent que l'apparence de blocs de pierre isolés. On a ouvert celui de ces monumens qui est le plus au nord, et on l'a trouvé creux; mais on croit l'autre entièrement massif. Entre eux est une vaste excavation contenant deux ou trois cavernes plus petites, où l'on croit que les apôtres, dans les temps de persécution, cherchaient un asile momentané.

Immédiatement au-dessus du caveau, et sur la saillie du rocher, on trouve des débris de deux colonnes d'ordre dorique. La tradition veut que St. Jacques se soit retiré dans cette grotte après la Passion de notre Sauveur, et que le Messie lui soit apparu dans ce lieu, aussitôt après sa résurrection.

Le côté occidental de la vallée a été le théâtre des souffrances et de la mort d'Isaïe. Il périt presqu'en face de ces monumens. Un arbre vénérable indique le lieu où le prophète fut supplicié par les ordres de Manassé. Environ à cinquante toises, au nord, est la source de la fontaine de Siloë, dont les eaux servirent au Christ lorsqu'il rendit la vue à un aveugle. Le courant est clair : mais l'eau a une saveur âpre et désagréable. Après avoir fait environ une demi-lieue au nord, nous arrivâmes à une pente douce, sur laquelle on aperçoit plusieurs caveaux taillés dans le roc avec un art et un travail admirables. On présume, et je ne sais sur quels fondemens, que ces caveaux sont les sépulcres des juges d'Israël. L'originalité de leur structure les a fait prendre pour des monumens nationaux. Leur nombre, la richesse, la magnificence de ces monumens ne permet pas de penser qu'un lieu de sépulture si vaste ait été destiné à une famille, quel que fût son rang et son opulence. Le portail du plus grand de ces tombeaux est décoré d'une corniche, avec un triglyphe dont le dessin est riche, mais sévère. L'entrée conduit à une chambre carrée. A partir de là, on rencontre d'autres petites chambres sur différentes lignes : les tombes y sont rangées, de degrés en degrés, l'une au-dessus de l'autre. Les autres caveaux sont tous construits sur le même plan; ils ne diffèrent que par leurs dimensions respectives. L'époque de ces constructions a toujours été incertaine : ainsi, les traditions sur leur destination primitive ne sont appuyées sur aucun témoignage digne de foi.

On trouve les sépulcres des rois à environ un

demi-mille, mais plus près de la ville. Les seuls argumens de notre drogman, en faveur de cette pompeuse qualification, étaient la dimension de ces tombeaux plus vastes que ceux des juges, et la supériorité de l'art et du travail employés aux sculptures dont ils sont ornés. La première entrée de ce caveau est large et élevée. Les différens compartimens ne sont pas, comme les tombeaux des juges, dispersés en grottes séparées; ils sont réunis dans un seul caveau, à l'extrémité sud de l'emplacement, et à quelques pieds au-dessous du sol. Au-dessus du portail, on voit les restes d'une corniche très-élégante, et exécutée avec beaucoup d'art; le travail est si parfait, que l'on a regret à la pauvreté de la matière : une grande partie en est effacée; mais ce qui en reste paraît très-bien conservé. On doit remarquer, comme une singularité, que l'artiste semble avoir soigneusement évité toute allusion aux objets naturels que l'on regarde d'ordinaire comme les emblêmes de la mort. Une chaîne légère de feuilles, enrichies de leurs fruits, court en ligne parallèle à la frise, et descend perpendiculairement le long de chaque côté de l'entrée. Quand on a passé le portail, une petite ouverture, à l'extrémité, mène dans une chambre de moyenne grandeur, d'où une sortie pareille conduit à trois autres chambres à peu près de la même dimension. L'accès à ces appartemens était primitivement fermé par des portes coupées dans le roc, et attachées à des gonds de même matière. Taillées en forme de panneaux, elles étaient moins longues et moins larges, mais beaucoup plus épaisses que des portes ordinaires. Aucune de celles-ci n'est demeurée en place; mais j'en ai remarqué deux ou trois par terre parmi des débris.

Les niches destinées à recevoir les corps ne sont pas disposées de la même manière que dans les sépulcres des juges. Elles sont en moindre nombre, mais de forme également simple et sans aucunes traces d'ornemens sculptés, excepté sur le couvercle de l'un de ces enfoncemens, qui a la forme d'une moitié de colonne, dont la partie convexe est richement ornée de fleurs grotesquement imitées.

Il est peut-être impossible aujourd'hui de parvenir à savoir quels individus peuplaient ces sépulcres, et cela n'est pas d'un grand intérêt. Ils furent probablement consacrés à la famille d'Hérode-le-Tétrarque, assez puissant pour avoir fondé deux villes avant que Caligula l'eût exilé. Ce qui corrobore surtout cette conjecture, c'est un passage de Josephe. L'historien juif, en décrivant le mur de circonvallation que fit élever Titus autour de la ville pour la forcer à se rendre, dit qu'il renfermait le monument d'Hérode. Voici ses expressions : « Ce mur commençait au camp » des Assyriens, où ce prince avait pris son quar- » tier, continuait jusqu'à la nouvelle ville bassé, » et après avoir traversé la vallée de Cédron,

» allait gagner la montagne des Oliviers, qu'il
» enfermait du côté du midi jusqu'au rocher du
» Colombier, comme aussi la colline qui était au-
» dessus de la vallée de Siloë, d'où, tournant vers
» l'occident, il descendait dans cette vallée où
» est la fontaine qui en porte le nom. De là il al-
» lait gagner le sépulcre du grand sacrificateur
» Ananias, environnait la montagne où Pompée
» s'était autrefois campé, retournait ensuite vers
» le septentrion, allait jusqu'au bourg d'Erebi-
» thon, enfermait le sépulcre d'Hérode du côté
» de l'orient, et de là regagnait le lieu où il avait
» commencé (*). »

On lit dans les chroniques des rois d'Israël, que « Ezéchias s'endormit avec ses pères, et on

---

(*) Josephe. Guerre des Juifs. Traduction de M. Arnauld d'Andilly, livre v, chap. 31, et non pas 12 comme l'indique l'auteur par erreur. Il est cependant aussi question du sépulcre d'Hérode, au commencement du chap. 12. Voici le passage : « Cependant Titus, voulant faire avancer vers Jérusalem
» les troupes qu'il avait à Scopos, en ordonna autant qu'il
» jugea nécessaire pour s'opposer aux courses des ennemis,
» en employa d'autres pour aplanir tout l'espace qui s'éten-
» dait jusqu'aux murs de la ville, fit abattre toutes les clôtures
» et toutes les haies dont les jardins et les héritages étaient enfer-
» més, couper tous les arbres qui s'y rencontraient; sans ex-
» cepter ceux qui portaient du fruit, remplir ce qui était creux,
» combler les fossés, tailler les rochers, et égaliser ainsi tout
» ce qui se trouvait depuis Scopos jusqu'au *sépulcre d'Hérode*,
» et l'étang des serpens, autrefois nommé Bethara. »

» l'inhuma dans le principal des sépulcres des
» fils de David; et toute la Judée, et les habitans
» de Jérusalem célébrèrent ses obsèques, et Ma-
» nassé, son fils, régna en sa place (2ᵉ chroniq.
xxxii. 33.) (*). » Mais ce récit est conçu en termes
trop généraux, pour que l'on puisse en rien conclure à l'égard des tombeaux qui sont au nord
de la ville.

D'après le vicomte de Châteaubriant, l'architecture de ces monumens ne permet pas d'en faire
remonter la construction aux temps anciens de
l'histoire juive. « S'il fallait, ajoute cet illustre
» voyageur, absolument fixer l'époque où ces
» mausolées ont été construits, je la placerais
» vers le temps de l'alliance des Juifs et des La-
» cédémoniens, sous les premiers Machabées. Le
» dorique dominait encore dans la Grèce; le co-
» rinthien n'envahit l'architecture qu'un demi-
» siècle après, lorsque les Romains commencè-
» rent à s'étendre dans le Péloponèse et dans
» l'Asie.

» Mais en naturalisant à Jérusalem l'architec-
» ture de Corinthe et d'Athènes, les Juifs y mêlè-
» rent les formes de leur propre style. Les sé-

(*) « *Dormivitque Ezechias cum patribus suis, et spelie-*
» *runt eum super sepulchra filiorum David; et celebravit ejus*
» *exequia universus Juda, et omnes habitatores Jerusalem: reg-*
» *navitque Manasses, filius ejus, pro eo.* »
Vulgate. Paralipomenon. Lib. ii, cap. 32.

» pulcres de la vallée de Josaphat, et surtout *les*
» *tombeaux des rois, au nord de la ville,* offrent
» l'alliance visible du goût de l'Egypte et du goût
» de la Grèce. Il résulta de cette alliance une
» sorte de monumens indécis QUI FORMENT pour
» ainsi dire LE PASSAGE ENTRE LES PYRAMIDES ET
» LE PARTHÉNON. » (*Itinéraire à Jérusalem*,
tome II, pages 309 et suiv.)

LETTRE XII,

A Sir G. E. Bart.

Jérusalem.

Mon cher E.....

Nous avons fait, ce matin, d'inutiles efforts pour voir la citadelle. La cause de notre mauvais succès est l'oubli de certaines formalités auxquelles on tient souvent ici, encore plus qu'au cérémonial et aux témoignages publics de respect envers le pouvoir. Au fait, nous avons négligé de nous rendre le gouverneur favorable, oubli qui, dans ce pays, entraîne partout des conséquences fâcheuses. L'aga s'est plaint au drogman de notre négligence en termes qui marquaient un violent ressentiment, et nous nous sommes sentis peu disposés à la réparer. Le meilleur parti que puisse prendre un voyageur, n'en est pas moins de se conformer aux usages établis, toutes les fois qu'il peut s'y soumettre sans compromettre son honneur ou son caractère. La coutume d'envoyer des présens aux personnes en autorité, existait déjà du temps de Saül (1), et toute dérogation

---

(1) Samuel. ix, 7. « *Dixitque Saül ad puerum suum : ecce
» ibimus. Quid feremus ad virum Dei ?* »   Vulgate.
« Saül dit à son esclave : allons. Que pourrons-nous offrir
» à l'homme de Dieu? »

à un usage si vénérable est regardée comme un affront à la dignité du pouvoir (1). Comme nous discutions ce point à l'entrée de la for-

---

(1) Il est tout-à-fait impossible de rien déterminer d'une manière générale sur la nature et la valeur pécuniaire des présens qu'il convient d'offrir. C'est un soin qu'il faut laisser au tact du voyageur, qui en jugera d'après sa position et ses facultés. Il aura surtout égard au rang et aux fonctions de celui à qui il s'adresse. Ce que disent Alcmène et Mercure (*), à l'occasion de la coupe offerte à cette reine par Jupiter, sous la forme d'Amphytrion, indique en peu de mots, mais exactement, ce qu'il faut toujours avoir en vue en pareille occasion. Un défaut d'attention, à cet égard, a causé, il n'y a pas long-temps, beaucoup de désagrément aux intéressés, lors de la visite d'un voyageur anglais de haute distinction au pacha de Jaffa.

Généralement parlant, on choisira pour présens des articles étrangers à l'industrie locale. Il serait ridicule, par exemple, de porter *de l'huile en Grèce* (**). Par la même raison, on ferait peu de cas des soieries ou des écharpes brodées, fabriquées en Europe, mais de beaux ouvrages de coutellerie seront très-bien reçus. L'excellence des lames de Damas réduit à peu de valeur toute autre espèce de sabres; mais, on ferait cas d'une arme blanche de cavalerie d'une bonne trempe. Un pistolet à deux coups serait estimé comme arme presqu'inconnue en Judée; les platines sont toujours mal exécutées, le fa-

(*) ALCUMENA. *Ecastor* condignum donum! *qual' st qui donum dedit;*
MERCURIUS. *Immo sic condignum donum, qual' st quæ dono datum est.*
AMPHYT. *Act.* 1. *Sc.* 2.

ALCMÈNE. Le présent est vraiment beau, et digne de celui qui le fait.
MERCURE. Oui! le présent est beau, et digne de celle à qui il est offert.

(**) Le texte porte *owls to Athens!* des chouettes à Athènes.

téresse, notre attention fut tout à coup distraite par un spectacle fort singulier. Un jeune homme d'une figure agréable, et qui paraissait doué, à un haut degré, de force et d'agilité, se fit voir sur le pont-levis dans un état de nudité parfaite. Prenant successivement toutes sortes d'attitudes bizarres, il bondissait avec une sorte d'énergie sauvage, que les spectateurs prenaient pour l'effet d'une inspiration. Cet individu, l'un de ces personnages que les Turcs regardent

---

bricant mettant sa plus grande attention à l'ornement de la monture. Un autre objet qui ne manquera jamais son effet sur celui dont on veut se concilier la faveur, c'est un télescope : on fait grand cas de cet instrument dans l'Orient. Un étranger fera bien aussi de se pourvoir de lunettes pour tous les âges. On accueillera encore volontiers des thermomètres et des baromètres où les degrés de chaleur et de froid seront marqués en caractères arabes.

Un voyageur moderne, dont l'autorité est de poids, a prétendu que les présens que distribuait un étranger, lui étaient plus nuisibles qu'utiles, sa réputation de générosité ne faisant qu'encourager la rapacité des indigènes. Mais, pour se passer de ce moyen, ce voyageur avait deux ressources non communes. Il connaissait parfaitement la plupart des langues de l'Orient, et *il s'était soumis à la pratique initiatoire au mahométisme* : un chrétien a contre lui beaucoup de préjugés. Les seules armes qu'il puisse employer avec succès, sont donc celles auxquelles on ne résiste guère, c'est-à-dire celles dont l'oracle recommandait l'usage au roi Philippe dans une occasion bien connue.

comme saints, et connus sous le nom de santons, courait à travers les rues de Jérusalem, dans l'état que nous venons de décrire, sans exciter de la part des témoins des deux sexes, aucun signe d'étonnement ou de dégoût. Au contraire, on le regardait souvent, et avec une expression d'intérêt toute particulière, dans l'idée qu'il participe, à un très-haut degré, aux prérogatives de la sainteté, tant sont profondes à présent les ténèbres de l'ignorance dans une ville d'où jaillirent autrefois tant de rayons de lumière et de gloire qui ont éclairé la nuit obscure où était plongé le monde.

De la citadelle, nous nous rendîmes à la synagogue. Rien ne peut mieux peindre l'extrême humiliation de ce malheureux peuple dont l'étoile semble pour jamais obscurcie par les ombres épaisses d'une misère et d'une oppression sans relâche. Au palais splendide, au temple solennel ont succédé une cabane ruinée, une sombre cour. On y arrive par un escalier étroit de huit ou dix degrés. Au fond est un petit espace en partie couvert par un appentis dégradé. C'est là que nous trouvâmes les descendans des patriarches dans l'exercice de leurs devoirs de religion. Le service divin se faisait en espagnol. On l'écoutait avec l'attention la plus respectueuse. L'assemblée presqu'entière était composée de personnes avancées en âge. Un air de tristesse et d'inquiétude répandu sur ce groupe mélancolique, produisit sur nous la plus vive impression de commisération. On croyait voir une réunion vénérable de citoyens veillant sur le tombeau de leur foi, et de leur gloire nationale, comme Agar veillait sur les derniers momens de son fils prêt à périr « de soif au milieu du désert. »

Dans l'après-midi, nous visitâmes une seconde fois les lieux saints que renferme l'église du Saint-Sépulcre.

Tout à l'entrée se voit la pierre sur laquelle on étendit le corps du Christ pour l'embaumer. Huit lampes sont suspendues au-dessus de cette pierre, et à chaque extrémité sont trois grands cierges de plusieurs pieds de haut. J'ai mesuré la distance du Sépulcre au lieu où l'on planta la croix, et je ne l'ai pas trouvée de plus de quarante pas. M. B. qui m'accompagnait, l'a jugée de vingt-une toises et demie. Son évaluation est sans doute la plus exacte. Du tombeau à l'endroit où le Christ apparut à Madeleine, la distance est de huit toises et demie.

Le Sépulcre est recouvert de satin blanc, orné de larges feuilles brodées en soie, à raies d'or. Le vestibule est tendu en soie cramoisie, ornée de fleurs; il est surmonté d'un dôme sous lequel on voit brûler perpétuellement trois rangées de lampes. Sur un trépied repose la pierre où l'on croit que l'ange s'est assis. La surface n'a qu'une palme et demie de long et une de large. Le tombeau est revêtu de marbre, et couvert d'une légère étoffe de soie bleue, chamarrée de fleurs blanches. Précisément à l'endroit où le corps fut déposé, est un petit tableau qui paraît très-bien exécuté. Cette production, d'un artiste espagnol, représente notre Seigneur sortant du tombeau. On entre dans cette grotte sacrée par une porte basse de six palmes et demie de haut et de trois de large.

LETTRE XIII,

A Sir G. E. Bart.

Jérusalem.

Mon cher E.....

D'après les difficultés et les hasards inséparables d'un voyage à la Terre-Sainte, ceux qui l'ont visitée n'ont été presque tous que des pélerins de l'une de nos communions chrétiennes. Ce serait donc en vain qu'on attendrait de leur part aucuns détails dus à des recherches et à des observations libres. Ils n'approchent les lieux saints qu'avec un esprit contenu par le respect, et ils acquiescent aux traditions vulgaires avec cette humble confiance qui réprime toute curiosité.

Un écrivain doué de beaucoup de sagacité et d'une rare érudition, a mis récemment en question, si le sépulcre reconnu depuis tant de siècles pour avoir été le dépositaire du corps du Messie, avait des titres réels à cette éminente distinction. Je n'ai point sous la main l'ouvrage où ce sujet est discuté en forme. J'espère cependant ne point être accusé de présomption si je parais hésiter à adopter l'opinion de l'auteur. On a inféré de la narration de l'Evangile, que le crucifiement avait eu lieu dans *un cimetière public.* Telle est, en effet, la véritable interprétation du mot GOLGOTHA, et de son équivalent, CALVAIRE. Le disciple favori du Christ, dont l'autorité est celle d'un témoin oculaire, raconte en termes exprès, « *que son maître fut conduit dans un lieu appelé Calvaire* (place des crânes), *et en hébreu, Golgotha.* (St.-Jean, XIX, 17)(*). Et il ajoute vers la fin du même chapitre: « *Dans l'endroit où il fut* » *crucifié, il y avait un jardin, et dans ce jardin,* » *un sépulcre neuf, où personne n'avait encore* » *été mis.* » On y mit donc Jésus, à cause de la » veille de la fête des Juifs. Car le sépulcre était » à portée. » (St.-Jean, XIX, 41, 42.) (**).

En comparant la situation de la grotte, que l'on regarde comme le tombeau de notre Sauveur, avec le lieu du crucifiement, tel qu'il est

---

(*) « *Susceperunt autem Jesum, et eduxerunt; et batulans sibi crucem exivit in eum, qui dicitur, Calvariæ locum, hebraicè autem Golgotha.* » Vulgate.

« Ils prirent donc Jésus, et l'emmenèrent; et, portant sa croix, il vint au lieu appelé Calvaire, qui se nomme en hébreu Golgotha. »

(**) « *Erat autem in loco, ubi crucifixus est, hortus et in horto, monumentum novum, in quo nondùm, quisquam positus erat. Ibi ergò, propter Parasceven Judæorum, quia juxta erat monumentum, posuerunt Jesum.* » (Vulgate. Loc. cit.)

décrit dans l'Evangile, je ne trouve point de discordance entre les localités et le récit; mais, on peut, je crois, contester, par de bonnes raisons, que l'endroit, qu'on nomme maintenant le mont Calvaire, ait toujours été isolé, comme cimetière public. Cicéron cite la disposition de la loi des douze tables, portant que tous les sépulcres doivent être hors de la ville : « *Hominem mortuum* » *in urbe ne sepelito, neve urito* (1). » Si l'on conclut de cette disposition, que l'usage d'inhumer les corps hors des murs était universellement observé, partout où s'étendait le pouvoir des Romains, on trouvera beaucoup de difficulté à ne pas comprendre le mont Calvaire dans l'ancienne enceinte de Jérusalem. L'éminence qui porte ce nom, n'est pas loin du centre de la ville actuelle. La rejeter au dehors, ce serait donc diminuer tellement l'étendue de la ville qu'il serait réellement impossible qu'elle eût contenu l'immense population qu'on lui a attribuée; peut-être a-t-elle été agrandie du côté de la montagne de Sion; mais l'irrégularité de ses bâtimens, distribués sur un sol aussi inégal, pourrait à peine être compensée par les avantages d'une position plus élevée. Pour rendre ceci un peu plus intelligible, j'y joins une esquisse informe du

---

(1) *Cic. de legibus*, II, 23.

PLAN DE JERUSALEM,

en 1817.

A Circuit des anciens Murs.
B Montagne de Sion.
C Montagne du Calvaire et Eglise du St. Sépulchre.
D Emplacement du Temple de Salomon et Mosquée d'Omar.
E La Porte dorée.
F La Porte de Joppé.
G La Porte de Damas.
H La Piscine de Béthesda.

contour extérieur de la ville, telle qu'on la voit de la montagne des Oliviers. La ligne, marquée A. A. A, indique le circuit que les murs auraient dû suivre, en supposant que le terrain, occupé par l'église du Saint-Sépulcre, ne fût pas originairement renfermé dans leur enceinte. La montagne de Sion est indiquée par le point B, et le Calvaire avec l'église par la lettre C.

Il ne faut pas oublier de rapporter la tradition généralement reçue ici, que *la tête d'Adam* fut découverte dans la fente du rocher, au pied du mont Calvaire. Vraie ou fausse, cette tradition sert d'indication pour reconnaître le lieu que l'on suppose celui de la découverte. Ainsi, Golgotha n'est pas nécessairement synonyme d'un dépôt public d'os et de crânes. Cela dépend toutefois de *la date* de la tradition. Si l'endroit, où notre Seigneur fut crucifié, eût été le lieu *destiné* à l'exécution des criminels, les apôtres en eussent probablement fait mention. Le soin qu'ils ont eu de désigner particulièrement Golgotha, semble impliquer dans la circonstance une dérogation à la pratique habituelle. L'Evangile est décisif pour le fait de l'existence même du sépulcre dans le lieu du crucifiement : autrement, il y aurait moins de difficulté à supposer que les chefs des Juifs, dans cette occasion, choisirent à dessein un lieu ouvert dans l'enceinte de la ville, tel qu'une de nos places pu-

(150)

bliques, pour que la situation élevée de ce lieu donnât une plus grande publicité à un événement dont leur intention évidente était de faire un exemple terrible pour quiconque, parmi leurs compatriotes, se sentirait disposé à épouser la doctrine de leur victime. On ne saurait toutefois douter qu'un souvenir fidèle de toute circonstance relative à la mort de leur divin maître, n'ait été soigneusement conservé par ses disciples. Les lieux où il souffrit, où il mourut, furent certainement les objets de toute leur attention. Ces lieux étaient bien connus du temps de l'empereur Adrien, qui ne régnait que cent trente ans après la naissance de notre Sauveur, mais qui n'avait point embrassé la nouvelle religion ; car, il ordonna qu'une statue fut élevée à Jupiter sur le lieu même de la résurrection, et qu'on en érigeât une autre à Vénus sur le point le plus élevé du mont Calvaire. Ces idoles furent ensuite expulsées par la piété de la mère de Constantin, au zèle et à la générosité de qui les temples, qui les ont remplacées, ont dû leur fondation (1).

---

(1) Le saint sépulcre a été taillé dans le roc. Mais, d'après l'état actuel du monument qui porte le nom de tombeau du Messie, il est tout-à-fait impossible de constater si l'espèce de pierre, dont il est formé, est la même que celle des rochers voisins de la ville. Ainsi, l'opinion adoptée à cet égard par un rédacteur de l'un de nos journaux périodiques, ne peut

guère être l'objet d'une attention sérieuse ; mais, parmi ses observations, en voici qui ont beaucoup d'intérêt.

« L'auteur de l'épître aux Hébreux, dit-il, affirme, en ter-
» mes exprès, que, de même que les corps des victimes offertes
» en sacrifice sous la loi de Moïse, étaient brûlées hors du
» camp, ainsi, Jésus fut sacrifié hors des portes. Le même
» auteur assure qu'il était ignominieux d'être chassé de la ville
» sainte. La manière dont les évangélistes racontent, qu'il
» fut emmené, *duxerunt;* qu'il sortit, *exivit*, autoriserait pa-
» reillement à conclure que le lieu de son supplice était hors
» des murs de Jérusalem, quand même St. Jean n'ajouterait
» pas que l'endroit où Jésus fut crucifié, était *près* (*) de la
» ville, expression qui ne permet plus de croire qu'il fut ren-
» fermé dans son enceinte : que ce fut une *montagne*, c'est
» ce qui n'est point affirmé dans les narrations sacrées. Mais,
» il est probable que ce lieu était un espace ouvert, où il
» pouvait se rassembler un grand concours de peuple, et qu'il
» était uniquement destiné à l'exécution des criminels, et aux
» sépultures publiques. De même, lorsque St. Etienne fut
» lapidé, les Juifs commencèrent par le chasser de la ville.
» Il n'y a rien d'improbable dans l'opinion que le premier
» martyr scella sa foi de son sang, dans le même lieu où son
» maître avait récemment souffert. Toutefois, dans cette soli-
» tude déserte, il y avait un jardin enclos, à ce qu'il paraît,
» par le propriétaire, comme lieu particulier de sépulture,
» et dans ce jardin était un sépulcre, formé, d'après la con-
» jecture très-plausible du docteur Clarke, au moyen d'une
» excavation faite dans les flancs d'un roc élevé. Il a cité de
» nombreux exemples de semblables sépultures, ou *soroi*
» (cercueils). Une grande pierre était roulée à la porte de ce
» sépulcre. Circonstance qui s'accorde avec son hypothèse. »

(*) « *Hunc ergò titulum (Jesus Nazarenus, rex Judæorum), multi Judæorum*
» *legerunt, quia propè civitatem erat locus, ubi crucifixus est Jesus.* » Joan,
xix, 20.

La garde placée par les Juifs pour empêcher qu'on n'enlevât le corps, était évidemment assez éloignée de Jérusalem pour qu'une entrevue pût avoir lieu entre le maître et ses disciples avant que quelqu'un des gardes ne pût s'y rendre pour avertir le prince des prêtres (Math. xxviii, 11. (*). L'endroit qu'on appelle maintenant le mont Calvaire, ne paraît, sous aucun rapport, correspondre avec les indications que présente la localité. N'est-il pas très-possible que l'église du Saint-Sépulcre ait été destinée originairement plutôt à rappeler l'événement qu'à constater une identité de lieu; qu'elle ait été d'abord simplement dédiée au Saint-Sépulcre; qu'ensuite le nom du lieu, où notre Seigneur a souffert, ait été donné à la montagne choisie par l'impératrice Hélène pour y faire ériger l'édifice; qu'enfin le bloc de marbre blanc qu'on montre maintenant comme le tombeau de notre Sauveur, et que le docteur Clarke qualifie de *poivrière immense*, tel qu'il est représenté au frontispice de ce volume, ait une origine semblable à celle des autres reliques qui constituent le trésor sacré des monastères et des églises (**)? Nous n'avons pas besoin de faire remarquer le soin qu'on a eu de reporter autant que possible tous les lieux saints dans la ville, sans s'inquiéter de contradictions choquantes avec l'exactitude historique et géographique. Si l'église du Saint-Sépulcre eût été construite hors de Jérusalem, elle n'eût pas pu échapper aux fureurs des conquérans mahométans; elle n'eût pas été placée avec tant de prudence, d'une manière si convenable pour les religieux qui en ont la garde; elle n'eût pas pu être soumise aussi bien à la vigilante inspection du gouvernement turc, qui, mettant à profit la curiosité ou le zèle des pélerins, assujettit toute personne non sujette de la Porte, qui visite la châsse de Jésus-

---

(*) « *Quæ cùm abiissent, ecce quidam de custodibus venerunt in civitatem, et nuntiaverunt principibus sacerdotum, omnia quæ facta fuerant.* »

(**) Nous supprimons ici quelques réflexions du genre de celles qu'on a lues dans la note, page 90 et suiv., et qui n'en sont guère qu'une répétition.

Christ, au paiement d'une taxe de vingt-cinq sequins. Ces considérations serviront peut-être à fortifier la conjecture, que la vérité historique n'a pas été le seul guide de ceux qui, les premiers, ont découvert et consacré les lieux signalés par la tradition à la vénération des fidèles (c).

(c) *Eclectic-Review*, Février 1820, *art.* 5, *letters from Palestine*.

LETTRE XIV,

A Sir G. E. Bart.

Jérusalem.

Mon cher Chevalier,

On a célébré ce matin un mariage au couvent de très-bonne heure. La cérémonie a commencé dès le point du jour, et la fin en a été annoncée par l'explosion d'une joie bruyante, que manifestaient les amis du nouveau marié, en se précipitant à travers les galeries et les cours du monastère, qu'ils faisaient retentir d'acclamations et de chants moins harmonieux, mais beaucoup plus étourdissans que la musique d'une cathédrale.

Les cérémonies pratiquées par le célébrant, en cette occasion, étaient absolument les mêmes que celles qui ont lieu dans les églises catholiques de l'Europe. Je ne vous fatiguerai donc pas de détails superflus. Je me bornerai à quelques observations sur l'habillement de la mariée.

Le costume des femmes en Palestine n'a rien de bien gracieux. Le vêtement de dessus est une robe flottante, dont les pans semblent tomber des épaules. Autour des bras, des poignets et du bas de la jambe sont passés de larges anneaux de métal : le milieu du corps est entouré d'une ceinture, ornée avec profusion de quelque substance brillante, qui ressemble à des pierres précieuses : mais le sein, « cet attribut peut-être le plus beau d'une belle femme, » est tout-à-fait négligé. On le laisse presque retomber sur l'estomac. Le sommet de la tête est enveloppé d'une espèce de réseau compact, entremêlé de lames d'or et d'argent, et arrangé de manière à ne cacher qu'une partie de la chevelure, qui tombe en boucles nombreuses sur le cou et les épaules. Cependant, cet ornement naturel même est encore gâté par l'usage dominant d'en entrelacer les extrémités avec des rubans en soie, de manière à ce que les tresses descendent jusqu'aux pieds. Ces tresses de parure traîneraient inévitablement à terre, si les femmes de distinction, quand elles se montrent en public, n'étaient pas toujours exprès dressées sur de hauts patins, ou plutôt sur des échasses. On voit beaucoup de ces chaussures d'une hauteur démesurée ; et si la coiffure était d'une dimension analogue, une femme semblerait avoir le visage au milieu du corps. A l'aspect d'un pareil équipage, un étranger ne peut qu'en sentir vivement le ridicule. Mais le costume européen ne paraîtrait sans doute pas moins bizarre ici ; car avec des habitudes formées sur d'autres principes, on apprécie rarement sans partialité les modes et les usages d'un pays, tels que les lui ont donnés le climat, la constitution ou le gouvernement. Cependant, un caprice fantasque, presque général dans ce pays, nous semble tout-à-fait inconciliable avec nos idées sur la délicatesse féminine. Non-seulement les femmes se plâtrent les joues de vermillon, se peignent les dents et les sourcils, mais elles se teignent les lèvres et le menton d'une composition épaisse et indélébile, comme si ces beautés étaient jalouses de l'ornement de la barbe (1)!! Toutefois, ces difformités, quelque choquantes et outrées qu'elles paraissent, sont plus que compensées par l'affranchissement de ces lois gênantes qui condam-

___

(1) L'usage de se peindre la figure pour inspirer ou l'amour ou la terreur, est au nombre de ces coutumes bizarres, les plus anciennes dont l'histoire ou la poésie nous aient conservé le souvenir. On paraît surtout s'être particulièrement étudié à se noircir les paupières, sans doute, pour donner aux yeux un air de langueur, et relever l'éclat du teint. Ce fut à un artifice de ce genre que Jézabel eut recours, lorsque Jéhu entra dans Jezraël, après qu'elle eut poignardé son fils Joram; car l'expression que nos traductions rendent par le mot *fard*, signifie littéralement, d'après les Hébraïsans, une substance minérale, une espèce d'ocre semblable aux parties les plus déliées de la mine de plomb. C'est à cette coutume qu'Ézéchiel fait allusion en termes plus précis (chap. XXIII, v. 40), lorsqu'il représente la cité sainte, sous l'image d'une femme adultère : « Vous avez fait chercher des hommes venus
» des pays lointains pour leur plaire, vous vous êtes plongée
» dans le bain, *vous vous êtes peint les yeux*, et vous vous

nent les modes pour l'habillement à l'inflexibilité d'un usage immuable. Les chrétiens ont pour leur manière de se vêtir, une liberté inexorablement

---

» êtes revêtue de belles parures » (*). Cette espèce de coquetterie ridicule n'était pas seulement l'apanage des femmes. Du moins Juvénal la cite parmi les habitudes efféminées de quelques hommes de distinction à Rome.

> *Ille supercilium madidâ fuligine tactum*
> *Obliquâ producit acu, pingit que trementes*
> *Attollens oculos.* (SAT. II, v. 93).

Vous verriez l'un se peindre, en clignotant les paupières et les sourcils, avec une aiguille noircie.

Trad. de Juvénal, par DUSAULX, *édit. de* 1770, *page* 45.

On trouve des allusions du même genre, dans beaucoup d'auteurs, entre autres, dans les écrits de quelques pères de l'église. Mais il suffira de citer ce passage de Pline : « *Tanta est decoris affectatio ut tingantur oculi quoque* » (Nat. Hist. lib. 37). « On pousse l'affectation de la parure, jusqu'à se teindre même les yeux. »

On dit que les Romains, dans une circonstance connue, firent ériger une statue de Vénus Barbata (Vénus Barbue) (D), un peigne à la main, et le signe caractéristique de la virilité au visage. Mais leur intention expresse était la commémoration de l'intervention miraculeuse de la déesse, dans une occurrence toute particulière, et non pas de proposer un exemple à suivre, même par les personnes dévouées à son culte avec le plus d'extravagance.

(*) « *Miserunt ad viros venientes de longè.... quibus te lavisti, et circumlinisti stibio oculos tuos.* (Vous avez oint vos yeux de fard noir, d'antimoine préparé pour servir de fard) *et ornata es mundo muliebri.* »

refusée à tous ceux qui suivent les préceptes du Koran. C'est un principe, chez les Turcs, de rabaisser la plus belle moitié de la création fort au-dessous de l'état légitime qui lui a été assigné par la providence et garanti par la raison. La femme n'a, parmi eux, *aucun rang dans la société*. On invoque l'autorité de la religion, pour justifier la dégradation à laquelle les femmes sont condamnées, et, malgré tous les faux-fuyans à l'aide desquels on veut déguiser cette opinion, que repousse notre équité naturelle, un jeune Turc n'en croit pas moins comme article de foi.

« Que le ministre, redouté du Très-Haut, qui enregistre sur le volume respectable à tous les humains chaque acte, chaque pensée de l'homme juste, ne jette sur le sexe féminin qu'un coup-d'œil inattentif, et ne tient aucun compte de ses aimables badinages (*a*).

L'éducation des femmes est réglée d'après cette hypothèse de leur insignifiance; la broderie, les ouvrages à l'aiguille sont à peu près tout ce qu'on leur apprend, et en quoi il leur soit permis d'exceller. Elles font souvent preuve du goût le plus exquis, d'un art infini pour orner leur personne. Il serait difficile d'imaginer un costume

---

(*a*) Heaven's dread minister, whose awful volume,
   Records each act, each Thought of sacred man,
   Surveys their sex with inattentive glance,
   And leaves the lovely trifler unregarded.   (IRENE).

choisi avec une adresse plus ingénieuse que le leur, pour rehausser toutes les grâces naturelles de la beauté. Je parle, à cet égard, avec une certaine confiance : un honnête effendi m'ayant un jour invité, dans une des principales villes de l'empire ottoman où je séjournais, à passer la soirée dans son palais, où il me promettait de déployer à mes yeux tous les trésors de la toilette féminine, vous pensez bien que ce spectacle fut extrêmement curieux pour moi. Plusieurs objets ne sont pas susceptibles d'être décrits. Vous apprendrez peut-être avec surprise, que cet emblême expressif de la supériorité que le beau sexe, en Angleterre, consent à porter seulement *par métaphore*, fait en Turquie indispensablement partie du trousseau d'une dame. Ce vêtement est ordinairement de la soie la plus belle : la couleur varie suivant l'idée de celle qui le porte; mais, généralement, il est blanc ou cramoisi tendre. Le corset est d'une grande magnificence, fait du plus riche damas, bordé d'or et attaché avec des pierres précieuses. Une robe de soie, ouvrant par-devant, de manière à laisser le pantalon en partie découvert, est serrée par une ceinture de satin, et resplendissante de bijoux. La coiffure est aussi d'une grande magnificence : les cheveux sont tressés avec beaucoup de goût, entrelacés de guirlandes de diamans, ou garnis de pierres précieuses de diverses couleurs, arrangées de manière à imiter un bouquet de fleurs.

Mais, quoiqu'une femme aimable en Turquie puisse se montrer ainsi, sans son voile, dans tout l'éclat de sa beauté, toute cette splendeur est impitoyablement reléguée dans l'enceinte de sa maison. Si elle sort, elle est cachée sous le déguisement le plus complet et le plus impénétrable. Son visage est presqu'entièrement couvert d'un masque de toile, qui ne laisse qu'une petite ouverture pour les yeux. Toute sa personne est enveloppée d'un large manteau, ressemblant à un domino. Ses jambes sont enfermées dans d'épaisses bottes jaunes. Vous pouvez juger de l'enthousiasme extravagant, que doit avoir nourri un jeune homme qu'on vient de livrer à lui-même, pour ce mystérieux pouvoir de la beauté dont la vue lui est interdite d'une manière si absurde, et dont il n'a pour garant que les vagues et fantastiques descriptions des poëtes. Une femme, comme celles que l'on rencontre dans les rues de Constantinople, semble un objet imaginé tout exprès pour exciter l'aversion. Ce n'est qu'une forme lourde, épaisse, qui ne laisse apercevoir ni traits, ni couleur, ni harmonie. Avec un régime aussi barbare, dans un tel pays, peut-il y avoir place pour l'amour, pour cet amour pur, désintéresse, ardent, à la fois sublime et tendre, tel qu'il devrait être partout, et tel qu'on l'éprouve dans beaucoup d'autres contrées? Dans le triste et anti-social code de Mahomet, il n'y a point de place pour cette variété badine de fantaisies et

de caprices, de tendresse et de gaîté, pour ces
« *dolci durezze, e placide querele,* » qui donnent
un charme irrésistible aux raffinemens de la galanterie européenne. Cette passion est rabaissée
presqu'inévitablement du sentiment au simple
appétit, et la créature, qui a reçu la plus aimable empreinte de la divinité, est ravalée à
une condition à peine supérieure à celle de la
brute (1).

---

(1) A quelques égards, leur situation est peut-être encore plus digne de pitié.

Non licuit thalami expertem sine crimine vitam
Degere more feræ, tales nec tangere curas?
ÆNEID., IV, 550.

N'ai-je donc pu, loin du lit nuptial, passer sans crime une vie sauvage, et fuir de pareils tourmens ?
Trad. de M. MOLLEVAULT, édit. de 1818, tome 2, page 51.

Quand le but du législateur aurait été d'inspirer du dégoût pour le beau sexe, il aurait à peine pu imaginer une loi plus propre à remplir cette intention. Une femme, telle qu'elle se montre en public dans toute la Turquie, est l'objet le moins attrayant que l'on puisse se figurer. Les jeunes gens, au contraire, sont vêtus et parés, de manière qu'à l'âge de 18 ou de 20 ans, on les prendrait absolument pour des femmes. On en remarque beaucoup dont les traits sont beaux, et le teint superbe. Ils portent découverts le cou et les bras, souvent d'une blancheur éblouissante. Leur tête est ornée d'un turban élégant. La partie de leur tunique qui couvre la poitrine ser-

Dans quelques-unes des provinces éloignées, ces principes paraissent avoir perdu de leur influence. Tandis que nous étions à la cour d'Ali-Pacha, en Thessalie, ce prince nous parlait souvent des agrémens de la société, telle qu'elle existe dans les pays chrétiens, et nous exprimait ses regrets de ce que la contrainte, imposée par les lois de son pays, ne lui permettait pas de nous introduire dans aucune société de femmes. Loin de regarder ce sexe avec la dureté habituelle à ceux qui ne voient dans une belle femme qu'un instrument de plaisir, il paraissait avoir adopté ces sentimens délicats et élevés, apanage des sociétés civilisées, sentimens qui entourent les femmes d'une protection illimitée, et qui, en même temps qu'ils assurent à leur faiblesse même un haut degré de considération, adoucissent, avec un pouvoir toujous efficace, les passions plus rudes de l'homme.

---

vant à renfermer leur mouchoir, la fait ressembler au sein d'une jeune fille. C'est sans doute à toutes ces circonstances qu'il faut attribuer l'horrible dépravation que l'on assure être presque générale dans beaucoup de contrées en Orient, « dépravation dont la pudeur repousse le nom, et dont la » nature abhorre l'idée. »

LETTRE XV,

A Sir G. E. Bart.

Jérusalem, 25 août 1817.

Mon cher E.....

Par déférence pour les désirs de l'un de nos principaux hôtes, dès six heures du matin, nous nous sommes rendus aujourd'hui à l'église du Saint-Sépulcre, pour y assister aux cérémonies de la fête de St.-Louis. Le service solennel, qui est d'une longueur extrême, a été célébré dans la chapelle où sont déposées les reliques de la sainte croix. On a ensuite chanté une grand'messe au tombeau de notre Sauveur, et la fête a été terminée par un discours vraiment éloquent de M. Desmazures. L'orateur a fait ressortir, avec les grâces d'une élocution passionnée, les vertus pacifiques et militaires du monarque, en l'honneur de qui la cérémonie a été instituée. Il a conclu par un éloge fervent du caractère de la nation anglaise.

J'ai évité à dessein de donner aucune description détaillée des différens ornemens d'architecture que renferme ce vaste monument; car il serait presque impossible de rendre intelligible une description par écrit à quiconque ne serait pas actuellement sur les lieux. La partie la plus magnifique de l'édifice est celle dont les Grecs sont en possession. Tout est conservé dans cette église avec un soin et une propreté extraordinaires ; mais le décors est presque partout du plus mauvais goût. Les autels sont chargés d'ornemens puérils, et les portraits de la Sainte Famille, qui défigurent plus qu'ils n'ornent les murs, paraissent la plupart d'un style au-dessous même de l'art de la peinture, au degré dont les couvens se contentent (1). En général, les artistes réussissent beaucoup mieux à rendre l'idéal de la Vierge, que dans leurs tentatives pour atteindre à la ressemblance du Messie. A cet égard, tous, à mon sens, se sont trompés. Appliquant littéralement les expressions d'Isaïe : « Il n'a ni formes agréables ni » beauté ; mais, quand nous le verrons, nous ne » remarquerons pas qu'elles lui manquent ; » on

---

(1) Plusieurs pays d'Italie croient posséder le portrait de l'épouse de Joseph, fait par *St. Luc!* ces productions bravent les ravages du temps, et sont toujours très-bien conservées. Un de ces portraits est exposé, avec la plus pompeuse solennité, dans une chapelle de l'église cathédrale de Bari. La célébrité de l'évangéliste, comme peintre, est passée en proverbe dans beaucoup d'endroits, en Italie. Il n'est pas rare, quand on parle d'un tableau d'un mérite au-dessus du commun, de l'entendre louer comme exécuté d'après la manière de St. Luc.

représente d'ordinaire le Christ avec des traits rudes et repoussans, qui semblent empreints du caractère que les physionomistes assignent aux esprits abjects. Comment dans une telle image reconnaître le plus glorieux des êtres; le fils du Dieu vivant? L'Evangile ne renferme aucune expression d'où l'on puisse inférer que la personne du Christ fut dépourvue de tout attrait. Emanation privilégiée du créateur, revêtue de la forme humaine, comment la raison ne le concevrait-elle pas sous l'apparence d'une beauté supérieure, « comme un composé de formes rayonnantes des » grâces célestes (1).

On conserve, à ce que l'on assure, au Vatican, une lettre adressée au sénat romain par un homme qui remplissait des fonctions publiques en Judée du vivant de notre Sauveur. Dans cette lettre, il fait un portrait exact de la figure et de l'aspect du Christ; on croira difficilement aujourd'hui à l'authenticité de ce document curieux. Mais si, comme le prétendent plusieurs commentateurs, le passage d'Isaïe s'applique au fils d'Hilkiah, plutôt qu'à celui de Joseph, la lettre attribuée à Publius Lentulus ne porte en elle-même aucun caractère qui puisse en faire suspecter l'authenticité, ou même faire douter de l'exactitude de celui qui l'a écrite. Il serait sans doute

---

(1) *Voyez* cantique de Salomon, chap. v, v. 10, etc.

facile de s'assurer de la teneur de cette lettre par l'inspection du manuscrit. Je n'en connais qu'une traduction française, mais qui passe pour être la copie fidèle de l'original. Ce qui suit en forme le paragraphe final : « Ses yeux sont pleins de viva-
» cité. Il corrige avec dignité, et exhorte avec
» douceur; mais, soit qu'il parle, soit qu'il agisse,
» il le fait toujours avec élégance et gravité. Ja-
» mais on ne l'a vu rire, mais on l'a vu souvent
» pleurer. Il est très-tempérant, très-modeste et
» très-sobre. Enfin, c'est un homme qui, par sa
» PARFAITE BEAUTÉ et ses perfections divines, sur-
» passe tous les fils des hommes (1). »

---

(1) Mahomet a aussi été dépeint par différens écrivains dans les termes les plus opposés et les plus contradictoires. Le docte Quaresmius s'exprime, à son égard, de la manière suivante : « *Circà annum Domini*, 600; *vel circiter*, *Heraclio impe-*
» *rante*, *exortum est* HORRIBILE MONSTRUM, *quod multas pro-*
» *vincias*, *vel ab idololatriâ*, *vel à vero Dei cultu*, *ad impiam*
» *sui imitationem brevi et faciliter pertraxit*. *Mahometes in-*
» *quam*. (*Elucidatio terræ sanctæ*, cap. LXI.) » « Vers l'an du
» Seigneur, 600, sous l'empire d'Héraclius, parut un MONSTRE
» HORRIBLE, qui détourna beaucoup de contrées de l'idolâ-
» trie, ou du culte du vrai Dieu, et parvint aisément à les
» pervertir à son exemple. Ce monstre fut Mahomet. »
Sandy, qui puisait ses opinions à des sources non altérées par les préjugés, dépeint ainsi le législateur sarrazin. « Il
» était de petite stature, et mal proportionné. Il avait la tête
» rongée d'un mal hideux, ce qui l'obligeait à porter cons-
» tamment autour un bandeau blanc. » Il est assez curieux de faire contraster avec ces portraits si rebutans, le portrait d'i-

Il ne reste maintenant aucune trace visible d'inscription monumentale dans tout ce vaste édifice, depuis que les tombeaux de Godefroi et de son frère ont disparu (E), à la suite de l'incendie qui, il y a quelques années, a presque détruit cette partie de l'édifice. C'était près de ces tombeaux que l'on procédait autrefois aux cérémonies pour la réception des chevaliers du Saint-Sépulcre, ordre jadis illustre en Europe, mais tombé en discrédit depuis que l'admission a été accordée à prix d'argent. Il a repris récemment un peu de son ancien éclat, et a été conféré avec

---

magination que nous a donné M. Gibbon. Voici, comment l'historien de l'empire romain nous représente le fils d'Abdallah.

« Selon la tradition de ses compatriotes, Mahomet se dis-
» tinguait par sa beauté, avantage extérieur qui n'est guère
» méprisé que de ceux auxquels il a été refusé. Avant de par-
» ler, soit en public, soit en particulier, il disposait en sa
» faveur. On applaudissait à son maintien, qui annonçait
» l'autorité, à son air majestueux, à son œil perçant, à son
» agréable sourire, à sa longue barbe, à sa physionomie qui
» exprimait tous les sentimens de l'âme, et à ses gestes qui
» donnaient de la force à toutes ses paroles. »

Trad. revue par M. Guizot, 1819, vol. x, pag. 47 et suiv.

L'influence de Mahomet, la rapide propagation de ses dogmes donnent du poids à la conjecture que Gibbon a produit l'image la plus ressemblante de ce législateur. Ces circonstances semblent justifier le langage romanesque dont l'historien s'est servi, et donnent à la fiction un air de vérité et d'exactitude.

la solennité convenable à M. de Châteaubriant. Les cérémonies observées pour l'admission d'un nouveau membre sont de nature à faire impression, grâces aux rites religieux que la sainteté du lieu rend encore plus respectables. Cet ordre fut institué par les rois de France, vers la fin du onzième siècle : Ils accordèrent aux chevaliers plusieurs immunités. La décoration est une image en petit de ce qu'on a appelé depuis la croix de Jérusalem, formée de cinq fleurs en croix, type des cinq blessures faites aux pieds, aux mains et au côté de notre Sauveur.

Les statuts portent que, pour être élu chevalier, il faut être de la communion catholique; les aspirans doivent être de BONNE NAISSANCE, et possesseurs d'une propriété suffisante pour vivre noblement sans recourir au négoce. On s'engage solennellement à entendre la messe tous les jours à moins d'obstacles insurmontables, à servir en personne ou à fournir un champion dans toute guerre contre les infidèles, et à s'opposer de toutes ses forces à toute entreprise hostile dirigée contre l'Eglise. On promet aussi de s'abstenir de tout procès injuste, de se refuser à tout gain illicite, et de ne point combattre en duel, d'avoir en horreur le blasphème, le parjure, le meurtre, la rapine, les juremens, le sacrilége et l'usure; d'éviter tous lieux suspects, ainsi que la compagnie des personnes infâmes, de VIVRE CHASTEMENT et d'une manière irréprochable, de montrer constamment par ses paroles et sa conduite qu'on n'est point indigne du rang auquel on a été élevé ; enfin, les chevaliers sont requis d'employer leurs bons offices pour apaiser les dissensions, de défendre la veuve et l'orphelin, de faire tout ce qui dépend d'eux pour soulager l'humanité : en un mot, de consacrer tous leurs efforts à étendre la gloire de Dieu, et à contribuer au bonheur du genre humain.

Ce serment prêté, le candidat s'agenouille à l'entrée du tombeau du Sauveur. Là, le père-gardien, lui imposant les mains sur la tête, l'exhorte « à être loyal et vertueux, à combattre en » valeureux soldat du Christ, et à se montrer le » déterminé champion du Saint-Sépulcre (1) » Après cette exhortation, il remet au chevalier des éperons et une épée nue, la même suivant la tradition, que portait Godefroy. Il l'avertit de s'en servir pour sa défense personnelle, aussi

---

(1) GLO. Good counsel, marry, learn it, learn it, marquis.
RICH. III, act. 1, sc. 3.

L'ordre est fréquemment conféré à des *prêtres catholiques*, qui en portent la décoration sur le cœur. Si on admettait à cette distinction des ministres d'une autre communion, si on astreignait les récipiendaires à observer certaines règles dont l'infraction serait punie par la dégradation, l'ordre se relèverait, sans doute, du discrédit où on le vit tombé dans ces derniers temps, discrédit dont on doit craindre les progrès, mais que tout bon esprit doit naturellement désirer de voir cesser.

bien que pour soutenir les droits de l'église, et s'opposer à l'oppression et à la tyrannie des infidèles. On remet alors l'épée dans le fourreau, et on ceint au novice cette arme antique. A cet instant de la cérémonie, il quitte pour un moment l'attitude de suppliant, et, après avoir rendu l'épée au gardien, il se prosterne au pied du Sépulcre, et, inclinant le front sur le vestibule, il reçoit l'accolade de chevalier, accompagnée de ces expressions : « Je te reçois chevalier du Saint-Sé- » pulcre de notre Seigneur Jésus-Christ, au nom » DU PÈRE, DU FILS ET DU SAINT-ESPRIT. » Le gardien le baise à la joue, et lui pend au cou une chaîne dont les anneaux sont d'or, « chaîne des vertus et des grâces. » A cette chaîne est pendue la croix. Alors, le nouveau chevalier se lève, et, après avoir salué dévotement le Sépulcre, termine la cérémonie, en remettant aux mains du vénérable propriétaire les objets qui y ont servi (1).

---

(1) Si l'auteur s'est arrêté long-temps sur ce sujet, c'est qu'ayant été assez heureux pour rendre à plusieurs catholiques quelques légers services, dont l'importance fut fort exagérée, les chefs de cette communion à Jérusalem en prirent occasion de songer à lui donner quelque témoignage de leur satisfaction. Mais on trouva les statuts de l'ordre du Saint-Sépulcre trop positifs sur l'obligation imposée aux candidats, de professer *la religion romaine*, pour qu'il fût possible de conférer le rang de chevalier à un voyageur anglais. Toutefois un protestant, au 19ᵉ siècle, peut se relâcher

un peu de la sévérité habituelle de sa croyance, lorsqu'il fixe son attention sur une institution à laquelle s'associent tant de souvenirs dignes de respect. « Que l'on songe, dit à ce » sujet M. de Châteaubriant, que j'étais à Jérusalem, dans » l'église du Calvaire, à douze pas du tombeau de Jésus- » Christ, à trente du tombeau de Godefroy de Bouillon, que » je venais de chausser l'éperon du libérateur du Saint-Sé- » pulcre, de toucher cette longue et large épée de fer qu'a- » vait maniée une main si noble et si loyale; que l'on se rap- » pelle ces circonstances, ma vie aventureuse, mes courses » sur la terre et sur la mer, et l'on croira sans peine, *que je » devais être ému.* » (*Itinér. de Paris à Jérus.*, t. 3, p. 39).

LETTRE XVI,

A Sir G. E.—t Bart.

Jérusalem, 26 août 1817.

Mon cher E.....

Nous avons fait nos dispositions pour quitter demain, cette ville, et nous nous rendrons à Jaffa, par la route où se trouve la forteresse de Modin, sur une hauteur, jadis, célèbre par les magnifiques tombeaux des Macchabées (liv. 1, chap. 11, vers. 70). Avant de clorre cette partie de ma narration, je réclamerai votre indulgence pour les esquisses très-imparfaites que présentent la plupart de mes précédentes descriptions. Beaucoup ont été écrites sur mon lit, au milieu d'interruptions et d'embarras de toute espèce. Le meilleur parti, à beaucoup d'égards, serait sans doute de consigner une observation, tandis qu'on en a la mémoire toute fraîche. Mais on est souvent trop fatigué d'avoir examiné différens objets, pendant la chaleur du jour, pour pouvoir s'occuper le soir d'en mettre le détail par écrit.

Nous avons trouvé dans le couvent toutes les

ressources que ses habitans pouvaient nous procurer. Mais le climat et l'état actuel du pays entraîne des inconvéniens inévitables. La chambre que l'on réserve pour les pélerins nous a été exclusivement affectée, à mon ami, et à moi. Nos domestiques couchent dans une pièce voisine. On ne trouve dans ces logemens qu'une table cassée, et deux chaises. Mais les chambres sont assez grandes, et donnent sur une terrasse spacieuse et bien aérée. Beaucoup de nos prédécesseurs ont gravé leurs noms sur la porte et sur les boiseries. Mais nous avons en vain cherché ceux de M. de Châteaubriant, et du docteur Clarke, peu curieux, sans doute de ce moyen de s'immortaliser. Toutefois chacun d'eux a laissé un témoignage de la visite qu'ils ont faite à la ville sainte, aussi durable que les langues dans laquelle ils ont écrit l'histoire de leurs voyages (1).

---

(1) M. de Châteaubriant, dans une autre occasion, a exprimé son opinion sur l'usage dont nous venons de parler. (Lors de son arrivée au Caire, les eaux du Nil ne s'étaient pas encore assez retirées pour que l'on pût approcher des pyramides par terre, et il y avait trop peu d'eau pour un bateau). « Il fallut donc, dit-il, me résoudre à ma destinée, retourner » à Alexandrie, et me contenter d'avoir vu de mes yeux les » pyramides, sans les avoir touchées de mes mains. Je char-» geai M. Caffe d'écrire mon nom, sur ces grands tombeaux, » selon l'usage, à la première occasion. L'on doit remplir » tous les petits devoirs d'un pieux voyageur. N'aime-t-on pas

Le réfectoire du couvent est bien approvisionné. Notre table était garnie avec une abondance voisine du luxe. Chaque matin, le pourvoyeur venait régulièrement nous demander nos instructions pour le dîner, et l'heure à laquelle nous voulions être servis. Plusieurs des plats, qu'on avait toujours soin de nous varier suffisamment, étaient assaisonnés de haut goût, comme si le cuisinier eût excellé surtout à préparer des ragoûts *qui piqueraient la sensualité;* mais une justice à rendre aux frères, c'est qu'aucun d'eux n'avait dans son extérieur, rien qui sentît l'épicuréisme : la plupart sont maigres, leur air, leur démarche sont graves et solennels. Tout en eux au dehors annonce qu'ils sont pénétrés de respect pour la sainteté de leurs fonctions.

» à lire, sur les débris de la statue de Memnon, le nom des
» Romains qui l'ont entendu soupirer au lever de l'aurore?
» Ces Romains furent, comme nous, étrangers dans la terre
» d'Égypte, et nous passerons comme eux. »
Itinéraire à Jérusalem, tome 3, page 88 et suiv.

Lorsque l'auteur de ces lettres monta à la grande pyramide, il s'empressa de vérifier si M. Caffe avait rempli fidèlement sa mission, et ne put rien voir qui prouvât son exactitude. Jaloux de réparer cet oubli, il grava le nom de CHATEAUBRIANT, en gros caractères, au sommet du monument du côté du nord. A son passage en France, il a été assez heureux pour trouver l'occasion de donner au vicomte, des politesses de qui il a eu beaucoup à se louer, l'assurance qu'il l'avait aidé de cette manière, à *remplir les petits devoirs d'un pieux voyageur*.

Généralement parlant, les denrées sont à très-bon marché, comparativement aux prix de l'Europe. Aussi sont-elles de qualité très-inférieure. L'agneau et le chevreau sont presque la seule viande de boucherie que l'on connaisse ici. Rarement y voit-on du veau. Quant au bœuf et au porc, on n'en fait point usage. La volaille y est en grande abondance. Le pain est plus dur ; et, je le crois moins nourrissant que le nôtre. Le fromage, si ce qu'on donne pour tel en mérite le nom, paraît d'une toute autre espèce que celui que nous faisons en Angleterre. Pour le beurre, on ne sait ici ce que c'est. Le miel, sans valoir celui de la Grèce, ou du midi de la France, est limpide et de bon goût, mais difficile à conserver autrement que liquide. Tous les fruits sont excellens. Les espèces n'en sont pas très-multipliées. Mais ce qu'on a surpasse en beauté et en quantité tout ce que j'ai vu ailleurs. Les raisins surtout sont parfaits, les figues sont plus grosses, et ont plus de goût que celles d'Europe. On a, en outre, l'olive, la pomme de Grenade, le melon d'eau, tous fruits qui sont ici de qualité supérieure ; ce sont les seules espèces de fruits connues ici, quoique les productions végétales des autres climats pussent aisément croître en abondance dans cette contrée, sans aucune culture. Etonné de ce qu'on ne pensait à cultiver aucune salade, je représentai à l'un des frères combien il serait utile et aisé d'introduire la culture de quelques plantes potagères. Mais leurs habitudes les éloignent de toute industrie, et ma proposition ne fit que donner l'idée d'une foule d'obstacles qu'on prétendait insurmontables.

Dans ce pays, comme dans les autres parties de la Syrie, la frugalité, la sobriété des classes laborieuses sont étonnantes. Les hommes n'y sont pas, toutefois, moins robustes que les paysans des autres contrées. Les maladies et la pauvreté y paraissent beaucoup plus rares que dans aucun des états de l'Europe; nous avons à peine rencontré un mendiant dans toutes les villes, entre Tripoli et Jérusalem. Les privations dans le vêtement, et le logement se font moins rudement sentir ici, que dans nos climats septentrionaux? Les salaires pour certains genres de travaux sont plutôt au-dessus qu'au-dessous du prix moyen en Angleterre. La nourriture commune est extrêmement simple : elle consiste presqu'entièrement en riz et en maïs. Cette espèce de grain, appelée en France, blé de Turquie, et, en Angleterre, blé d'Inde, est presque de la grosseur d'un pois. Il croît dans une sorte de cosse, qui monte en épis dont plusieurs sont si abondamment fournis qu'ils produisent jusqu'à *sept cents* grains. La cosse est épaisse de plus d'un pouce : elle en a quelquefois sept ou huit de long. Le grain est enveloppé de plusieurs peaux ou feuilles minces, qui le garantissent de l'avidité des oiseaux. Le tuyau a souvent les mêmes dimensions. Les fanes ont plus de deux pieds de long. La tige est en forme de flûte ou cannelée, de manière à recueillir la rosée qui se répand au lever du soleil, et dont les gouttes pénètrent en bas, en quantité suffisante pour arroser les racines. La fleur est au sommet du tuyau qui s'élève quelquefois jusqu'à huit pieds. Chaque tuyau porte ordinairement de cinq à six épis.

On consomme ce grain de différentes manières. La plus commune est d'en faire une espèce de gruau, en le mêlant avec de l'eau et de fort bouillon. On le pétrit aussi en gâteaux, qu'on met au feu sur une plaque de fer. Quelquefois on fait griller les grains. Une terre noire et légère passe pour mieux convenir à ce végétal, qu'une terre riche et forte.

La culture du melon d'eau, dont on nous a tant parlé, et que l'on connaît ici sous le nom de *pastèque*, est extrêmement simple. Il n'y faut aucune de ces précautions minutieuses si nécessaires en Angleterre pour la culture de cette espèce de fruit. On choisit d'ordinaire un sol léger sur le penchant d'une côte. On y creuse des trous de deux pieds et demi à trois pieds de diamètre, et à une distance de quinze pieds l'un de l'autre. On dépose dans chaque trou cinq ou six semences. Dès qu'elles ont germé, et poussé cinq à six feuilles, on choisit les quatre plants qui ont la meilleure apparence, et on arrache les autres pour empêcher qu'ils ne gâtent les bons. On ne les arrose qu'à cette époque. On laisse ensuite opérer la nature. Quand ils mûrissent, l'écorce perd peu à peu sa couleur verte. On cultive les autres espèces de melon de la même manière; seulement, on n'éloigne pas autant les trous les uns des autres.

Les vins de Jérusalem sont détestables (a). Mais l'eau est la plus pure que l'on puisse imaginer. Au moins telle était celle de la source qui sert à l'usage du monastère. Dans un pays où toute espèce de liquide vineux est prohibé strictement par la double autorité de la loi et de la religion, une seule fontaine a bien plus de prix qu'un grand nombre de pressoirs.

Les monnaies en circulation sont les paras, les piastres et les sequins. Le para vaut à peu près un demi-*farthing* (b) de notre argent. La piastre environ dix pences (c), et le sequin un peu moins de deux schellings (d). Les changeurs de

---

(a) L'auteur, pour cette fois, n'est point d'accord avec M. de Châteaubriant qui s'exprime ainsi : « *Le vin de Jérusalem est excellent;* il a la couleur et le goût de nos vins de » Roussillon; les coteaux qui le fournissent sont encore ceux » d'Engaddi, près de Béthléem. »

Itinéraire à Jérusalem, tome 2, page 342.

(b) 10 deniers suivant M. de Châteaubriant.
(c) 1 fr. 67 cent., *id.*
(d) Environ 2 fr. 50 cent.

monnaie sont la plupart Juifs et Grecs ; deux peuples qui, malgré l'opposition de leurs mœurs, sont, pour leur genre d'industrie, *penè gemelli*. Un Turc est d'ordinaire noble et droit en affaires d'argent; mais il est si apathique, si indolent dans sa manière de les traiter, qu'on est dégoûté de s'adresser à eux. Les Grecs, au contraire, sont vifs et souples à l'excès, mais étonnamment enclins à la fraude. Il ne me sera pas facile d'oublier l'accueil que je reçus d'un marchand de cette nation, chez qui je me rendis, à Constantinople, pour me faire escompter un billet que j'avais reçu d'un négociant de Janina. Le commerçant de *Stamboul (a)* n'était pas moins fripon que son correspondant albanien, de son côté parfaitement modelé sur son patron de Corfou, à qui j'avais remis une lettre d'un banquier de Naples. Tous ces importans personnages ne m'en montrèrent pas moins une disposition presqu'égale et invincible à tromper. Ils commencent par vous assurer solennellement qu'ils n'ont pas par-devers eux la somme que vous demandez, et vous fixent un délai qu'ils savent d'avance être fâcheux pour vous. Ils vous proposent ensuite de vous payer en monnaie de la plus méchante espèce. Quand ils ont ainsi assez exercé votre patience, ils offrent hardiment, et sans

---

(*a*) Nom turc de Constantinople.

s'inquiéter de se donner ainsi eux-mêmes pour menteurs, de vous payer sur-le-champ en bon argent, moyennant une augmentation de profit. Grâces à l'adresse et à l'activité de M. F. C*R**zzi, avec qui nous étions venus de Smyrne, et qui paraissait goûter un vrai plaisir à se montrer en toute occasion, généreux et bienveillant, j'évitai au moins la moitié des rapines auxquelles il eût immanquablement fallu me soumettre, sans son aide (1).

---

(1) Il faut cependant rendre à ces *Juifs* la justice qui leur est due. Ils n'affectent point de dédaigner leurs pratiques. Ils se montrent reconnaissans envers ceux qui leur procurent l'occasion d'exercer une branche très-lucrative de leur industrie, et sont toujours prêts à donner aux étrangers les avis et les renseignemens dont ils ont besoin, bien plus obligeans, à cet égard, que beaucoup de leurs confrères d'Europe (*a*).

(*a*) On supprime la fin de cette note, fort injurieuse, et, sans doute, à tort, pour l'une de nos maisons de banque les plus célèbres.

LETTRE XVII,

A Sir G. E. — t Bart.

Jaffa, 28 août 1817.

Mon cher, E.....

Nous sommes arrivés ici cette après-midi. Nous étions partis, hier matin, de bonne heure, de Jérusalem, avec l'honnête ecclésiastique qui nous avait accompagnés à la mer Morte. Curieux de visiter les ruines de Modin, nous nous sommes un peu détournés de notre route; et, en moins de deux heures, nous nous sommes rendus au monastère de Saint-Jean, qu'on a bâti sur le lieu où est né le précurseur du Messie.

Nous vîmes, sur notre route, un bâtiment ruiné, qu'on appelle Sainte-Croix, parce qu'on le croit construit précisément à l'endroit où fut autrefois l'arbre dont on fit la croix de Notre Seigneur. A quelque distance, nous traversâmes une hauteur où l'on prétend que fût déposée l'Arche d'Alliance. De là nous descendîmes à travers un vignoble, à une petite ville qui a pris le nom du précurseur. Les habitans du couvent, sont, dans le moment actuel, retenus en quelque sorte, prisonniers par la population du pays. Menacés d'une exécution militaire pour le paiement du tribut accoutumé, ils se sont rejetés sur des moines sans défense, et les retiennent comme ôtages, pour garantie de l'impôt dû au pacha.

Notre religieux, dans l'ardeur de son zèle, s'est imaginé assez follement que deux Milords(1), protégés par un firman du Grand-Seigneur, avaient assez d'autorité pour les délivrer. En conséquence, il commença à pérorer sur la rigueur

---

(1) Si la paix dure encore quelques années, cette qualification sera aussi populaire en Grèce et en Arabie qu'elle l'était autrefois en France. L'auteur et ses amis sont désignés dans quelques diplômes (*a*) d'Ali-Pacha, comme ευγενεις ιγγλεζοις μιλορδοι.

La cession de Parga, et la proximité qui rapproche son territoire de nos possessions dans l'Adriatique ont établi entre le régulateur actuel de l'Albanie et l'Angleterre une communauté d'intérêts, qui, à raison de l'éloignement respectif des deux puissances, eût été autrement à peine sensible. Quelques particularités de sa vie aventureuse pourront, en conséquence, être de quelque prix pour nos lecteurs. On les trouvera dans l'Appendice. L'auteur et ses amis, que sir Thomas Maitland avait recommandés à la bienveillance de ce Pacha, en ont reçu beaucoup de témoignages pendant un séjour de quelques semaines à Janina. Ils ont ensuite parcouru toute l'étendue de son gouvernement, au nord de la Grèce, sans être assujettis à aucune charge. L'acte officiel, qui leur assurait cette exemption, fut dressé sous la dictée immé-

(*a*) (Buyrouldis).

de leur position, s'adressant par l'organe d'un interprète aux chefs des rebelles dont il censura

diate d'Ali. Il est remarquable par l'énergie, au fond et dans la forme. Il est écrit en grec moderne, et peut être regardé comme un échantillon du style du visir.

Απο τον υψηλοτατον Βεζυρ Αλι Πασα.

Προς εσᾶς αγιάνιδες και μουσελιμπιδες, των βιλαετιῶν και Κασαμπαρδων.

Αλλο δεν σᾶς γραφω : μοναχα τῦτοι οι τεσσαρες ευγενεῖς φιλοι μȣ εγγλεζοι με τȣς ανθρωπȣς τȣς πηγαινȣν δια τα σαλωνια. Οθεν αυτου οπȣ απερνȣν και γερισȣν να τȣς δεχεσθαῖ καμνωντες τȣς καθε, περιποιησιν οπȣ να μην τραβισȣι το παραμικρον * σικλέτι, οτι δεν γινομαι * καίλης και καθως σᾶς γραφω να καμετε, και οχι αλλιώτικα χωρις αλλο.

Les mots marqués par une astérique, sont d'origine turque. Le premier signifie *inconvénient*. Le second *satisfaction*. La traduction suivante est aussi littérale que le permet la différence des langues.

« *Au nom du plus sublime des visirs* ALI PACHA;

» *A vous, gouverneurs et commandans des villes et des provinces ; l'objet unique de ce rescrit, est celui-ci. Quatre nobles anglais, mes amis, sont en voyage pour Salonique. Pour l'aller et le retour, je veux qu'ils soient traités avec toute sorte d'égards et de distinction. Vous ferez en sorte qu'ils soient exempts de tout embarras, même le plus léger; autrement vous encourriez ma disgrace. Exécutez mes ordres, sans y rien changer, et sans hésiter.* »

Cet ordre était scellé, et signé de la main du visir. Le cachet est de très-petite forme. Beaucoup d'actes de pure forme sont revêtus d'un sceau plus apparent, mais n'en sont pas moins tout-à-fait insignifians.

L'idiome romaïque ressemble à l'ancien grec, comme l'itales procédés tyranniques avec une grande hardiesse, leur démontrant clairement « par de » grandes autorités » l'extrême injustice et l'atrocité de leur conduite. Mais, soit que ses argumens fussent trop obscurs pour son auditoire, ou soit qu'il fût prévenu par des intérêts plus puissans, l'orateur en était à peine à la moitié de sa harangue, que la cour intérieure du monastère se trouva remplie d'une multitude furieuse, dont les cris et les gestes menaçans n'annonçaient pas seulement la prétention décidée de retenir les moines, mais indiquaient, en termes très-peu équivoques la possibilité que leur juridiction s'étendît jusques sur les redoutables *milords* eux-mêmes. Notre position devint alors assez critique. Cependant le zèle et le courage de notre religieux n'en furent point ébranlés; et, je crois que, dans ce moment d'exaltation, il se serait laissé pendre sans sourciller.

Pendant tout ce tumulte, les frères montrèrent une résignation calme ; ils considéraient sans doute, comme un devoir de leur profession, celui de se soumettre sans résistance aux outrages et à la tyrannie des puissances de ce monde. L'un d'eux m'assura de la manière la plus formelle

---

lien au latin, ou, peut-être d'aussi près que la langue de Chaucer ressemble à celle de Pope. On trouvera dans l'Appendice des échantillons de quelques chants populaires que l'auteur a entendus à Athènes.

qu'il avait eu un avis secret que le chef du district rebelle, informé, depuis plusieurs jours, de notre prochaine arrivée, avait promis mille piastres à qui lui livrerait nos têtes. Malgré cet avis, nous partîmes sans qu'on nous eût touché un cheveu.

Le couvent est spacieux, et à beaucoup d'égards, bien ordonné dans ses dispositions. La chapelle est de quelques pieds au-dessous du sol. Le grand objet de l'impératrice Hélène (1), à qui on en doit la fondation, était de comprendre dans cet édifice sacré la partie d'un roc, qui dépendait autrefois de la maison de Zacharie, et que l'on désignait comme l'endroit où était né St. Jean. Sa situation présumée est indiquée par un autel. Au-dessous, vers le milieu, est une dalle ronde enrichie de bas-reliefs, et entourée de cette inscription.

Hic precursor Domini christi natus est.
(C'est ici qu'est né le précurseur de N. S. Jésus-Christ.)

Nous quittâmes le monastère et ses pieux ha-

---

(1) La mère de Constantin était trop avancée en âge, à l'époque où elle visita la Palestine, pour voir achever le grand nombre d'édifices religieux dont on attribue l'érection à sa piété généreuse; car c'était, sans doute, sa bonté qui fournissait les fonds; et, il est probable que les plans des plus importans furent soumis à son approbation. Mais il n'est pas moins évident que plusieurs ne furent construits que long-temps après sa mort.

bitans à qui nous n'avions à offrir que le secours de nos vœux. Nous traversâmes une continuité de montagnes et d'étroites vallées, et, en un peu plus d'une heure, nous parvînmes à la hauteur sur laquelle on a élevé la citadelle de Modin. Il ne reste maintenant que peu de débris de l'ancienne forteresse ; mais on peut en reconnaître avec une certaine exactitude l'étendue et la forme. C'était, à ce qu'il paraît, un octogone. Les murs étaient d'une grande épaisseur. Les blocs, dont est formé la porte principale, sont d'une pierre assez dure pour braver toute atteinte. Ce fut ici que Simon érigea à sa famille un magnifique tombeau, après le meurtre de son frère Jonathan par Tryphon. L'éminence qui domine la contrée, et au sommet de laquelle était élevé le monument, le laissait voir à une grande distance. La magnificence qui régnait dans tout ce mausolée, la grandeur du plan, la richesse des matériaux le rendaient, à ce qu'il paraît, infiniment supérieur à tous ceux dont il est fait mention dans les annales du peuple juif. Le marbre blanc y dominait. Il était d'un poli parfait et enrichi de morceaux de sculpture, travaillés avec beaucoup d'habileté par les meilleurs artistes du temps. Le dernier des fils de Matathias fit élever sept pyramides autour du principal tombeau. Deux étaient consacrées à la mémoire des auteurs de ses jours, quatre à ses frères, et une était réservée pour lui-même. Le monument, d'après Josephe (1) qui en parle comme d'un édifice existant de son temps, était entouré d'un magnifique portique, dont les arcades étaient soutenues par des colonnes de marbre, chacune d'une seule pièce. Le haut de l'édifice était orné de boucliers et d'armes : on y voyait gravées des figures de vaisseaux.

Le livre apocryphe des Macchabées parle de ce monument avec beaucoup de simplicité; mais la description qu'on y trouve est tout-à-fait d'accord avec celle de l'historien juif.

« Et Simon envoya et fit prendre les os de son
» frère Jonathas, et les ensevelit à Modin, ville
» de ses pères.

» Et tout Israël fut plongé dans une grande
» douleur, et le pleura pendant plusieurs jours.

» Et Simon lui fit ériger un tombeau au-dessus de ceux de ses pères et de ses frères, qu'on
» pouvait voir de loin, orné de pierres polies
» aux deux extrémités.

» Et il fit élever sept pyramides, l'une auprès
» de l'autre, pour son père, sa mère et ses quatre frères.

» Et il les fit entourer de hautes colonnes, et
» sur les colonnes, il fit sculpter, pour consa-
» crer leur mémoire à la postérité, des armes,

---

(1) *Voyez*, Antiquités judaïques, trad. d'Arnauld d'Andilly, in-12, 2ᵉ vol., livre XIII, chap. II, page 380.

» et auprès des armes, des vaisseaux que tous
» les navigateurs pussent voir de la mer (1).

» Tel fut le sépulcre qu'il fit élever à Modin,
» et que l'on y voit encore aujourd'hui (1). Mac-
» chabées, XIII, 25-30.) »

Notre route nous a conduits ce matin par la vallée d'Elah (2), et nous avons traversé le torrent où David choisit les cinq pierres, « *limpidissimos lapides*, » avec l'une desquelles il tua le champion des Philistins. Indépendamment des souvenirs intéressans que réveille un lieu consa-

───────────

(1) Le même sentiment animait, sans doute, l'armée des Grecs, lorsqu'ils choisirent un lieu pour y élever le tombeau du héros qu'ils avaient perdu.

'Ὡς κεν τηλεφανὴς εκ ποντοφιν ανδρασιν ειη.
Τοῖς οἱ νῦν γεγαασι, και οι μετοπισθεν εσονται.

ODYSS. XXIV, 83.

« Afin que, d'âge en âge, tous ceux qui naviguent le long
» de la côte, puissent voir le tombeau d'Achille. »

Mais la levée de terre qui couvre les cendres d'Achille, est loin d'offrir un monument comparable pour la beauté de la situation à celui des Macchabées : elle n'est que très-peu élevée au-dessus des côtes de l'Hellespont, et à environ 125 pas géométriques du rivage.

(2) Les Septante ont traduit le mot ELAH, par *Térébinthe*, et rendent ce passage par *la vallée de Térébinthe*. On a aussi quelquefois traduit le mot hébreu par *Chêne*. Mais on ne trouve aujourd'hui qu'un petit nombre de ces deux espèces d'arbres dans la vallée.

cré, RELIGIO LOCI, le spectacle qu'y offre la nature est fait, à beaucoup d'égards, pour fixer l'attention. Les habitans de ces lieux isolés paraissent encore à peu près étrangers aux effets de l'impulsion progressive, qui commence évidemment à se faire sentir avec force aux districts moins écartés. Un groupe de paysans sautait autour de nous, près d'un amphithéâtre dessiné par la nature, et où leurs troupeaux paissaient. Tout en eux annonçait la santé, et cet air de gaîté que inspirent l'aisance et l'indépendance. L'un d'eux paraissait supérieur à ses compagnons, autant par l'imposante harmonie de ses formes, que par l'éclat de son teint et par la belle expression de sa figure. On aurait pu le prendre pour modèle, si l'on avait voulu peindre le plus jeune des fils de Jessé (1).

La route de Modin à Rama est très-agréable. Elle traverse quantité de vignobles jusqu'à un village situé sur le penchant d'une colline, où, contre l'ordinaire, on remarque une culture très-soignée. La localité est abondamment pourvue d'eau. A partir de cet endroit, nous recommençâmes à monter, et en une heure, nous arrivâ-

---

(1) Waterland et Houbigant rendent, ainsi qu'il suit, le passage où l'on dépeint la personne de David. « Il était très-
» beau : son regard était agréable, et son aspect gracieux :
» sa chevelure était très-blonde ; l'agrément de sa figure éga-
» lait l'élégance de ses formes. »

mes à une autre réunion d'habitations, sur le nom duquel ceux qui l'articulaient étaient si peu d'accord, que nous n'essayerons pas de le transcrire. Au sortir de ce hameau, nous entrâmes dans une gorge romantique. Beaucoup de traits frappans, qui en caractérisent la descente, sont de ceux sur lesquels Salvator Rosa aimait à exercer son pinceau. On y admire ces scènes d'une nature grande et sauvage que l'on rencontre dans l'Apennin. Sans doute quelques-unes des plus terribles inventions des peintres se sont réalisées aux yeux d'un pauvre pélerin, sous la forme de bandits pleins de vie; car les cavernes de ces rochers passent pour être aujourd'hui les repaires des Arabes, comme ils furent autrefois ceux des Philistins. Ce fut au caractère personnel du pacha qui gouverne ce district, et à la situation paisible du pays dans le moment, que nous eûmes l'obligation de le traverser sans être inquiétés. Le ravin aboutit à une plaine étendue, dont l'aspect annonce la fertilité, et dont la culture paraît facile. Le maïs, le sésame, le blé, le coton, croissaient çà et là sur le sol, et y promettaient d'abondantes récoltes. Nous entrâmes à Rama à dix heures. Les religieux étaient déjà retirés dans leurs cellules: mais nous fûmes admis sans difficulté, et on nous conduisit dans des chambres mieux pourvues à tous égards que tout ce que nous avions rencontré depuis notre départ de l'île de Chypre.

Rama est agréablement située sur une hauteur, au centre d'un pays découvert : on croit qu'elle a remplacé l'ancienne ville d'Arimathie. Le nom actuel n'est en effet qu'une abréviation corrompue de l'ancien nom. Les écritures la désignent quelquefois sous le nom de Ramah, et de Ramathath, mot qui signifie littéralement *lieu élevé*; mais dans un pays de montagnes, beaucoup de villes auraient droit à la même dénomination, et c'est ce qui les a fait confondre souvent l'une avec l'autre. St. Jérôme assigne, à la ville dont les Evangélistes ont fait mention, sa position à une égale distance de Jaffa et de Lydda. C'est exactement celle de *Rama*. Quelle qu'ait été l'époque de sa fondation, il reste peu de débris des anciens bâtimens; presque partout on aperçoit cependant les traces d'une décadence prématurée. Nos religieux n'étaient pas en état de nous donner aucuns renseignemens sur son histoire : ils éludent d'ordinaire avec persévérance toutes les discussions de ce genre. Quant aux naturels du pays, leurs connaissances en antiquités sont de niveau avec leurs lumières. Les ruines les plus vénérables sont quelques arcades mutilées, que l'on croit avoir fait partie d'un vaste édifice construit par les ordres d'Hélène. C'est à l'infatigable piété de cette sainte reine que les chrétiens de l'endroit sont redevables de leur couvent. Il passe pour renfermer dans sa spacieuse enceinte les demeures de ceux qui inhumèrent notre Sauveur, et du commandant juif qui gardait le corps pendant la nuit. Tout vaste qu'il est, ce monastère n'est habité maintenant que par trois ou quatre personnes. Les chambres sont toutes propres et bien tenues : on n'y trouve presqu'aucuns de ces hôtes dégoûtans qui infectent des communautés plus nombreuses. Le dessin de l'édifice l'emporte à mon avis sur tous ceux des établissemens religieux que nous avons habités pendant notre voyage en Palestine. Point de trace ici de la tristesse monastique, ni de ses rebutans accessoires. Les longues galeries, par lesquelles on communique d'un bout à l'autre du bâtiment, sont claires et aérées. Elles conduisent à une terrasse d'où l'on découvre à une grande distance le pays d'alentour. La perspective est agréable et riante. La ville avait autrefois deux milles de tour, et n'en a tout au plus à présent que le tiers; mais, au moins, l'on a tout auprès un spectacle qui donne l'idée de la verdure. Au lieu de l'éternel olivier, différentes espèces d'arbres forestiers y récréent la vue, sans parler du palmier, dont le feuillage à la fois majestueux et plein de grâce, est un des plus beaux ornemens du paysage.

Nous n'avions guère fait jusqu'alors qu'environ quatre lieues, et la matinée était fort avancée, quand nous nous remîmes en route. On traverse une partie de la vaste plaine qui s'étend du mont Carmel à Gaza. A peu près à mi-chemin, nous trouvâmes un puits, dont la plupart des voyageurs ont parlé, quoique ses titres à une mention particulière soient assez minces pour échapper au souvenir de l'observateur. Non loin de là se voient les ruines d'une mosquée, élevée à l'endroit, où suivant la tradition des pélerins, la Vierge et Joseph cherchèrent momentanément un asile, lors de leur fuite en Égypte.

La route de Rama à Jaffa est très-passagère, et partout, en très-bon état. Des deux côtés, la culture paraît très-soignée, et le sol brille d'un luxe de végétation, très-rare dans l'intérieur du pays.

A quelque distance, Jaffa paraît une ville recommandable à beaucoup d'égards. Son abord, au milieu de grands jardins, plantés d'un grand nombre d'arbres fruitiers pliant sous le poids de leur récolte, ne dément pas cette première impression favorable. Mais, après avoir passé sous une porte magnifique, nous nous trouvâmes dans l'un des plus sales amas de cabanes que nous ayons vu même dans ces contrées. La maison du signor Daimani, consul d'Angleterre, est située sur le rivage; la position en est fraîche et agréable; mais, d'après l'état de l'appartement du maître, nous avons eu tout lieu de présumer qu'il ne faisait pas très-grand cas de la propreté.

Nous y arrivâmes à cet instant de la journée que les habitans riches consacrent d'ordinaire au sommeil. Ces heures de repos sont presque partout inviolables aux yeux des Turcs:

rarement un musulman souffre-t-il qu'on trouble impunément son sommeil. Mais notre consul orthodoxe tourne en dérision les sottises de l'islamisme. Il nous permit donc d'interrompre son repos, sans que son sang-froid et sa bonne humeur en fussent le moins du monde altérés.

LETTRE XVIII,

A Sir G. E. Bart.

Jaffa.

Mon cher E.....

Si l'on peut s'en rapporter à l'autorité de Pline, et, à cet égard, je ne crois pas, je l'avoue, qu'elle soit d'un grand poids, Jaffa, autrefois Joppé, existait avant le déluge. Vous remarquerez que le passage de l'historien de la nature est extrêmement bref; il parle de l'époque de la construction de cette ville, comme d'une vérité chronologique reconnue, sans se donner la peine d'appuyer, sur aucune preuve, une assertion aussi extravagante (1). D'après cet auteur, ce fut sur cette côte qu'Andromède fut exposée à un monstre marin; un auteur plus grave, St. Jé-

---

(1) *Joppe Phænicum antiquior terrarum inundatione, ut ferunt. Insidet colli præjacente saxo, in quo vinculorum Andromedæ vestigia ostendunt.* (Nat. hist., lib. v, cap. 13.)

Joppé de Phénicie, passe pour une ville antérieure au déluge: elle est située sur un rocher en avant d'une côte, où l'on montre l'anneau auquel Andromède fut attachée.

rôme, affirme que de son temps on voyait encore l'anneau au moyen duquel la fille de Céphée fut attachée sur le roc.

Des souvenirs de ce genre peuvent intéresser un moment un voyageur classique. Mais celui qui prend les Saintes Ecritures pour guide, se rappellera avec un intérêt bien plus vif, que ce fut à Joppé que le prophète récalcitrant s'embarqua pour Tarshish (1), lorsqu'il reçut du Sei-

---

(1) D'après Josephe, Tarshish signifie Tarse, capitale de la Cilicie. Mais des écrivains modernes ont conjecturé que c'était Tartessus, la ville la plus éloignée, à l'extrémité de l'Hespérie (Espagne). La terre d'Israël étant dans un certain sens, la résidence immédiate de Dieu, le prophète, se levant pour se soustraire à sa présence, dut naturellement chercher un pays éloigné de la Judée; il dirigea donc sa course vers les rives occidentales de l'Océan. Personne, je le crois, ne doute qu'il y ait des poissons assez gros pour engloutir un homme. L'Écriture désigne celui qui devint l'instrument du châtiment de Jonas, comme *un grand poisson*. Les plaisanteries et le ridicule qu'on a voulu jeter sur ce fait n'ont donc aucun sens, sous ce rapport. Les traditions relatives à l'endroit où le prédicateur de Ninive fut délivré de sa prison, varient chez les différens peuples de l'Orient. Mais elles prouvent du moins la croyance générale de ces contrées au supplice singulier qu'il eut à subir. On raconte, dit Josephe, qu'étant demeuré trois jours dans le corps de l'animal, il fut rejeté sur les côtes du Pont-Euxin, sans avoir souffert dans sa personne. Il supplia le Tout-Puissant de lui pardonner sa désobéissance, et, ayant reçu l'assurance du pardon, il se rendit à la ville de Ninive, et accomplit sa mission. Il n'y a rien d'impossible, comme le remarque M. Whiston, à ce que le poisson qui portait Jonas,

gneur l'ordre exprès d'aller prêcher la pénitence aux habitans de Ninive.

Les Arabes prononcent le nom de cette ville, comme s'il était écrit Yâfa, sans aucun rapport cependant, à ce que je crois, à l'étymologie de l'ancien nom, qui signifiait, dit-on, *beauté et grâce*. Jaffa fut long-temps le principal port de Judée. La distance où elle est de la capitale, facilitait les communications, et sa position géographique lui ouvrait un commerce étendu avec les côtes et les îles de la Méditerranée. Le port, dans ces derniers temps, est devenu inaccessible aux vaisseaux d'une grande capacité; les sables, poussés dans cette direction par la force des vents du nord, s'y sont amoncelés; mais ce mal n'est pas tout-à-fait sans remède : sous un gouvernement actif, Jaffa deviendrait un entrepôt pour les manufactures de l'Europe, le blé de l'Egypte, les pierres précieuses et les épices de l'Inde.

Si l'on y manque de beaucoup de nécessités de

---

ait été, comme on l'assure, emporté par la force du courant, dans une tempête, jusqu'au Pont-Euxin. Pendant que Jonas était encore sur le vaisseau, la tempête pouvait l'avoir poussé près de cette mer; durant les trois jours de plus qu'il passa dans le ventre du poisson, ce courant avait pu le porter sur la côte d'Assyrie, qui le rapprochait de Ninive plus qu'aucune autre côte de la Méditerranée : il n'y a donc rien d'improbable dans le récit de Josephe (*a*).

(*a*) Voyez Antiq. jud. lib. ix, cap. 11.

la vie, la ville est au moins abondamment pourvue de l'une des plus importantes. Deux fontaines, dans l'intérieur, fournissent amplement aux besoins des habitans. Ils peuvent aussi puiser à plusieurs sources sur la partie de la côte, du côté de Gaza. M. de Châteaubriant rapporte qu'ayant fait au bord de l'eau, un trou dans le sable, avec la main, il la retira remplie d'une eau pure. L'exactitude scrupuleuse de cet auteur, ne me laisse aucun doute sur ce fait, qui s'explique d'ailleurs d'une manière satisfaisante par la filtration. « Creusez une fosse, dit lord Bacon, au bord
» de la mer, un peu au-dessus des traces du flux,
» et faites-la de la profondeur indiquée par celles
» du reflux, au moment de la marée, elle sera
» remplie d'eau fraîche et potable. Cette pratique
» est commune sur la côte de Barbarie, où l'on
» manquerait autrement d'eau fraîche. César fit
» voir qu'il la connaissait, lorsqu'il fut assiégé
» dans Alexandrie; car, en faisant creuser des
» puisards sur la côte, il rendit inutiles les grands
» travaux qu'avait faits l'ennemi, pour détourner
» l'eau de la mer des murs de la ville, et sauva
» ainsi son armée du désespoir. Mais César ignorant la cause du phénomène, croyait que les
» sables au bord de la mer renfermaient partout
» des sources d'eau fraîche; cependant il ne s'y
» trouve certainement que de l'eau de mer; car
» les puisards ne se remplissent qu'au moyen de
» la marée; et c'est la filtration de l'eau de mer

» à travers les sables qui lui fait perdre le goût
» de saumure (1). »

---

(1) « Je me souviens d'avoir lu une expérience faite sur de
» l'eau de mer, que l'on fit filtrer dans de la terre, et dans
» dix vases placés les uns dans les autres, sans que cette eau
» eût perdu son sel, et fût devenue potable. Mais l'auteur de
» l'expérience, sur le rapport d'un autre, assure que de l'eau
» de mer filtrée à travers vingt vases, était devenue fraîche.
» Cette expérience semble contrarier celle des puisards faits
» au bord de la mer, au moins en partie, s'il est vrai que
» l'effet cherché ait été obtenu par la filtration vingt fois ré-
» pétée. Mais il faut remarquer combien dans le cours ordi-
» naire des expériences, on imite faiblement la nature, à
» moins d'opérer, avec beaucoup de sagacité, et de se diriger
» d'après des principes certains. D'abord la différence de la
» filtration de l'eau, à travers vingt petits vases, à celle qui se
» fait à travers la distance qui sépare les traces du flux d'avec
» celles du reflux, n'est pas petite. En second lieu, il y en a
» une grande entre les moyens d'opérer, la terre et le sable :
» car la terre contient toujours une espèce de sel nitreux dont
» le sable est plus dégagé. D'un autre côté, elle ne peut pas
» filtrer l'eau, aussi fin que le fait le sable. Mais une troisième
» circonstance me paraît plus importante que les deux autres,
» c'est que dans l'expérience du passage de l'eau de mer dans
» les puisards, l'eau s'élève; au lieu que dans celle de la fil-
» tration par les vases, elle tombe. Maintenant, il est certain
» que la partie salée de l'eau, qui l'était auparavant partout,
» va au fond. Il n'y a donc rien d'étonnant à ce que l'eau dis-
» tillée de haut en bas ne devienne pas fraîche. D'ailleurs, je
» doute si le clapotage de l'eau venant de la mer n'est pas plus
» propre à rejeter la partie saline, que l'écoulement de l'eau
» qui tombe seulement de son propre poids. »

BACON, hist. nat., première centurie.

Un bâtiment destiné pour Damiette, devant mettre à la voile la nuit prochaine, nous avons fait accord avec le capitaine, pour nous et notre suite, à raison de quatre-vingt-dix piastres. Il nous assura intrépidement qu'il n'avait pas plus de sept ou huit passagers; comme la barque qu'il nous montrait à quelque distance de la côte nous paraissait très-grande, et très-spacieuse, je me figurais un voyage agréable et exempt de tous les désagrémens qu'on éprouve sur un bâtiment trop chargé. Tous joyeux de cette perspective, nous prîmes congé à la hâte de nos respectables hôtes, et nous nous mîmes avec empressement en mer, vers huit heures, dans un canot, nous soumettant sans murmure, à toutes sortes d'extorsions, dans la crainte de manquer le bâtiment, qui paraissait prêt à lever l'ancre. Nos rameurs nous faisaient voguer lestement; et, en moins de vingt minutes, nous eûmes atteint la barque, dont la forme et la grandeur nous semblaient de plus en plus d'une incommodité effrayante, à mesure que nous nous en approchions.

Je n'accuse pas Daimani d'avoir pris part à cette fraude; mais la fourberie était évidente; au lieu d'un bâtiment commode qu'on nous avait montré des fenêtres du consul, avec sept ou huit passagers seulement, nous trouvions une misérable chaloupe, chargée de plus de cent personnes de tout sexe et de tout âge, encombrée de toutes sortes de bagages et d'ordures, d'où s'exhalaient un amas empesté des plus mauvaises odeurs ; à peine y avait-il assez d'espace pour loger un dogue de Terre-Neuve : il était donc absolument impossible de s'embarquer dans un pareil cloaque. Pour surcroît d'incommodités insupportables, les symptômes évidens de malpropreté que portaient sur eux tous ces voyageurs eussent suffit pour rendre fou un Européen. Nous fûmes cependant obligés de le prendre sur un haut ton, pour forcer le propriétaire de la barque à rendre ce qu'on lui avait payé d'avance ; mais, après une longue et très-vive discussion, nous retournâmes chez l'agent d'Angleterre, sans avoir rien perdu que nos provisions.

Ayant ainsi échoué dans notre première tentative, nous avons demandé ce matin audience au pacha (*Achmet-Aga*) : il fallait absolument lui faire part de notre embarras, et solliciter son appui pour obtenir les moyens de voyager par terre. Le passage par mer était à peu près interdit, les autorités locales s'étant emparées de tous les transports appartenant à des particuliers pour voiturer les matériaux nécessaires à la réparation des fortifications. L'aga nous reçut avec une politesse parfaite ; il nous rappela, avec les expressions les plus fortes de satisfaction, la généreuse conduite d'un officier de la marine anglaise envers l'un des partisans de Djezzar-Pacha. Il était redevable de sa place à l'ancienne influence de ce pacha sur le gouvernement de Constantinople, et se déclarait heureux de trouver l'occasion d'être agréable aux compatriotes de celui qui avait rendu à son défunt patron un service signalé. Cet aga paraissait âgé d'environ quarante ans; il est très-beau de sa personne ; son extérieur annonce une grande bonté et beaucoup d'affabilité. Quelle que soit sa naissance, ses sentimens sont nobles. Notre entrevue se prolongea environ une heure. Il nous fit plusieurs questions sur les puissances maritimes dans la Méditerranée, et montra quelque léger mécontentement à l'occasion d'une mésintelligence récente avec l'officier commandant d'une frégate française. A la fin de notre conversation, il nous a déclaré son intention de nous mettre lui-même demain sur la route de Gaza, nous promettant, si nous voulions l'accompagner dans cette ville, de nous fournir de ses propres chevaux, et de nous procurer ensuite des chameaux pour la traversée du désert. Nous lui adressâmes par la bouche du consul, notre interprète, les remercîmens que méritait son offre, et nous avons rendez-vous dans son palais, où nous devons tous nous trouver réunis, demain, aussitôt après le dîner.

Nous avons profité du loisir dont nous jouissions dans cette soirée pour prendre quelques renseignemens, entre autres sur certains événemens extraordinaires qui ont marqué les progrès de l'armée française en Palestine, et qui, si ce que l'on en rapporte est vrai, couvrent son général d'une honte ineffaçable. M. Daimani, qui résidait ici à l'époque de l'invasion de Bonaparte, confirme en grande partie le récit, publié par sir Robert Wilson, du massacre des Turcs. Mais ce brave officier, dont les écrits ont depuis obtenu tant de célébrité, a omis un trait important dans l'historique qu'il a donné de cet événement. J'essayerai de réparer cette omission, d'après l'autorité du consul anglais, témoin de l'affaire (1).

Lors de la reddition d'El-Arish, la garnison turque fut renvoyée sur parole, et Napoléon fit donner de l'argent à ces troupes pour se retirer dans leurs pays respectifs, à Alep, Damas, Tripoli, Acre, etc., etc; mais il fut stipulé expressément qu'elles ne reprendraient point les armes contre les Français tant que la guerre continuerait en Syrie. En même temps, le conquérant, poursuivant ses succès, marcha sur Jaffa,

---

(1) Il convenait à la politique de Bonaparte de se concilier l'affection des naturels du pays. Il s'exposait donc à l'indignation générale par un acte de cruauté gratuite. La conduite d'Alexandre, à la prise de Tyr, et dans les temps modernes, celle de Henri V à Azincourt peuvent être citées comme preuves, que les actes imputés au général français, *ne sont pas tout-à-fait sans exemple*. Cependant, dans ces deux cas, on s'est souvent montré indulgent pour l'atrocité du meurtre, et pour dissimuler l'horreur du spectacle, on a cherché à en couvrir la hideuse difformité avec la robe du triomphe.

qui, six jours après, tomba en sa puissance. On reconnut alors que les troupes, relâchées à El-Arish, s'étaient jetées dans la ville, renfort qui avait beaucoup servi à augmenter la vigueur de sa résitance. L'identité des soldats fut bientôt constatée, par leurs chefs respectifs, à chacun desquels Bonaparte, en présence de notre consul, reprocha en particulier un manque de foi aussi grave : on tint sur-le-champ conseil ; et, toutes les circonstances ayant été pesées, on décida qu'il était indispensable de faire un exemple, et qu'on y était autorisé par les lois de la guerre. Les coupables furent conduits sur une colline de sable, au-dessous de la ville, et exécutés militairement. C'est aux officiers, éclairés par une longue expérience, à décider si, dans cette circonstance, on s'est écarté du principe rigoureux des lois militaires, au point qu'il soit à jamais impossible de pallier une aussi terrible exécution. Daimani a quelques titres pour être regardé comme témoin impartial. Il n'avait sûrement aucun motif pour défendre, aux dépens de la vérité, le caractère d'un homme qui l'a presque dépouillé de ses propriétés les plus précieuses. Le général français avait, à la vérité, promis, en cas de réussite, non-seulement de l'indemniser des pertes qu'il lui faisait essuyer, mais encore de lui en rendre le montant au quadruple ; mais l'échec signalé qu'il éprouva devant Acre, le mit hors d'état de tenir sa parole. Ce sont donc d'amers ressouvenirs pour le consul, que ceux qui associent dans son esprit le nom de Bonaparte à l'idée de la confiscation et de la spoliation dont il a été victime (*a*).

Je lui demandai s'il avait quelque souvenir de la figure de Napoléon. Il me répondit avec beaucoup de gravité : « *Monsieur, il était à cette épo-* » *que, comme vous êtes à présent, très-léger,* » *actif, et bien fait pour voyager.* — *Comment!* » dis-je un peu étonné de ce trait inattendu de » cajolerie, *il est maintenant beaucoup plus gros.* » — *C'est possible,* reprit le consul, *mais il y a* » *vingt ans depuis que je ne l'ai vu, et, dans ce* » *temps-là, monsieur devait être bien petit* (*b*). »

Quant à l'autre attentat, si souvent reproché au général français (l'ordre d'empoisonner ses propres troupes), le consul assura qu'il ne savait rien à cet égard que par ouï-dire. Si toutefois l'accusation dans toute sa force est fondée, on peut maintenant la dévoiler complètement et en mettre au jour toutes les circonstances. La dissi-

---

(*a*) L'auteur s'est exprimé sur le massacre de Jaffa, avec beaucoup de modération. Mais tout ami de l'humanité demandera si les lois de la guerre, et la crainte d'une récidive fâcheuse de la part de la garnison d'El-Arish pouvaient jamais autoriser un massacre ; et si, en admettant qu'un exemple fût nécessaire et juste, l'usage déjà assez rigoureux de décimer un corps reconnu coupable n'était pas applicable et d'un effet suffisant en pareil cas ?

(*b*) Tout ce dialogue est en français dans l'original.

mulation des faits n'aurait plus aujourd'hui pour excuse le prétexte de prudence dont on s'est servi autrefois. Dans les cas ordinaires, quand les preuves manquent, la justice exige que l'on retire l'accusation ; mais, lorsqu'on a eu soin de répandre dans le monde entier des imputations d'un genre si affreux, quand on a renouvelé sérieusement ces imputations avec le ton de la confiance, au point de faire presque douter des principes de quiconque se refuserait à les admettre, les faits doivent être hautement et pleinement articulés dans tous leurs détails, de la manière la plus complète et la moins équivoque (*a*).

____

(*a*) Nous avons jugé inutile de rapporter ici une assez longue citation de l'un de nos historiens, une allusion à un tableau connu, et les conséquences que l'auteur en tire. On peut sur le fait, dont il s'agit, consulter le Recueil intitulé, *Victoires, Conquétes, etc., des Français*, etc., publié par M. Panckoucke.

LETTRE XIX,

A Sir G. E. Bart.

Gaza, 31 août 1817.

M_{on cher} E.....

Nous sommes arrivés ici hier avec le pacha. Des circonstances particulières nous ayant obligés de congédier l'interprète qui nous suivait depuis Tripoli, nous avons pris à sa place un des mamlucks qui ont servi sous Bonaparte. Ce mamluck nous était fortement recommandé par notre ami le consul. Le nom qu'il se donne est *Juseffe el Tarba*; son âge est entre trente et quarante ans; il parait actif et adroit, et parle passablement le français. Après une discussion fort ennuyeuse, car l'affaire n'était pas facile à arranger, il consentit à nous accompagner à Alexandrie, moyennant une paie de trois piastres par jour, et un supplément pour les vivres; mais, au moment où nous nous préparions à rejoindre la cavalcade au palais, sa femme nous envoya un messager, pour nous signifier que rien ne pouvait l'engager à consentir à une aussi longue absence de son mari; sa tendresse conjugale l'avait, en conséquence, déterminée à rompre l'engagement. Ce message me parut une invention grossière pour extorquer un à-compte sur la paie de Juseffe ; mais, comme il était trop tard pour le remplacer, nous nous hâtâmes de nous rendre à la porte de la ville, où l'aga nous attendait déjà entouré d'une nombreuse suite. Nous lui expliquâmes de notre mieux notre embarras, il donna sur-le-champ un ordre contre lequel il n'y avait pas de réplique, et, au bout d'une demi-heure, Juseffe parut dans son accoutrement de voyage.

Le cortége du pacha était magnifique. Il se montrait à la tête d'une escorte d'élite.

Tout équipé, tout en armes, tout couvert de plumes comme l'oiseau qui bat l'air de ses ailes,

Brillant d'or, comme une statue,

Plein d'ardeur comme le mois de mai,

Magnifique comme le soleil au milieu de l'été.

SHAKESPEARE (*a*).

―――――

(*a*) All furnish'd, al lin arms,
All plumed, like Estridges, that wing the wind,
Bated like Eagles having lately bathed :
Glittering in golden coats, *like images* :
As full of spirit as the month of may,
And gorgeons as the sun at mid summer.

Nous avons supprimé dans la traduction une comparaison qui n'eût point paru assez noble dans notre langue.

Ayant été retenus par l'absence d'un interprète, on nous donna une escorte pour nous attendre, et l'aga continua sa route; mais nous rejoignîmes son cortége peu de temps avant la nuit close, et nous marchâmes ensemble, *magna stipante catervâ*, jusqu'au village d'Ybna, où nous passâmes la nuit. On étendit des tapis sur le sable, et nous nous y assîmes pour prendre un léger repas. Pendant que nous mangions, le pacha nous fit plusieurs questions sur les coutumes et les mœurs de l'Europe. Il en vint, à l'aide d'une sorte de circonlocution, à nous questionner sur l'étendue et la position de l'île de Sainte-Hélène, voulant savoir à quelle distance cette île était de la France et de l'Angleterre. Ses questions à cet égard et sur de semblables objets paraissaient faites avec beaucoup de réserve : toutefois ses observations étaient souvent accompagnées d'un regard malin, dont l'air moqueur contrastait avec la simplicité apparente de ses demandes. Après une heure de conversation, nous le laissâmes libre de se coucher. Son lit fut bientôt prêt; c'était tout simplement un coussin posé sur le tapis étendu par terre; nos lits de camp étaient disposés de manière à nous envelopper presque comme des parasols. Cette espèce de lit lui plut tellement qu'il témoigna le désir d'en avoir de pareils pour ses enfans. Nous doutions beaucoup que l'adresse des tapissiers arabes parvînt à en fabriquer de ce genre; nous le priâmes donc d'accepter un des nôtres. Mais, il nous répondit par un refus formel, quoique de manière à nous faire comprendre que le motif de notre offre ne lui avait pas échappé. Ce ne fut qu'après des instances réitérées de ma part, qu'il consentit à ma proposition de lui en envoyer un à mon retour en Angleterre (1).

Cette manière de passer la nuit en plein air, dans un désert, entouré des gardes d'un pacha de l'Orient, avait en soi quelque chose de si extraordinaire, que je ne me sentis pas promptement disposé à m'endormir; il n'y avait cependant rien dans notre situation qui prêtât à des réflexions désagréables.

« Car nous avions pour dais l'azur du firma-
» ment, si clair, si pur, si beau, que Dieu seul
» remplissait les cieux. (a) »

On nous réveilla environ trois heures avant

---

(1) A son arrivée à Londres, l'auteur saisit la première occasion qui s'offrit de remplir sa promesse. Le ballot fut embarqué sur un vaisseau destiné pour Smyrne, et adressé à un marchand (*) qui devait le faire parvenir à Jaffa; mais il n'a pas encore eu la satisfaction d'apprendre que son envoi soit parvenu à sa destination.

(*) *Voyez* l'Appendice.

(a) « For we were canopied by the blue sky,
 « So cloudless, so clear, and purely beautiful,
 « That God alone was to be seen in heaven. »
                                    Lord Byron.

le jour; et, vers cinq heures, nous arrivâmes à un village, appelé Dsoot. Nous nous reposâmes assez long-temps sous des oliviers plantés tout auprès. Nous perdîmes notre temps dans cet endroit, à peu près jusqu'à neuf heures. Ayant alors témoigné le désir de visiter les ruines d'Ascalon, l'aga nous donna un guide pour nous accompagner jusqu'à la côte, tandis qu'il poursuivait sa route. Il nous fallut un peu plus de deux heures pour atteindre un amas de cabanes appelé *Hamami*, et une heure après, nous parvînmes à une autre réunion de chaumières qu'on nomme *Djora*. Nous trouvâmes dans ce lieu une espèce de Khan fort médiocre, où nous nous arrêtâmes pour prendre quelque nourriture, et faire reposer nos chameaux. On remarque dans cette partie de la plaine un sol propre à la culture, et une grande négligence, comme sur la route que nous avions parcourue.

Les ruines d'Ascalon sont tout près de Djora; elles se trouvent au bord du rivage, et embrassent un circuit de plusieurs milles. Joseph, pendant quelque temps prisonnier des Anglais, nous dit qu'il accompagnait quelques-uns de nos officiers, lorsqu'ils avaient fait le tour des remparts, et qu'il leur avait entendu dire que l'ancienne enceinte comprenait une étendue de trois lieues; l'espace apparent, occupé par les débris existans, me paraît fort au-dessous de cette évaluation. Quoique cette ville ait été jadis l'une des principales villes maritimes de la Phénicie, elle n'offre pas aujourd'hui le moindre vestige d'un port. Mais elle est dans une position élevée, et la place paraît susceptible d'être bien fortifiée. Elle était le siége d'un évêque, dans les premiers âges du christianisme; à l'époque des croisades, elle fut ornée de plusieurs beaux édifices; mais il y a long-temps qu'ils ont été détruits. Les Turcs, comme les Sarrasins, ne font aucun cas de la magnificence antique; à l'exemple de leurs ancêtres, ils estiment moins les arts qui ornent et embellissent la vie, que ceux qui multiplient les moyens de la détruire.

Les murs près de la côte ont été tellement bouleversés par quelque catastrophe, que les colonnes brisées, mêlées à de grandes masses de constructions en pierres de taille, sont couchées dans une position horizontale. On croirait voir de grands débris d'un temple. L'architecture est grossière, et les matériaux ne paraissent pas d'une espèce très-solide. Le ciment a, sans doute, été pétri avec des coquillages; ce composé formait presque la moitié des masses dont il faisait partie. Près du centre de la ville, on voit beaucoup de fûts de colonnes mutilées; la plupart sont de granit gris; quelques-unes sont de marbre grossier, et nous en avons remarqué une ou deux de très-beau porphyre. Mais au milieu de cette scène de désolation, la plus vaste et la plus complète que j'aie jamais eue sous les yeux, si ce n'est à Nicopolis, il n'y a ni base ni chapiteau de colonne en assez bon état pour que l'on puisse déterminer à quel ordre d'architecture ils appartiennent. Le seul fragment qui n'eût point tout-à-fait été déformé, parmi ceux que nous avons trouvés, semblait être une imitation imparfaite de l'ordre corinthien. Ce débris solitaire était gissant près d'un amas de ruines, amoncelé là, depuis environ dix-huit mois, par quelques ouvriers du pacha, dont plusieurs avaient été employés dans ce lieu pour aider dans ses recherches une dame anglaise de distinction. Leurs travaux n'aboutirent à aucune découverte d'une grande importance; ils se réduisirent à mettre au jour une partie de bâtiment isolée, qui fut peut-être une galerie dépendante de bains spacieux; au moins ressemble-t-elle à celle des bains de Caracalla à Rome. Cet endroit était voûté, mais sans aucun ornement remarquable; il est à présent à quelques pieds au-dessous du sol.

Le territoire des Philistins était partagé en cinq districts, dont Gath formait la limite septentrionale, et Gaza la frontière méridionale. Les places intermédiaires étaient Ekron, Ashdod ou Azot, et Ascalon. Cette dernière était située à environ trois lieues au midi d'Azot, et, suivant Josephe (1), à environ vingt-deux lieues de Jérusa-

---

(1) Bell., jud., lib. III, cap. 2, 520 stades, trad. d'ARNAULD D'ANDILLY.

lem à l'occident. On la regardait comme la plus forte des villes de la côte de Phénicie. Origène parle de quelques puits, ou citernes, près de la ville : on en attribuait la construction au patriarche Abraham ; des opinions de ce genre n'ont pas souvent de meilleurs fondemens que les conjectures les plus vagues et les plus fantasques. Nos guides n'avaient jamais ouï parler de ces traditions. Ils n'en savaient pas davantage sur le fameux lac et les poissons miraculeux, consacrés autrefois, dit-on, à la déesse Derceta (1). On a cru que cette divinité était la même que l'idole Dagon (2), dont il est fait mention dans l'Ecriture, et l'étymologie du mot paraît justifier cette

---

(1) Ovid. Mét., lib. IV, vers. 44.

Diodore de Sicile (lib. III), fait mention de ce lac, et donne le détail des circonstances de la métamorphose de la déesse, sous la figure de l'un des habitans. Pline en a aussi parlé (lib. 5, cap. 25). Athénée, de même (lib. VIII, cap. 8), outre plusieurs autres écrivains qu'il est inutile de citer.

(2) L'expression originale est dérivée du mot דָג, qui veut dire poisson (Juges, XVI, 23). Cette idole était la déité tutélaire des Philistins, et ressemblait par son extrémité inférieure à l'animal dont elle portait le nom. Elle était, peut-être, ainsi que l'ont pensé quelques interprètes des hiéroglyphes, l'image de la fécondité de la nature, dont la vertu prolifique des poissons peut être considérée comme un emblème convenable. Le livre du Deutéronome contient une défense expresse de fabriquer, pour l'adorer, aucune image taillée, sous la forme d'un poisson. (Deut. IV, 15).

conjecture. Cette ville donna le jour à Hérode (le plus célèbre des princes de ce nom, ce qui lui a fait donner quelquefois le surnom d'Ascalonite); elle vit naître aussi Sémiramis : tous les prodiges, dont on décore la naissance de cette reine, sont trop extravagans pour les répéter ici. Le seul que nous rappellerons, c'est la manière dont elle fut nourrie par des colombes. On raconte qu'elles alimentaient cet enfant, délaissé par ses parens, avec le lait que leur fournissait la tente d'un berger. En mémoire de cet événement miraculeux, l'épouse de Ninus, lorsqu'elle monta sur le trône d'Assyrie, prit le nom de Sémiramis, qui, en langue du pays, signifiait une colombe; et, dans la suite, l'étendard de Babylone porta l'image de cet oiseau (1), circonstance qui peut sans doute servir à expliquer les expressions du prophète, lorsqu'annonçant la ruine de Juda, il avertit le peuple, dévoué à la colère céleste, de fuir devant le glaive de la colombe. A cinq heures, nous rejoignîmes le pacha, et nous poursuivîmes notre route pour Gaza. Environ à trois lieues et demie de la ville, nous rencontrâmes un nombreux cortége, ayant à sa tête le gouverneur, qui venait au-devant de nous pour saluer son supérieur. A peine fut-il parvenu à une distance de cinquante toises, qu'il descendit

---

(1) Diod. de Sic., lib. III.

de cheval, et, s'enveloppant d'un manteau tout blanc, il s'avança à pied pour rendre son hommage. Il accomplit cette cérémonie en baisant la main de l'aga et en la pressant respectueusement contre son front. Il se débarrassa alors de son manteau, et, remontant à cheval, les deux beys continuèrent leur route, côte à côte, *pari passu*, escortés par le train le plus pompeux et le plus imposant que je me souvienne d'avoir vu. L'ordre de la marche ne se bornait cependant pas à ces mouvemens solennels et compassés qui règlent en Europe celle d'un cortége. Il était animé par des jeux qui le faisaient ressembler aux vives évolutions d'un tournois. Les cavaliers, brandissant chacun leur lance, couraient en avant de toute la rapidité de leurs chevaux. S'arrêtant tout à coup, ils décrivaient des cercles étroits en tournant avec une grande vitesse, s'élançant les uns sur les autres, comme des chevaliers enchantés qu'inspireraient la gloire et l'amour. Tout le cortége fut ainsi par degrés en mouvement, se précipitant à travers la plaine, dans toutes les directions, avec une extrême vélocité. Tantôt tournant sur eux-mêmes dans un espace plus resserré qu'on ne peut l'imaginer, tantôt poursuivans et poursuivis, fuyans dans la campagne. Ces exercices continuèrent jusqu'auprès de la ville. Les coursiers paraissaient y prendre presqu'autant de plaisir que les cavaliers eux-mêmes. Le soleil se couchait, lorsque nous atteignîmes le bosquet d'oliviers près des limites exterieures de la ville. Le pacha y mit pied à terre pour adresser sa prière du soir au prophète. Mais, il envoya en avant un de ses officiers chargé de nous procurer un logement dans la maison de son secrétaire. Celui-ci nous reçut avec une prévenance et une civilité, interprètes fidèles des instructions de son maître.

LETTRE XX,

A Sir G. E. Bart.

Damiette.

Mon cher E.....

Nous avons trouvé si peu d'objets dignes d'attention à Gaza, que nous fûmes charmés d'en partir le troisième jour. L'ancienne ville était située sur une éminence; il paraît qu'elle était environnée de remparts massifs, flanqués de tours. Malgré la force de sa position naturelle (1), augmentée encore par les efforts de l'art et de l'industrie, elle ne put tenir contre les attaques de Juda (2). Les conquérans, quelque temps après, ne purent cependant s'y maintenir eux-mêmes; ils en furent chassés par les naturels qui en restèrent en possession, sans être troublés, jusqu'au temps de Samson (3); il serait fastidieux de retracer ici l'histoire de Gaza, dans toutes ses vi-

---

(1) Gaza, dit-on, signifie force et solidité.
(2) Juges, 1, 18.
(3) Juges, xvi, 3.

cissitudes, depuis le siècle d'Alexandre. Ce héros dirigea en personne l'attaque de cette ville, et, suivant Plutarque, il y reçut deux blessures, dans l'assaut qu'il donna. Elle devint ensuite la proie de l'armée des Macchabées, « qui mirent le siége devant Gaza, en brûlèrent les faubourgs et la livrèrent au pillage. » Une place, si souvent exposée aux ravages de la guerre, n'a pu conserver que bien peu de débris de son antique splendeur. Les auteurs des Actes des Apôtres, en parlent comme d'une ville alors déserte (1). A peine aujourd'hui reste-t-il quelques traces de son ancienne magnificence; toutes ces superbes colonnes de marbre, dénombrées par quelques écrivains, ont tout-à-fait disparu. Les sépulcres même ont été détruits avec les dépouilles qui leur étaient confiées (2).

---

(1) Cap. VIII, 26.
(2)   Muójono le cittá, Muójono i Regni;
    Copré i fastié le pompe, arena ed erba :
    E L' UOM D'ESSER MORTAL PAR CHE SI SDEGNI !
    Oh nostra mente cupida e superba !
    LA GERUSALEMME LIBERATA, canto XV, stan. 20 (a).

L'auteur de Childe-Harold (canto II, stanza 53) a exprimé

(a) « Les villes, les royaumes, tout meurt ; tout a son tombeau ; les plus
» superbes monumens, les plus pompeux édifices tombent et disparaissent
» sous l'herbe et le sable qui les couvre : et *l'homme s'indigne d'être*
» *mortel !* O folie ! ô chimère de l'ambition et de l'orgueil. »
Jérusalem délivrée, *traduction de* M. LEBRUN.

La ville est à peu près à une demi-lieue de la côte. À en juger sur le temps que nous mîmes pour y arriver, elle n'est pas à moins de cinq lieues ou même plus d'Ascalon (1). On

---

le même sentiment (*a*). Cette idée a été consacrée par un grand nombre d'écrivains supérieurs, depuis l'époque où Servius Sulpicius adressait à Cicéron une lettre de consolation. Avouons, cependant, que ces lieux communs de rhétorique, même ornés des grâces de l'éloquence et de la poésie, sont bien peu faits pour consoler. Tous ces états, toutes ces ruines, que la mélancolie aime à contempler, étaient l'ouvrage de la main des hommes. Leur destruction ne nous force pas *nécessairement* à reconnaître l'action d'un pouvoir supérieur à l'humanité, et ne nous montre pas *nécessairement*, comme enveloppé dans leur chute, un autre ordre d'êtres d'une espèce bien plus relevée.

(1) La description du Tasse est très-exacte.

> Gaza é citta della Giudéa nel fine,
> Su quella via, ch' iuvér Pelusio mena;
> Posta in riva del mare, ed ha vicine
> Immense solitudini d'arena,
> Le quai, come austro suol l'onde marina;
> Mesce il turbo spirante; onde a gran pena
> Ritrova il peregrín riparo o scampo
> Nelle tempeste dell' instábil campo.

La Gerusalemme liberata, canto xvii, stanza 1 (*b*).

(*a*) *Voyez* Childe-Harold dans la traduction des OEuvres de lord Byron.
(*b*) Aux frontières de la Palestine, sur le chemin qui conduit à Péluse, *Gaza* voit au pied de ses murs expirer la mer et son courroux : autour d'elle s'étendent d'immenses solitudes, et des sables arides. Le vent qui règne sur les flots exerce aussi son empire sur cette arène mobile, et le voyageur voit sa route incertaine flotter et se perdre au cours des tempêtes.

Jérusalem délivrée, traduction de M. Lebrun.

voit à l'orient une vallée étroite, et derrière, mais plus au nord, une hauteur considérable, que l'on croit être la montagne, «en avant d'Hébron,» où Samson déposa les portes de la ville. *L'illusion des noms est une chose prodigieuse.* Un objet, qui mériterait à peine autrement le coup-d'œil rapide du voyageur, si on le voit en rapport avec quelqu'acte merveilleux du pouvoir de l'homme, acquiert pour le spectateur un haut degré d'intérêt, et exerce sur son esprit une influence presque magique (1). Hébron est à près de cinq de nos lieues de Gaza, et presque sept de l'extrémité de la Terre promise.

---

(1) « Un voyageur va traverser un fleuve qui n'a rien de re-
» marquable. On lui dit que ce fleuve se nomme Souson-
» ghirli, il passe et continue sa route ; mais si quelqu'un lui
» crie : c'est le Granique ! il recule, ouvre des yeux étonnés,
» demeure les regards attachés sur le cours de l'eau, comme
» si cette eau avait un pouvoir magique, ou comme si quel-
» que voix extraordinaire se faisait entendre sur la rive. »
Itinéraire de Paris à Jérusalem.

Natura ne nobis hoc datum, an errore quodam, ut cùm EA LOCA VIDEAMUS, *in quibus memoriâ dignos viros acceperimus multùm esse versatos, magis moveamur quàm si quando eorum ipsorum aut facta audiamus, aut scriptum aliquod legamus* (a) *?*
Cic. de fin. bon. et mal., lib. v, cap. i.

(a) « Est-ce une inspiration de la nature, est-ce une illusion, qui fait
» que, quand nous contemplons les lieux que nous savons avoir été fré-
» quentés par des hommes dignes de mémoire, nous sommes plus émus,
» que si nous entendions raconter leurs hauts faits, ou si nous en lisions le
» récit. »

La profondeur des sables rendant la route impraticable pour les chevaux, l'aga nous fit fournir des chameaux et des dromadaires. C'était mon coup d'essai à l'égard de cette dernière monture; je voulus lui sauter sur le dos pendant qu'il s'agenouillait pour me recevoir; il me fit sentir sur-le-champ combien cette manière inusitée de le monter lui était peu agréable. Car, avant que j'eusse pu prendre l'équilibre, il se leva tout-à-coup en se rejetant de côté avec fureur. Il pensa me faire faire une chute très-violente; mais le guide la prévint en me retenant. Je fus donc obligé de me placer sur ma monture comme les autres.

L'allure d'un dromadaire est beaucoup plus rapide que celle d'un chameau; mais son mouvement est singulièrement rude et désagréable. La sensation qu'éprouve le cavalier, lorsque l'animal s'agenouille pour qu'il mette pied à terre, ou se lève pour se mettre en route, est d'abord celle d'une hilarité extrême. Quand on le frappe, il pousse une espèce de hurlement qui déchire l'oreille. Le naturel fort peu traitable des nôtres nous obligea, pendant la première lieue et plus, à les discipliner presque sans relâche, à l'aide d'une branche de palmier. Il nous fallut quatre heures environ pour arriver à un village appelé *Deir*. Nous nous y arrêtâmes pour nous pourvoir d'eau; et, au bout d'une heure, nous entrâmes dans les sables du désert, laissant à notre gauche le fort moderne de *Kanoun*. Nous continuâmes notre voyage monotone jusqu'aux approches du coucher du soleil. Nous nous jetâmes alors dans une partie de la plaine dont la surface était parsemée de quelques bruyères et de chétives broussailles. Nous y fîmes halte. Nous allumâmes du feu pour nous préparer un peu de café, et nous dressâmes nos lits de camp dans l'intention d'y reposer jusqu'à minuit, heure à laquelle la lune devait être assez élevée pour éclairer notre route. Le mamluck qui affectait une extrême inquiétude à l'égard des Bédouins, fit le guet avec beaucoup de persévérance à peu près jusqu'à l'heure indiquée. Je voulus alors qu'il prît quelque repos pour poursuivre ensuite notre voyage. Pendant qu'il dormait, comme on n'avait pris aucune précaution pour s'assurer des chameaux, deux des plus vieux s'avisèrent de vouloir retourner à Gaza, et l'on ne put les rattraper qu'après avoir couru pendant six heures. A sept heures, nous nous remîmes en route, et à dix heures environ, nous nous trouvâmes dans la cour extérieure d'une mosquée ruinée. On nous permit de préparer notre déjeuner à l'abri du dôme de cet édifice. Nous arrivâmes sans aucun incident remarquable à El-Arish, précisément à la nuit close. Par un motif que je n'ai pu comprendre, on ne nous permit point l'entrée du fort; mais le gouverneur nous envoya un détachement pour notre sûreté jusqu'au lever de la lune. Nous passâmes donc la nuit sur le sable, à quelques centaines de pas de la citadelle.

El-Arish n'est qu'un chétif amas de mauvaises cabanes, à un mille de la mer. Il est situé sur une hauteur. La place ne paraît cependant pas forte. On l'avait néanmoins mise en assez bon état, quand elle fut tombée au pouvoir des Français; et la garnison qu'y avait laissée Bonaparte, pleine de confiance dans la fortune de son général, et orgueilleuse de combattre pour lui, avait, à ce qu'on nous assura, repoussé les attaques des troupes turques, quoique cent fois plus nombreuses. Elle se rendit ensuite aux Anglais sans résistance (1).

---

(1) Bonaparte a désigné El-Arish et Alexandrie comme les deux clefs de l'Égypte. « Quant aux fortifications, dit-il, Alexandrie et El-Arish; voilà les deux clefs de l'Égypte. J'avais le » projet de faire établir cet hiver, des redoutes de palmier; » deux depuis Sallieh à Casties, deux de Casties à El-Arish; » une de ces dernières se serait trouvée à l'endroit où le général Menou a trouvé de l'eau potable. »

Kléber, qui prit le commandement de l'armée française, après Bonaparte, parle avec dédain d'El-Arish dans ses dépêches au directoire : « El-Arish, dit-il, est un méchant fort, » à quatre journées dans le désert. La grande difficulté de » l'approvisionner ne permet pas d'y jeter une garnison de » plus de 250 hommes; 600 mamlucks et arabes pourront, » quand ils le voudront, intercepter la communication avec » Casties, et comme, lors du départ de Bonaparte, cette » garnison n'avait pas pour plus de quinze jours de vivres en » avance, il ne faudrait pas plus de temps pour l'obliger à se » rendre, sans coup férir. »

Soit sottise, soit mauvaise volonté, notre mamluck nous empêcha de partir avant quatre heures du matin. A la fin, nous nous replaçâmes sur nos dromadaires, et gagnant la côte, nous chevauchâmes pendant quelques heures au bord de la mer, dont la brise rafraîchissante était un excellent remède contre la chaleur brûlante de la plaine. Nous fîmes une courte halte, aussitôt après le soleil couché, pour nous approvisionner d'eau. Elle devenait rare et très-mauvaise. La nuit étant venue, nous ne pouvions avancer. Mais au lever de la lune, nous nous remîmes en marche. Vers trois heures du matin, nos guides nous déclarèrent que les chameaux n'en pouvaient plus. Nous fûmes forcés d'attendre près de deux heures avant qu'ils fussent en état de marcher. Nous reprîmes alors notre route que nous poursuivîmes jusqu'à neuf heures. Nous nous arrêtâmes pour déjeuner. La chaleur était devenue presque insupportable. On ne pouvait trouver ni arbres, ni aucune espèce de buissons qui pût offrir le moindre abri. Dans cet embarras, nous formâmes de notre bagage une sorte de pavillon sous lequel nous nous couchâmes, jusqu'à ce que le soleil fût trop élevé pour que cet abri pût nous être encore utile. Toute la route, depuis El-Arish, n'est qu'un vaste désert de sable dont la surface est en général unie. Mais on voit s'élever de distance en distance des monticules formés par l'action du vent, et qui ressemblent à d'énormes tas de neige amoncelée.

Le lendemain matin, nous nous mîmes en mouvement entre trois et quatre heures. Dans la journée, nos provisions se trouvèrent si complètement épuisées, qu'il ne nous restait pas même un limon ou une pomme de grenade. Nous avançâmes cependant avec l'espoir de rencontrer quelque source. Au soleil couchant, nous atteignîmes un endroit où se trouvaient deux ou trois dattiers isolés. Nos conducteurs de chameaux nous assuraient qu'il y avait là d'excellente eau en abondance, et je courus avec empressement voir la source. Mais au lieu de la fontaine délicieuse que nos guides nous avaient annoncée avec tant de satisfaction, nous n'aperçûmes qu'une misérable mare dont la couleur était celle d'un fromage pourri. Il ne restait d'autre ressource que d'envoyer chercher du lait dans un camp de Bédouins. Nous nous décidâmes à recourir à cet expédient. Mais, après une absence de quelques heures, notre messager revint nous dire qu'il n'avait pas pu nous en procurer. Force fut, en conséquence, de retourner à notre sale bourbier sous les dattiers. Les tourmens d'une soif ardente purent seuls nous déterminer à goûter d'un pareil breuvage.

Dans la journée, nous vîmes passer un couple de daims sauvages. Ils étaient sur leurs gardes, et paraissaient dispos, quoique sans aucun moyen apparent de subsistance, si ce n'est la ressource accidentelle de quelques broussailles éparses. Les grillons, les insectes rampans étaient en grand nombre; mais nous n'aperçûmes aucuns reptiles nuisibles. Toutefois j'ai lieu de croire qu'il ne devait manquer ni de scorpions, ni de serpens. Nous rencontrâmes des lézards de toute taille et de toute couleur. Un de ces animaux passa devant nous, le matin, de bonne heure. Il était aussi gros qu'un barbet, et tenait dans sa bouche quelque chose qui était de la grosseur et de la taille d'un lapin; mais il courait avec tant de rapidité que tous nos efforts pour l'atteindre furent inutiles.

Les nuits sont fraîches et accompagnées d'abondantes rosées. Mais la chaleur du jour est accablante au plus haut degré. Nous nous levâmes entre deux et trois heures, et à sept heures nous étions sur les bords du lac Menzaleh qu'il faut traverser pour arriver à Damiette. Les ruines de l'antique Péluse ont, en quelque sorte fait place à la ville moderne de Tineh, éloignée de la côte d'environ une lieue (1). Entre

---

(1) Ammien Marcellin, à l'aide d'une étymologie bizarre, fait dériver le nom de cette ville, de celui de Pelée, père d'Achille, qui la fonda, à ce qu'il imagine, sur un avertissement des dieux. « *Quod Peleus Achillis pater dicitur condidisse,* » *lustrari deorum monitu jussus in lacu, qui ejusdem civitatis*

Péluse et Rhinocolure, villes frontières de Palestine, les anciens géographes comptent les places suivantes qui étaient situées sur la côte, Agger-Chabræ, Gerra, Pentaschænos et Ostracine; entre ces deux dernières se voit un monticule de sable, connu autrefois sous le nom du mont Cassius, où l'on dit que les restes de Pompée avaient été ensevelis (1). L'humble tombeau que

---

» *alluit mœnia, cum post interfectum fratrem, nomine*
» *Phocum, horrendis furiarum imaginibus raptaretur,* (lib. XXII,
» cap. 16). Cette ville a été fondée par Pélée, père d'Achille,
» à qui les dieux avaient ordonné de se purifier dans le
» lac qui baigne les murs de Péluse, lorsqu'après le meur-
» tre de son frère, nommé Phocus, il fut tourmenté par les
» horribles fantômes des furies. » Le docteur Shaw conjecture qu'elle tira son nom de sa situation sur un sol bas et marécageux, Πηλυσιον se dérivant facilement du mot grec πηλος vase, limon. Voici ses expressions : « Tennis paraît être la même
» que la Tanis d'Égypte, de טין (tin) *limon,* que les Grecs ont
» traduit par Πηλουσιον, du mot qui a la même signification en
» leur langue. » *Voyages de Shaw.*

(1).   Alla Riva
Sterilissima vien di Rinocera.
Non lunge un monte poi le si scopriva,
Che sporge sovr' almar la chioma altera,
E' i pie si lava nell' instabil' onde;
E l'ossa di Pompéo nel gremboas conde.
          La Gerusalemme liberata, canto xv, stan. 15 (a).

(a) « Déjà Raffi, déjà Rhinocolure et ses sables arides fuient loin derrière
» eux : ils découvrent ce promontoire fameux, dont la tête altière ombrage
» la mer qui le baigne, ce promontoire où reposent les cendres de Pompée. »
         Jérusalem délivrée, traduction de M. Lebrun.

la pitié de son esclave Philippe consacra à ce malheureux capitaine, fut ensuite orné magnifiquement par la munificence de l'empereur Adrien, qui lui fit ériger un somptueux mausolée près de son ancienne sépulture. A peine reste-t-il maintenant quelques vestiges de ce beau monument.

Nous fûmes retenus sur les bords du lac plus de cinq heures, en attendant que le messager, que nous avions envoyé pour nous procurer une embarcation, eût pu y réussir. Il revint à la fin avec la nouvelle qu'un léger esquif serait prêt au coucher du soleil. Le bain et la pêche nous servirent donc d'amusemens jusqu'à la chute du jour. Nous démarrâmes alors de la côte, et nous débarquâmes dans une île, à quelques milles de distance, pour y attendre l'aurore. Il était cependant six heures passées, le lendemain matin, quand nous nous rembarquâmes. Ce retard était la suite d'un vif débat avec les maîtres de l'esquif, qui, nous croyant tout-à-fait à leur discrétion, ne rougissaient pas de demander trente sequins pour le prix du passage. Nous en offrîmes six : c'était peut-être trop peu. A la fin ils furent charmés de s'arranger pour dix. Nous les avions menacés de faire saisir leur bateau, s'ils se refusaient à un accord raisonnable. Le lac est d'une grande étendue ; mais sa plus grande profondeur est de cinq pieds, et n'est souvent que de trois. Aussi, quand le vent venait à manquer, étions-nous obligés de le pousser. Nous faisions ainsi un mille ou un peu plus à l'heure. Une brise fraîche s'éleva sur le midi, et nous fît voguer quelques milles très-lestement. Elle dégénéra ensuite en calme plat qui dura jusqu'à la nuit. Nous abordâmes une petite île où nous fîmes cuire quelques poissons, et nous dormîmes au milieu des roseaux jusqu'au lever de la lune. Le jour suivant, le vent tomba si complètement que nous fûmes encore obligés d'avoir recours à nos perches, et nous avions la perspective de passer le troisième jour exposés à toute l'ardeur d'un soleil cuisant, sans aucun moyen de remédier à l'ennui d'un pareil voyage. Nous atteignîmes cependant le rivage beaucoup plus tôt que nos mariniers ne l'avaient cru; et, après avoir chevauché une heure à travers le champ de riz le plus fertile, planté de dattiers et arrosé par le Nil, nous arrivâmes au milieu de la très-singulière ville de Damiette.

LETTRES
SUR
L'ÉGYPTE.

LETTRE XXI,

A Sir G. E. Bart.

Damiette, 10 septembre 1817.

Mon cher E.....

Les voyageurs de tous pays, qui visitent l'E-gypte, semblent se piquer de répandre les idées les plus exagérées sur ses trésors et ses richesses naturelles. Quelques-unes des descriptions qu'on en a publiées, sont plus étranges que les fictions des nuits arabes. Cependant, à l'égard de la fécondité du sol, si toute la surface du Delta ressemble au terrain qui avoisine cette ville, il serait difficile d'en exagérer la fertilité. Toutefois l'abondance des récoltes annuelles dépend ici de deux causes; d'une inondation suffisante du fleuve qu'on appelle avec raison *le bon Nil*, et d'une égale distribution de l'eau.

Pour remplir ce dernier objet, il est de toute nécessité que les canaux soient nettoyés chaque année, et que l'on répare avec soin les digues. L'intérêt général exige que toutes les écluses soient ouvertes en même temps ; mais la rapacité des gardiens cède rarement à des considérations de bien public. On peut juger ainsi de la confusion et de la misère qu'entraîne le mépris de ce principe, dans les années où le Nil ne fournit que peu d'eau. Quoi qu'il arrive, les villages riverains anticipent sur l'époque à laquelle on perce les digues : quelquefois les villages plus éloignés s'y opposent. Par une suite inévitable de ces querelles, l'eau se dissipe dans des canaux où elle est inutile. De rare qu'elle était, elle devient tout-à-fait impossible à atteindre. Dans les années favorables, la récolte est d'une abondance étonnante. Je craindrais de n'être pas cru si j'indiquais la quantité de grains que produit une mesure de terre équivalente à un de nos acres. Mais les cultivateurs manquent tout-à-fait d'industrie ou de soin pour nettoyer leur blé ; car, dans les greniers ou les magasins les plus considérables que j'aie vus, prenant une poignée d'une espèce quelconque de grains, j'y trouvai presqu'un quart de poussière. Les instrumens d'agriculture sont aussi, en général, très-grossièrement et très-imparfaitement façonnés. Les paysans employés à cultiver la terre, n'ont pas l'air d'être beaucoup plus intelligens que les brutes qui les aident dans leurs travaux.

Bonaparte, dans une lettre à son frère Joseph, dépeint l'Egypte comme la plus riche contrée de la terre, en blé, en riz, en légumes et en bétail. Il ajoute, dans son style ordinaire, « la barbarie y est à son comble. » A quel degré de prospérité parviendrait un tel pays, sous un gouvernement éclairé, capable d'en développer les ressources, et d'imprimer une activité illimitée à l'agriculture ? Il n'est que trop probable qu'il deviendrait l'une des plus belles colonies du monde, et le centre du commerce de l'univers.

On regarde depuis long-temps l'empire ottoman comme un vieux édifice chancelant, qui doit bientôt tomber de lui-même en débris, si les jalousies réciproques et les oppositions d'intérêt, entre les grandes Puissances de l'Europe, devenaient inefficaces pour retarder une catastrophe. Dans une crise pareille, la position géographique de l'Egypte, limitée, comme elle l'est, par deux mers et des déserts, semblerait la désigner comme l'alliée naturelle de la plus puissante des nations maritimes, d'une puissance en état d'aborder en tout temps ses côtes avec sûreté, et de lui assurer la protection la plus complète pour un grand commerce. Il y a ici, j'en suis certain, parmi les personnes les plus éclairées, un parti qui regarde l'Angleterre comme devant succéder à la Porte dans le partage de la souveraineté, ou comme destinée à protéger l'Égypte et à lui garantir son indépendance future. Cette perspective, raisonnable ou non, est avantageuse aux individus anglais, que l'on accueille partout ici avec l'hospitalité la plus attentive et la plus cordiale. Un sentiment opposé domine aujourd'hui dans beaucoup de contrées du continent de l'Europe. La froideur, l'envie, le ressentiment, semblent maintenant y influer sur l'esprit public, et une indifférence chagrine y dominer dans les sociétés particulières (1). Mais ces sentimens ne sont

---

(1) Suivant un écrivain éloquent et profond, dont je m'expose à affaiblir l'énergie, en rapportant ses expressions, telles que ma mémoire me les rappelle, mais dont je suis sûr, au moins, de conserver fidèlement le sens; « les nations sont » maintenant occupées à réparer leurs forces épuisées, et à les » entretenir pour une guerre future. On ne voit que soupçons, » haine, souvenir persévérant des blessures qu'on a reçues, » des souffrances, des pertes qu'on a éprouvées. Pendant la » trêve on s'occupe encore à se dépouiller l'un l'autre. On » cherche à accroître ses propres forces aux dépens des autres » par le trafic et les échanges de l'industrie. *Voyageons-nous* » *ailleurs, ce n'est ni avec sûreté, ni avec agrément?* Nous » n'avançons qu'avec crainte, nous sentons notre isolement; » point d'union, point de lien formé par des intérêts communs. Nous sommes *des étrangers*, ce qui ne diffère guère » d'ennemis; et, ce qui dans une langue ancienne signifiait » la même chose (*); c'est le cœur d'un étranger que nous

(*) *Hostis enim apud majores nostros dicebatur, quem nunc peregrinum dicimus.* (Cic. de off., lib. i, cap. 12.)
Nos ancêtres appelaient ennemi celui que nous appelons maintenant étranger.

pas ceux que l'on rencontre dans beaucoup de contrées de l'Afrique et de l'Asie. Depuis les côtes du Pont-Euxin jusqu'à la branche la plus éloignée du Nil, le voyageur anglais est partout accueilli avec bienveillance et congédié avec regret.

. . . .
. . . .

Damiette a une supériorité marquée sur toutes les villes que nous avons vues depuis Constantinople. Les maisons sont plus spacieuses et plus belles; les avenues plus larges et plus commodes; les rues plus régulières : cependant, on voit presque partout un air d'abattement extrême. Tout ce qui frappe les yeux annonce une triste complication de misère, de pénurie, de malpropreté et de barbarie. Le docteur Shaw indique cette ville comme étant à près de deux lieues de la mer, et à environ vingt lieues nord-nord-ouest de Tineh; je l'aurais crue plus voisine de la côte; mais il serait oiseux de contester l'au-

---

» offre l'hospitalité, que nous rencontrons; cette hospitalité
» n'est rien autre chose que la tolérance d'un ennemi; encore
» a-t-elle besoin pour être durable et sûre, d'être renforcée
» par le respect pour les lois de la compassion et de l'hon-
» neur. Nos oreilles n'entendent que des menaces qu'on ne
» peut mépriser, si on les compte ou qu'on les pèse. A cha-
» que frontière, un effrayant écho nous les renvoie de l'une à
» l'autre; même en paix, nous traversons des portes d'airain,
» des files de soldats, et les mêmes sons retentissent toujours
» autour de nous. »

torité d'un écrivain aussi recommandable (1). La demeure du consul anglais est tout-à-fait au bord du Nil ; les eaux de ce fleuve, dans la saison actuelle, sont hautes et troubles, et son cours est rapide. Les bâtimens, construits sur le rivage,

---

(1) « Damiette est située sur la rive orientale du Nil. On a
» cru généralement que la branche de ce fleuve, qui arrose
» cette ville, était la branche Pélusiaque, parce qu'on l'a prise,
» sans doute, mal à propos pour l'ancien Pelusium. Mais
» Damiette serait plutôt une corruption de Thamiathis, son
» ancien nom. Cette branche du Nil, eu égard à sa situation
» comme à sa largeur, serait donc la branche Pathmétique
» (ou Phatnique, suivant Strabon). C'était entre celle-ci et la
» branche Pélusiaque, qu'étaient la Mendésienne et la Tani-
» tique. Mais je n'ai pu avoir de renseignemens sur ces der-
» nières. »

Le passage suivant de Savary a le mérite de l'élégance ; mais il pèche malheureusement par le manque d'exactitude, qualité dont le défaut ne saurait être compensé par le brillant du coloris, si ce n'est dans les ouvrages d'imagination. « J'ai voulu,
» M., vous peindre la nature, telle que je l'ai vue mille fois
» aux environs de Damiette ; mais je sens combien le peintre
» est au-dessous du modèle. Représentez-vous tout ce que
» les eaux courantes ont d'agrément, tout ce que la verdure
» a de fraîcheur, tout ce que la fleur d'orange a de parfums,
» tout ce qu'un air doux, suave, balsamique a de volupté,
» tout ce que le spectacle d'un beau ciel a de ravissant, et
» vous aurez une faible idée de cette langue de terre resser-
» rée entre le grand lac et le cours du Nil. » C'étaient probablement des passages de ce genre qui avaient donné lieu à la remarque satirique de Volney : « J'ai pensé que le genre des
» voyages appartenait à l'Histoire, *et non aux Romans!* »

donnent à cette partie de la ville une légère ressemblance avec le grand canal de Venise; mais le contraste, entre les deux genres d'architecture, est frappant: on voit régner sur le quai une grande activité; des bâtimens, chargés de grains, de toute espèce, de lin, de coton, de soie, partent à tout instant pour le Caire, ou en reviennent.

Le sol est si riche et si fertile, que l'on fait de trois à quatre récoltes de suite. Les habitans n'en paraissent pas moins aussi misérables que si la terre était frappée d'une stérilité sans remède. La condition des femmes est des plus déplorable. On a souvent tracé le tableau de leur vie domestique; mais, j'ignorais jusqu'à ce jour les usages révoltans que l'on suit pour les mariages. On ne voit jamais l'épouse qu'après la cérémonie. Celui qui désire se marier s'adresse à un particulier dans la maison duquel on l'a informé qu'il y avait de jeunes filles, et lui en demande une. La demande accueillie, l'aspirant envoie une femme mariée de ses parentes pour les examiner et faire son rapport. S'il est favorable, le futur époux paie au père une somme convenue, et, au jour fixé, toutes les parties intéressées assistent à la célébration du mariage. On conduit alors la mariée dans la maison de son époux, où elle est soumise à un examen, impossible à décrire dans aucune langue des peuples civilisés: c'est du résultat de cet examen que dépend la solidité ou l'annulation complète du contrat. En cas de rupture, l'époux est le maître de se prévaloir de ses droits, et de renvoyer ensuite sa femme à son père, ainsi méprisée et outragée.

La parure des dames riches est élégante et magnifique; mais rien n'est plus choquant que le costume de celles qu'on rencontre dans les rues. Indépendamment des sales lambeaux qui cachent le reste de leur figure, un masque de toile leur tombe sur le nez, et ce masque, pour la couleur et l'étoffe, ressemble à ces oripeaux dont on couvre quelquefois les chevaux de louage à Londres.

Il s'est élevé dans ces derniers temps contre l'église mahométane une secte dissidente plus alarmante, et qui peut être plus funeste à l'islamisme qu'aucune de ces sectes nombreuses qu'ont enfantées les caprices de l'imagination. Dès notre arrivée ici, nous eûmes l'honneur de dîner avec un orthodoxe dont j'eus le malheur d'irriter à un haut degré la susceptibilité, simplement pour avoir parlé de ces hérétiques, et dit que j'avais remarqué avec attention plusieurs passages du koran. Le zélé musulman se leva sur-le-champ de table avec des marques d'horreur, déclarant, avec l'accent de l'indignation, que cette œuvre sacrée avait été souillée par l'attouchement sacrilége d'un chrétien. Je l'assurai que j'avais aussi mauvaise opinion que lui-même des wahabites, et que je n'avais pas eu le moins du monde l'intention de porter atteinte à sa croyance. Il se laissa calmer, et reprit, avec la dignité convenable, sa place dans le cercle.

Notre hôte, avec la réputation d'une grande richesse, n'est pas entièrement exempt de cette suffisance rebutante, compagne trop ordinaire de l'opulence commerciale. C'est beaucoup, cependant, s'il a vingt ans, et on peut à peine le regarder comme un homme fait. Sa manière d'être prête certainement au ridicule par quelques traits saillans; mais, pour peu qu'on veuille s'abaisser à ce genre d'amusement, rien de plus facile que de trouver dans la conduite d'un autre des taches qui fournissent matière au sarcasme. Pour preuve du désir qu'a notre ami de s'élever au-dessus des distinctions ordinaires de la richesse, je dirai qu'il a montré de bonne heure du goût pour la littérature. Il a traduit récemment en arabe les voyages de Volney sur une version italienne.

Nous avons frêté une barque pour nous mener par le Nil au Caire, et j'espère être dans cette capitale d'ici à trois ou quatre jours. Je saisirai la première occasion favorable d'écrire de cette ville en même temps, je laisse un gros paquet à notre consul : il le fera aisément parvenir à Alexandrie, où il y a des communications régulières avec les ports de France et d'Italie.

Adieu, mon cher chevalier, etc.

Th. R. J.

LETTRE XXII,

A Sir G. E. — t Bart.

Grand Caire, septembre 1817.

« J'ai pris un soin particulier de conserver mes impressions pre-
» mières pour donner à mes récits le seul mérite qu'ils pussent
» avoir, celui de la vérité. » (Volney).

Mon cher E.....

Une navigation agréable sur le Nil nous a transportés en cinq jours au port de Boulac, qui n'est éloigné que d'environ deux milles du centre du grand Caire. Nous étions partis de Damiette le 10 du courant dans un bateau que nous avait procuré l'intervention de l'aga. C'était une embarcation grande et commode, portant deux voiles avec un tendelet à la poupe; on croyait presque voir une barque hollandaise.

Le fleuve, à peine aussi large que la Tamise à Brentfort, à l'endroit où nous nous embarquâmes, parut s'agrandir par degrés, à mesure que nous nous éloignions de son embouchure. Des deux rives, le pays ne présente qu'une surface plane, qui s'étend jusqu'à l'horizon. Mais si l'œil se fatigue de la monotonie de cette perspective, les objets qu'il a immédiatement à sa portée, le récréent. Des bâtimens richement chargés voguent sur le canal. Les bords se montrent ornés d'arbustes de toute espèce. Plusieurs villes et villages animent la rive orientale. Le premier endroit considérable que l'on rencontre est *Faresquri*; les minarets qui s'élèvent du milieu des dattiers, les baraques, les bâtimens publics dont la file longe le bord du fleuve, donnent au dehors du lieu un air de symétrie agréable à la vue. Mais l'intérieur est défiguré par tous ces symptômes de désordre qu'une oppression cruelle accumule sur les malheureux habitans.

Le *mistrale*, ou vent du nord-ouest, souffle dans cette saison, par intervalles qui se succèdent régulièrement. Il tombe presque tout-à-fait au crépuscule. Sans espoir de lutter contre la force du courant, nous amarrâmes près d'un petit village, sur la rive gauche. Nous y passâmes la nuit sans inquiétude, mais tourmentés par les moustiques, et d'autres insectes insupportables, surtout pour un Anglais, que désole ce genre de vexation inconnu dans son pays.

Nous remîmes à la voile le lendemain matin, à neuf heures, et un peu avant trois heures nous avions atteint un endroit où le courant se partageant en deux branches, forme une petite île. Ici tout prend un air plus orné; les villes et les villages se multiplient sur les deux rives. Une épaisse verdure couvre le sol. On voit de gros troupeaux de bétail paître le long du fleuve. Les buffles semblent presque amphibies. Pendant la chaleur du jour, ceux qui ne sont pas employés au labourage sont presqu'entièrement couchés dans l'eau. On n'aperçoit que leurs têtes. J'en ai vu de longues files, que conduisait un petit paysan, traverser le courant, dans l'endroit où il est le plus large et le plus rapide, avec autant de facilité et d'adresse que des poules d'eau. C'étaient, sans doute, des femelles de cette même espèce, que Pharaon vit en songe « sortant du » fleuve. » (GEN. XLI, 1-18). Il y a, en effet, beaucoup de ressemblance entre les vaches communes, et les buffles femelles, tant pour la forme, que pour les habitudes natives. Leur structure anatomique est parfaitement la même. Les deux espèces servent également aux besoins du cultivateur, sont également l'objet de ses soins. Toutes deux sont souvent attelées ensemble au même joug, nourris à la même crèche, élevés sous le même toit. Il y a cependant une antipathie insurmontable entre les deux sexes d'espèces différentes; et, je crois, que toutes les tentatives pour en avoir des métis, ont échoué. La femelle du buffle n'est certainement pas aussi belle qu'une vache anglaise. Sa forme est plus large, ses membres plus grossiers, tout son corps plus ramassé et plus épais. Son allure a aussi quelque chose de sauvage et de farouche, et sa tête est plus courbée vers la terre. Je ne crois pas que l'on mange souvent de sa chair ; car, à certains temps de l'année, elle n'est rien moins qu'agréable à l'odorat et au goût. Elle donne du lait en abondance ; mais bien inférieur en qualité au lait de vache. C'est surtout à l'agriculture que ces animaux sont utiles, à cause de leur force. Ils sont beaucoup plus robustes que le cheval. Il est vrai qu'ici, on abaisse rarement cet animal à des travaux serviles. On ne peut donc apprécier au juste sa capacité à cet égard.

Nous arrivâmes à quatre heures à *Mansura* (la Massoure) qui se trouve à une distance égale de Damiette, et du Caire, entre ces deux villes. Vue du bord opposé, et même du milieu du fleuve, devenu très-large en cet endroit, la Massoure paraît une ville belle et très-bien bâtie. Mais l'idée de ce qu'elle doit être dans son état actuel, avec une population mêlée, et sous le régime d'un gouverneur turc, suffit pour dissiper toute l'illusion que pourraient faire naître l'élégance et la régularité de ses édifices. Nous voulions nous arrêter un moment, pour en examiner l'intérieur, et renouveler nos provisions ; mais le capitaine nous invita sérieusement à renoncer au premier projet, et à ajourner l'exécution du second jusqu'à notre arrivée à un village qui n'était qu'à quelques lieues de distance. En restant dans cette ville, des soldats turcs, nous dit-il, ne manqueraient pas de se jeter de vive force sur notre barque, et nous serions accablés par le nombre, sans espoir de pouvoir opposer aucune résistance efficace.

Le calme étant survenu, comme de coutume, aussitôt après le coucher du soleil, nous fûmes contraints d'attendre près d'un amas de cabanes, jusqu'à une heure très-avancée dans la matinée du lendemain. Le fleuve, quoiqu'il s'élève jusqu'à quelques pouces seulement du rivage, ne paraît avoir débordé nulle part, mais coule régulièrement sans sortir de son lit. Toutes les irrigations s'effectuent par de petits canaux qu'on en dérive. Dans l'état actuel du fleuve, il est facile de les remplir. Quand les flots s'abaissent, des roues, placées aux bouches des différens conduits, élèvent l'eau, en quantité suffisante, au niveau nécessaire.

Vous vous rappelez dans l'une des comédies de Congrève (1), une allusion piquante au peu de succès de ceux qui ont cherché les sources du Nil. La cause de ses inondations périodiques n'a pas été mieux connue pendant des siècles : elles ont été l'objet des longues recherches de l'antiquité, très-intéressée à l'explication de ce phénomène extraordinaire. Diodore de Sicile (2) rapporte fort au long beaucoup de conjectures à ce sujet. Il est vrai qu'il ne les cite presque toutes que pour les réfuter. Permettez-moi d'en rap-

---

(1) Amour pour amour, acte v.
(2) Lib. 1, cap. 3.

peler quelques-unes à votre attention. Il paraît que Thalès attribuait l'inondation annuelle à la prédominance des vents Etésiens ; selon lui, ces vents, soufflant avec violence à l'embouchure du fleuve, opposent au courant un obstacle assez puissant pour l'empêcher de se décharger dans la mer, et le courant, repoussé par la force de cette impulsion, cherche une issue dans les basses terres voisines de son lit. On eut bientôt prouvé que l'hypothèse de ce sage grec n'était ni satisfaisante, ni probable : car, autrement, tous les fleuves qui vont se décharger dans l'Océan, et qui sont exposés à l'influence des mêmes vents, éprouveraient nécessairement les effets qu'on leur attribue; mais, ces effets supposés sont tout-à-fait inconnus ailleurs qu'en Egypte.

Anaxagore attribuait l'accroissement des eaux du Nil à la fonte des neiges en Ethiopie : opinion adoptée ensuite par son élève Euripide. Diodore regarde aussi cette opinion comme absolument insoutenable, eu égard au climat, et d'après l'observation que sur toutes les rivières enflées par les neiges, il s'élève des brouillards froids et un atmosphère épais et pesant, phénomène qu'on n'a jamais remarqué sur aucun point du cours connu du Nil. Après un examen sommaire de plusieurs autres systèmes, il cite avec approbation l'opinion d'Agatharchides, et je crois en effet que si la solution que cet auteur a donnée n'est pas généralement admise, elle est au moins de beaucoup la plus raisonnable. D'après lui, les montagnes d'Ethiopie sont, tous les ans, inondées d'un déluge de pluie, depuis le solstice d'été jusqu'à l'équinoxe d'automne. C'est dans le canal du Nil que se déversent tous ces torrens; circonstance qui s'accorde assez bien avec l'époque de la plus grande hauteur des eaux du fleuve, entre les mois de juin et d'octobre. Dans l'hiver, le courant n'étant plus alimenté que par ses sources particulières, éprouve une diminution proportionnée à celle des eaux qu'il reçoit. On assure que cette hypothèse fut confirmée par la suite, sous le règne de Ptolémée Philadelphe, ce prince ayant fait constater le fait par des savans qu'il avait envoyés sur les lieux avec mission expresse de le vérifier.

Nous remîmes à la voile, et nous voguâmes avec légèreté pendant la journée, et même par intervalles, dans les premières heures de nuit. Rien d'intéressant ne nous arriva à cette époque de notre voyage. Seulement l'eau que nous avions embarquée à Damiette se trouva épuisée en peu d'heures. Nous ne pouvions remplir nos outres qu'avec l'eau du fleuve; mais elle était trouble, partout où notre vue pouvait s'étendre, et cet aspect n'était rien moins qu'attrayant. Cependant, en la déposant dans des jarres de deux à trois gallons, et la laissant reposer quelque temps, elle, se serait complètement épurée : toutes les particules terreuses seraient allées à fond. On aide à ce procédé avec des amandes grillées.

Quelques incidens, parmi lesquels je ne dois pas oublier les fréquentes incursions des rats nous tenaient de temps en temps en alerte. Nos efforts réunis ne pouvaient parvenir à expulser cette engeance importune ; elle était formidable par la grosseur autant que par le nombre. La seconde soirée, j'en vis un de la taille d'un hérisson, courir le long de mon épaule pendant que j'étais couché sur le tillac. Ne prenez point ceci pour une hyperbole de voyageur ; vous savez qu'il y a en Egypte une espèce de rat, que les anciens naturalistes nomment Ichneumon, dont la grosseur est de très-peu au-dessous de celle d'un chat ordinaire. Nous n'eûmes cependant la visite d'aucun individu de cette espèce : ils se nourrissent surtout d'œufs de crocodiles, et on en rencontre bien rarement dans le Delta.

Nous n'espérions pas le retour du vent, avant quelques heures. Je quittai donc la barque le matin, de bonne heure, pour me promener à quelque distance, sur les terres du voisinage. Le sol y est plus fort et plus compact que je ne l'avais cru. Cependant il se rompt aisément. Deux bœufs, ou bien un bœuf et un chameau attelés ensemble, suffisent pour une charrue ordinaire. C'est un instrument grossier et maladroitement fabriqué. Il est sans roues, et ne consiste qu'en un soc qui part du coutre, à l'extrémité duquel est dressé le manche qui sert au laboureur à diriger la charrue. L'esquisse ci-dessous en est une image assez exacte.

Le soc est trop élevé pour que le coutre puisse pénétrer avant dans la terre : toutefois, la nature du sol, formé entièrement du limon déposé par les eaux, n'a besoin que d'une préparation légère pour recevoir le grain. Son extrême fertilité ayant toujours dispensé les habitans de faire des efforts pour le perfectionnement de l'agriculture, il en résulte que la science y est encore presque dans l'état d'enfance : j'ai peu remarqué d'arbres de tout genre. Ceux qui viennent le mieux sont une espèce de sycomore; mais on n'en doit pas conclure que les arbres d'Europe s'y trouveraient mal. Je crois que notre orme prospérerait le long des canaux et des rivières. Dans l'intérieur des terres, on trouverait aussi sans doute des positions favorables pour le hêtre et l'espèce de sapin appelé larix.

Le vent s'étant élevé vers dix heures, nous démarrâmes le bâtiment, et nous allions mettre à la voile, quand nous nous aperçûmes que le capitaine était absent. Sa présence étant indispensable, nous envoyâmes sur-le-champ à sa recherche, et, à un demi-mille environ, on le trouva, se régalant à son aise, chez le propriétaire d'une cabane au bord du grand canal, à une grande distance. A peine fut-il averti, qu'il prit poliment congé de son hôte, courut au bord de l'eau, se débarrassa de sa tunique qu'il tenait au-dessus de sa tête de la main gauche, et se plongea dans le fleuve en nageant de la droite avec autant d'aisance et d'adresse qu'un des habitans du liquide élément.

Nous mîmes sur-le-champ à la voile ; il était deux heures lorsque nous arrivâmes à un endroit appelé Kafril-Chemee ou Kafra-Kanié, où le fleuve fait un coude. De ce lieu, nous commençâmes à apercevoir deux des pyramides. « Elles ressem-
» blent, dit Savary avec son exagération ordi-
» naire, *à deux pointes de montagne* qui se perdent DANS LES NUES. Lorsque Bonaparte, dont le génie a quelque chose d'oriental, aperçut pour la première fois ces étonnans ouvrages de l'art humain, il adressa, dit-on, à son armée cette exhortation emphatique : « MARCHEZ, ET SONGEZ
» QUE DU HAUT DE CES MONUMENS QUE VOUS VOYEZ
» LA-BAS, QUARANTE SIÈCLES VOUS CONTEMPLENT. »
C'était assurément une noble inspiration, et faite

pour donner du courage même au plus timide.

Non loin de Kafra-Kanié est la branche du Nil qui conduit à Rosette. Un horizon plus brillant se déploie maintenant devant nous, et, au lieu d'une plaine sans fin, nous voyons au midi dans le lointain une chaîne de montagnes qui s'étendent en demi-cercle de l'orient à l'occident. Il était six heures, quand nous arrivâmes à Boulac ; mais, comme il y avait quelques minutes que le soleil était couché, on ne nous permit de débarquer que le lendemain matin.

Les abords de la capitale de l'Egypte se font remarquer par des symptômes nombreux d'une grandeur sans égale. L'œil du spectateur se repose sur la vaste nappe des eaux du Nil, dont la largeur est ici d'une demi-lieue. De sa côte occidentale, on voit dans l'éloignement s'élever majestueusement les pyramides, consacrées par une antiquité vénérable de quatre mille ans. A l'orient, s'offre une immense plaine, couverte des trésors d'une végétation magnifique. L'aspect, au midi, se présente orné des tours de la ville, qui se déploie sous la forme gracieuse d'un croissant, et montre la variété infinie de toutes les formes fantastiques de l'architecture orientale.

LETTRE XXIII,

A Sir G. E. Bart.

Le Caire.

Mon cher E.....

Cette ville n'est pas fort ancienne, puisque la fondation n'en remonte qu'au dixième siècle de notre ère. Je vais rappeler, le plus succinctement qu'il me sera possible, l'histoire de son origine.

A l'époque de la prospérité de l'empire grec, Constantinople était le marché central du commerce de l'Europe et de l'Asie. Les richesses du monde affluaient dans ses ports. L'accumulation de ces trésors produisit l'indifférence pour ce qui les procure et les protége, la supériorité navale. Le commerce de transport passa par degrés aux états maritimes de l'Italie. Ce dédain, funeste pour ce qui constitue la puissance des nations, compléta la ruine de l'empire grec, et fut la cause immédiate qui lui fit perdre les provinces éloignées.

Après la conquête de la Perse, le chef des Sarrasins, le second calife depuis Mahomet, se crut assez puissant pour exiger un tribut annuel de l'Egypte. Il demandait 200 mille écus d'or. L'empereur Héraclius refusa de laisser percevoir une contribution aussi forte sur un pays qu'il était habitué à regarder comme n'étant tributaire que de lui-même. On eut recours aux armes, et l'issue de la guerre fut fatale à l'empereur. La conquête fut achevée par le calife Omar qui, dans un court règne de dix ans, réduisit sous le joug toute la Syrie, la Chaldée, la Mésopotamie, la Perse, l'Egypte, et toute cette partie du territoire de l'Afrique qui s'étend jusqu'à Tripoli en Barbarie; mais la fougue impétueuse de ces guerriers, qui étendaient si rapidement leur domination, ne pouvait leur servir à la consolider. Pour y réussir, ils eussent eu besoin d'agir d'après des principes d'ordre et de stabilité.

Un général, qui avait obtenu un grand crédit dans les provinces voisines d'Afrique, se révolta contre l'autorité nouvelle, et prit le titre de *Mahadi* (directeur). Il affermit si bien son pouvoir, qu'il le transmit sans difficulté à son fils. Celui-ci transféra le siége du gouvernement, de *Cairoan* à *Mahadi*, ville fondée par son père, et dont le nom rappelait le titre sous lequel il avait gouverné. Le petit-fils du fondateur de l'empire, nommé Moez-Ledmillah, parvint au trône l'an de l'hégire 341, et poursuivit avec une nouvelle énergie l'accomplissement des projets ambitieux de son aïeul.

L'Egypte entière fut en définitif rangée sous ses lois, et son général, Jawhar, posa les fondemens d'une nouvelle ville, l'an de l'hégire 358. Elle fut nommée Al-Caherah, ou El-Qâhera, mot qui signifie victoire, qualification donnée par les astrologues arabes à la planète Mars, sous l'horoscope de laquelle les limites de la nouvelle capitale furent tracées. Moez, peu d'années après, en fit sa résidence, et prit le titre de calife. Ses successeurs furent désignés comme califes d'Egypte, pour les distinguer de ceux de Bagdad, véritables descendans de Mahomet. Leur nombre fut de neuf. Le dernier, nommé Adhad, fut déposé par Saladin, qui, comme vous l'avez vu précédemment, subjugua toute la Palestine et la Syrie. Le quatrième successeur de ce potentat agrandit beaucoup le Caire, dont il augmenta les fortifications, et qu'il entoura d'un rempart. Ce fut lui qui repoussa l'invasion du monarque français, Louis IX; mais il fut tué ensuite dans une insurrection des mamlucks qu'il avait pris à sa solde, comme un corps de mercenaires. Le pouvoir souverain passa en conséquence entre leurs mains, et ils choisirent leur général pour sultan. Il fut le premier de la dynastie des mamlucks désignés sous le nom de baharites (marins), troupe d'esclaves que l'on tirait originairement des confins de la Tartarie, et que le prince régnant en Egypte faisait instruire pour leur confier spécialement la défense des postes maritimes de son royaume.

Pour ne pas vous fatiguer de détails qu'il me serait impossible de rendre clairs dans le court espace d'une lettre, j'ajoûterai seulement que le grand Caire, sous l'administration des califes d'Egypte, s'éleva rapidement à une puissance considérable. Jusqu'au xve siècle, cette ville fut regardée comme l'une des plus florissantes capitales du monde. Elle était devenue l'entrepôt de la moitié du globe : elle distribuait les produits de son industrie et de son commerce, depuis le détroit de Gibraltar jusqu'aux extrémités les plus reculées de l'Inde. Mais la découverte du cap de Bonne-Espérance, et la réduction totale de l'Egypte par les Ottomans, imprimant une nouvelle direction au commerce, fit passer à d'autres états une partie des trésors dont elle avait eu long-temps le monopole. Cependant les avantages de sa position géographique, la fertilité inépuisable de son sol, l'industrie qui s'est réveillée chez une partie de ses habitans, ont conspiré pour conserver à ce pays singulier quelques traits de son ancienne physionomie. Son gouverneur actuel, Mohammed Ali, par ses talens, son habileté, sa prudence, a tout ce qu'il faut pour en développer toutes les ressources, et pour appeler l'attention des autres nations sur l'Egypte oubliée depuis plusieurs siècles.

Quant à l'état présent du Caire, je ne puis vous en rien dire aujourd'hui; car une blessure que je me suis faite au coude-pied droit, pendant notre navigation sur le Nil, ne m'a presque pas permis jusqu'à présent de dépasser la terrasse voisine de ma chambre à coucher. Ma première sortie, dès que je serai en état d'entreprendre cette course, sera pour les pyramides. Ce sujet a été si souvent et si bien traité, qu'on peut le regarder comme épuisé. Mais tout incapable que je me sens de rien ajouter aux recherches des voyageurs qui m'ont précédé, je puis au moins vous assurer que mon récit vous offrira une peinture fidèle de *l'état actuel* de ces monumens.

LETTRE XXIV,

A Sir G. E.—t. Bart.

Le Caire.

M<small>on cher</small> E.....

Je me suis mis en mesure d'exécuter le projet dont je vous ai parlé dans ma dernière. Ma blessure au coude-pied ayant été suivie d'une inflammation, j'ai été obligé de laisser, autant que possible, mon pied en repos. Nous avons en conséquence loué une barque légère qui nous a conduits l'espace de quelques milles sur le grand canal du Nil, jusqu'à un endroit d'où nous avons débouché dans un des petits canaux. Nous sommes ainsi parvenus, en faisant un circuit, mais par une route commode, à vingt verges de la grande pyramide. Ayant quitté la ville à dix heures du soir, nous sommes arrivés aux pyramides, le lendemain, à onze heures du matin.

A mesure que nous avancions vers ces étonnantes constructions, nous perdions insensiblement beaucoup de l'idée de leur grandeur. Vues à distance, elles s'élèvent du sein des brumes d'un horizon éloigné. Comme aucune limite apparente ne circonscrit l'action de l'imagination, elle les revêt d'une imposante majesté, qui ne se fait plus sentir tout d'un coup, quand on les aperçoit de plus près (1). Elles s'élèvent du milieu d'une solitude désolée, sans aucun autre objet qui les accompagne, et qui puisse servir d'échelle comparative pour aider l'observateur. Un ciel sans nuage brille au-dessus de leurs sommets. Un désert monotone s'étend autour de leurs fondemens. Le premier aspect des pyramides, lorsque j'en fus tout près, ne produisit pas sur moi, je dois l'avouer, cette impression accablante d'étonnement, que les éloquentes descriptions des voyageurs qui m'ont précédé, me faisaient attendre. Un Anglais, qui a résidé plusieurs mois dans ce pays, a cité, dans une feuille périodique, le passage suivant extrait de l'ouvrage d'un écrivain dont la réputation est très-populaire. « La » forme de leur structure (des pyramides) se perd

---

(1) « Nos organes n'ont qu'une prise graduelle sur les ob-
» jets extérieurs; et, comme nos sentimens les plus profonds
» surpassent la faiblesse de nos facultés expressives, de même
» l'éclatante, l'imposante beauté de cet édifice se joue de notre
» enthousiasme. Ce qu'il y a de plus grand dans le grand
» défie, au premier abord, notre petitesse, jusqu'à ce que
» s'élevant à mesure qu'il s'élève, notre esprit s'étende pour
» saisir ce qu'il contemple. »

Lord Byron. Childe Harold, chant IV, stan. 158.

» dans leur prodigieuse grandeur. L'esprit, exalté
» par l'admiration, éprouve la vérité de cet axio-
» me, souvent contredit, mais confirmé par l'ex-
» périence, que c'est dans l'immensité, quelle
» qu'en soit la nature, que réside le sublime.
» Une autre preuve du pouvoir indéfinissable
» de ces monumens sur l'imagination, *c'est que*
» *jamais on ne les a approchés avec un autre sen-*
» *timent que celui de la* TERREUR, autre source
» principale du sublime (1). »

Je désire certainement ne point m'écarter de la déférence due à une autorité aussi respectable. Mais, si mon intelligence n'est point en défaut, il me semble que le plan *incliné* de ces énormes masses, au lieu de présenter a l'œil une élévation qui l'accable, lui fournit plutôt des points de repos; et je ne puis m'empêcher de croire qu'on est beaucoup plus près du sentiment d'une terreur sublime, si du haut d'une éminence à pic on porte tout à coup la vue en bas, ou si l'on s'efforce d'atteindre de l'œil de la base au sommet, qu'en suivant des yeux cette élévation graduelle qui constitue la forme pyramidale. Dans le premier cas, il est presqu'impossible de s'affranchir de l'idée d'un péril. Dans le second, au contraire, l'esprit reste calme, et se livre à la jouissance paisible d'une contemplation que rien ne trouble.

---

(1) Voyages de Clarke.

Gedruckt.

VUE DES PYRAMIDES DE DJIZEH, AU NORD.

Lith. de Lacroix.

Notre première opération fut de monter sur la plus haute de ces merveilleuses fabriques ; tâche, au surplus, peu difficile : car le temps, ou quelqu'autre cause, a rendu raboteux le revêtement extérieur jadis uni, et les pierres qui sont rentrées ou se sont projetées en dehors, ont formé à la longue une espèce d'escalier roide, mais que l'on monte assez facilement. L'esquisse, que vous trouverez dans cette lettre, a été crayonnée à une légère distance de la grande pyramide ; quoiqu'imparfaite sous les autres rapports, elle pourra servir à vous donner une idée de son état actuel, et de la position relative des deux autres.

Je parvins au sommet en vingt minutes, quoique retardé par l'inconvénient des ligatures et de la sandale de mon pied malade. De ce point, la vue s'étend au loin au nord et à l'orient : elle embrasse une grande partie de la plaine du Delta, arrosée par les irrigations du Nil, parsemée de villes et de villages, et plantée de sycomores et de dattiers. Au midi et à l'occident, on a pour perspective les sables du désert ; mais cet aspect monotone est animé vers le midi par les pyramides de Saccarah, que l'on voit distinctement dans le lointain.

Les noms de plusieurs officiers anglais sont gravés au haut de ce monument. La pierre est tendre et l'opération n'est pas difficile. A un endroit encore vierge, et qui fait face au nord, je

gravai en gros caractères le nom de M. DE CHA-
TEAUBRIANT, immédiatement au-dessus du mien.

Vous trouverez peut-être un pareil emploi du temps peu convenable dans la circonstance; vous me direz que le lieu (ADMONITUS LOCORUM) devait réveiller des souvenirs trop intéressans pour me permettre une occupation aussi futile. A ma place, sur cette magnifique éminence, votre imagination eût parcouru tous les grands événemens de l'histoire. Vous eussiez vu passer sous vos yeux les différentes nations qui ont successivement régné sur la terre, ou en ont disparu. Votre esprit eût ressuscité leurs lois, leurs arts, leurs religions. Suivant en idée leurs rapports divers, vous fussiez remonté au premier anneau de cette chaîne, qui s'étend sur tout le globe et embrasse dans son immense développement tout ce qui tend à perfectionner la civilisation, tout ce qu'il y a de plus essentiel au bonheur du genre humain.

A ces réflexions en succéderaient peut-être d'autres d'un caractère encore plus solennel. « La » vue d'un tombeau n'apprend-elle donc rien? Si » elle enseigne quelque chose, pourquoi se plain- » dre qu'un roi ait voulu rendre la leçon perpé- » tuelle? » La vanité des désirs de l'homme, le néant des grandeurs terrestres sont des leçons que nous rencontrons à chaque pas : nous en devons tous être pénétrés; mais peut-être ces grandes ruines proclament-elles encore ces tristes vé-

rités à plus haute voix, si elles frappent nos sens plus fortemeut qu'aucun autre monument de l'art qui ait survécu au naufrage des siècles. « Voyez
» s'ouvrir le grand théâtre du temps. Voyez les
» héros se succéder sur cette scène du monde!
» Ces brillans phénomènes se suivent avec pompe.
» Que de conquérans triomphent! que de monar-
» ques périssent! Leur orgueil, leurs passions,
» instrumens de la Providence, jouent le rôle
» qu'elle leur a assigné. Quand ils ont brillé quel-
» que temps à la clarté du jour, au signe de la
» Toute-Puissance, en un clin-d'œil, ces fantô-
» mes disparaissent. Il ne reste aucune trace d'eux
» sur cette scène si agitée; rien que le souvenir
» qu'ils ont cessé d'être (1)! »

Boyse. la divinité, Poeme.

Nous descendîmes pour examiner l'intérieur, ce qui est moins aisé que de monter au sommet. On entre dans ce vaste édifice par une porte qui

---

(1) See the great theatre of time display'd,
   While o'er the scene succeeding heroe stread!
   With pomp the shining images succeed;
   Whal leaders triumph! and what monarchs bleed!
   Perform the parts by Providence assign'd,
   Their pride, their passions, to his ends inclined;
   Awhile they glitter in the face of Day,
   Then at his nod the phantoms pass away;
   No traces left off all the busy scene,
   But that remembrance says. — The things have been.
         Boyse's, poem. The Deity.

n'est nullement proportionnée à sa grandeur; l'arceau n'a que trois pieds de large, et quatre pieds et demi de haut. Un corridor assez rapide, et qui n'a juste que ce qu'il faut d'ouverture pour le corps d'un homme, conduit par une descente assez longue à une grande chambre : rien n'y annonce à quel usage on la destinait ; c'est un carré oblong, avec un plafond uni comme les murs, où l'on ne voit ni réduits, ni niches, ni inscriptions hiéroglyphiques, ni rien de gravé. A l'un des angles est une ouverture étroite et basse; mais on n'a rien découvert jusqu'à présent qui puisse indiquer où elle conduit. Le passage est maintenant bouché : mais, comme on avait eu sans doute un but en la pratiquant, quelque curieux trouvera peut-être un jour à l'extrémité d'autres chambres semblables à celle d'où elle part. Au-dessus de cette chambre en est une autre à peu près pareille; seulement le plafond, terminé en pointe, ressemble au grand Delta de l'alphabet grec. On n'y trouve non plus rien de remarquable. Nos guides, qui paraissaient très-intelligens et à qui tous les détours de ce labyrinthe semblaient familiers, nous menèrent au caveau découvert par le capitaine Davidson et la célèbre lady Wortley Montague. L'accès en est extrêmement difficile. Un homme maigre peut approcher sans beaucoup de peine des premiers caveaux en se tenant sur les pieds et sur les mains; mais, pour peu qu'on ait de corpulence, il faut se résoudre à ramper comme un serpent. Ici l'accès offre des difficultés d'un tout autre genre.

Un plan incliné d'environ trois pieds de large et si roide, si rapide qu'il est presque vertical, est la première route qui se présente. Après l'avoir grimpé, nous trouvâmes un passage tout-à-fait perpendiculaire. L'arabe, qui me précédait, tint sa torche contre les pans du mur pour indiquer quelques petites entailles qu'on y a faites, comme une espèce d'escalier, pour poser les pieds; mais, comme ma sandale s'était tout-à-fait relâchée, je ne pouvais parvenir à la faire tenir ferme sur des supports aussi étroits. Je fus donc réduit à m'aider uniquement de mes bras. Nous avançâmes de cette manière l'espace de quelques toises, sans être autrement troublés que par quelques oiseaux qui nous frisèrent en faisant lever une nuée de poussière : heureusement qu'elle ne tomba pas de manière à éteindre nos flambeaux, et nous continuions d'avancer, lorsqu'à quelque distance au-dessous de moi, j'entendis une violente exclamation de mon compagnon. Un des gens de notre suite effrayé d'une montée aussi roide, avait commencé à éclater en plaintes comme un désespéré, et mon ami qui savait combien une alarme est contagieuse, quoiqu'étranger à toute impression de crainte pour lui-même, le pressait d'avancer, moitié grondant, moitié l'encourageant. Contens de ce qu'il n'était arrivé aucun accident, le guide et moi, nous poursuivîmes nos efforts, et nous atteignîmes un endroit tout juste assez large pour que nous pussions nous y tenir debout : nous y attendîmes nos compagnons. Nous avions fait les deux tiers du chemin; mais le plus difficile restait à faire : ce fut ici que j'eus à craindre un moment de me précipiter du haut en bas. Mon pied malade était devenu si incapable de service qu'en essayant de l'insérer dans une de ces petites cavités latérales au mur dont j'ai parlé, je ne pus y parvenir. La place à laquelle je m'étais accroché avec la main ne m'offrant aucune prise solide, la position de moment en moment devenait moins tenable. Dans l'intervalle ceux qui montaient au-dessous de moi, gagnaient de plus en plus du terrain; et j'étais convaincu, que si un effort de ma part pour monter, ne réussissait pas, j'entraînais dans ma chute tous ceux qui me suivaient. Nous aurions certainement été précipités tous ensemble.

Un puissant effort me fit triompher de l'obstacle, et je parvins enfin, sans autre difficulté, sur un sol uni. Ici une galerie très-bien construite conduit à une chambre de trente-cinq ou trente-six pieds de long, et de vingt ou vingt-quatre de large (1). On n'y trouvait pas plus que dans

---

(1) Les dimensions de cette chambre, telles que les donne Volney, sont certainement inexactes.

les autres, aucune indication de sa destination. Dans le haut bout est une citerne de granit, que l'on a souvent dépeinte comme un sarcophage, dans la supposition que les pyramides étaient des tombeaux. Nous examinerons bientôt la probabilité de cette conjecture; le vaisseau en question, à quelque usage qu'il ait été destiné, est en très-bon état; le bord seul en a été très-légèrement endommagé (1).

---

(1) « La caisse carrée de marbre-granit, placée dans la chambre supérieure de la grande pyramide, a été probablement plutôt destinée à quelque usage religieux qu'à servir de cercueil au roi Chéops. A un si grand intervalle de temps, dans une religion toute en symboles, il est une foule de coutumes dont nous ne pouvons découvrir les traces dans l'histoire. Mais on peut croire que cette caisse servait à quelque cérémonie du culte mystérieux d'Osiris, ou qu'elle était du nombre des coffres sacrés (Κισται ιεραι), où l'on conservait soit les images des divinités, soit leurs vêtemens, soit enfin les vases sacrés pour les cérémonies.

Peut-être aussi était-ce une *favissa* ou citerne, qui contenait l'*eau lustrale* (eau bénite) : la longueur de ce coffre, qui excède de quelque peu six pieds, favorise l'opinion reçue qui en fait un cercueil. Mais sa hauteur et sa largeur, chacune d'environ trois pieds, excède de beaucoup les dimensions, peut-être constamment en usage en Egypte pour cette destination : les cercueils de pierre que j'ai vus dans ce pays (et je crois pouvoir juger des autres par ceux-là) étaient tous d'une forme tout-à-fait différente du prétendu cercueil de Chéops. Tous étaient chargés d'inscriptions hiéroglyphiques, et faits

La seconde pyramide a une couverture extérieure à son sommet, laquelle se prolonge en

---

comme les caisses de momies, précisément de la capacité nécessaire pour contenir un corps, au lieu que, celui dont je parle, est un carré oblong, qui ne se termine pas comme les caisses de momies, en forme de piédestal, support sur lequel on les avait sans doute dressées. Il n'est orné d'aucune inscription en caractères sacrés, pratique qu'on n'a jamais trouvé négligée sur aucun cercueil égyptien ; et que vu la généralité de l'usage, on regardait comme un acte obligatoire de bienséance, et de piété envers le défunt.

De même, la manière dont cette caisse est placée est tout-à-fait différente de l'usage suivi par les Egyptiens pour déposer leurs morts : car les momies *sont toutes droites*, quand elles n'ont point été dérangées par le temps ou par quelque accident. Cette caisse au contraire repose à plat sur le plancher. Elle n'a donc point, dans sa position, cette dignité dont on sait que cette nation célèbre par sa sagesse était jalouse, et dont ils se seraient fait scrupule de dépouiller le corps humain. Maintenant, si cette caisse n'a point été faite pour servir de cercueil, (et, en effet, Hérodote nous apprend que le tombeau de Chéops était dans des caveaux souterrains), c'est un argument très-fort en faveur de l'opinion qui veut que la pyramide n'ait point reçu son nom de ce tombeau. De plus, en supposant que Chéops et d'autres rois aient été inhumés dans l'enceinte de cette pyramide ou d'une autre, cela s'était fait aussi dans d'autres temples, sans changer leur principale destination. En effet, je suis porté à croire que, pour peu qu'on examine avec attention la forme extérieure de ces monumens, la structure et la place de plusieurs appartemens dans l'intérieur du plus grand, des dispositions très-étendues que l'on avait faites de chaque côté de celui-ci pour y recevoir les prêtres, descendant, à près de cinquante pieds, sur toute la surface. Il est donc presque impossible d'en atteindre la pointe sans le secours d'échelles de siége. Du centre aux fondemens, la maçonnerie est brisée en beaucoup d'endroits, peut-être, par les efforts infructueux qu'on a faits pour forcer l'entrée de l'édifice. Il était entouré d'une aire d'une étendue proportionnée. Le côté occidental est celui qui se trouve en meilleur état. On y remarque plusieurs caveaux dont les voûtes ont été taillées dans le roc. On dirait d'un groupe de colonnes. Derrière, sur une éminence, à une petite distance est une suite de caveaux, formant une espèce de galerie droite. On y remarque plusieurs figures hiéroglyphiques ; elles ne sont pas gravées, mais en saillie sur la surface, comme des bas-reliefs. Quelques-unes ont résisté au temps, presque sans être endommagées. Les cou-

---

ainsi qu'on peut le supposer, on concluera que les Egyptiens le considéraient comme l'un des lieux consacrés aux objets de leur dévotion et de leur culte.

On remarquera encore que cette caisse est attachée si fortement au plancher que plusieurs personnes ne pourraient pas l'enlever, qu'enfin elle est placée, peut-être avec une intention mystérieuse, dans la même direction que l'*entrée de la pyramide*, c'est-à-dire qu'elle est exposée directement au nord, la même exposition que celle des portes de tous les autres édifices égyptiens. C'était dans cette exposition qu'était aussi placée la TABLE (*des pains de proposition*) dans le tabernacle. Exode xi, 22, 23. »   (VOYAGES DE SHAW).

leurs se sont, en général, bien conservées ; mais des mains malfaisantes ont dégradé, en partie, les plus heureux efforts du ciseau. Ce sont pour la plupart, des figures d'oiseaux et d'animaux, ou d'autres emblêmes du culte populaire ; mais peu ont spécialement rapport au labourage, et à la culture de la vigne.

On n'a pas pu jusqu'à présent aborder la troisième pyramide : elle n'est guère qu'une miniature des deux autres. Notre janissaire nous entraîna vers ce qu'on appelle la montagne ; c'est un monceau de sable durci, à environ cinquante toises de la base de la première pyramide. Rien ici n'est digne d'attention que quelques petits cailloux empreints de figures de plantes, et de poissons. Il serait inutile de répéter ce qu'on a dit à cet égard. Nous partîmes de là pour aller voir le Sphinx, qui s'élève au milieu des sables, près de la base orientale de la grande pyramide. On n'en voit que le buste, le reste du corps est tout-à-fait enterré ; tous les traits sont pitoyablement défigurés ; ce qui a le moins souffert, c'est la bouche et les yeux, fortement empreints du caractère de physionomie des peuples de la Nubie. La figure m'a paru tenir en partie de celle de l'homme, en partie de celle du lion ; on l'a souvent dépeinte comme celle d'une femme. Mais on n'y remarque rien de la douceur ni de la délicatesse féminines. Le cou et la poitrine sont évidemment masculins.

LE SPHINX.

Ce qu'on appelle les catacombes sont à environ cinquante toises au nord. Répéter tout ce qu'on a écrit à ce sujet, ce serait abuser de votre patience. Je ne crois pas qu'on ait indiqué avec exactitude l'époque de ces excavations. Quelques embellissemens m'ont paru ne point appartenir aux temps antiques. De plus, j'ai remarqué dans un de ces caveaux une imitation en bas-relief de la figure humaine, dont le travail très-soigné et les proportions élégantes étaient supérieurs à tout ce que j'ai vu des antiques productions de la statuaire en Égypte.

LETTRE XXV,

A S. S**** e, Esq.

« J'ai déjà exposé comment la difficulté habituelle des voyages en
» Egypte, devenue plus grande en ces dernières années, s'op-
» posait aux recherches sur les antiquités. Faute de moyens, et
» surtout de circonstances propres, on est réduit à ne voir
» que ce que d'autres ont vu, et à ne dire que ce qu'ils ont déjà
» publié. »   (Volney).

Mon cher Monsieur,

Presque tous les voyageurs qui, les uns après les autres, ont visité les pyramides, semblent avoir eu l'intention de renverser, au moins, en partie, les conjectures de ceux qui les avaient précédés, pour y substituer leurs propres systèmes. Avec une connaissance imparfaite de l'antiquité, et à l'aide d'analogies arbitraires dans les noms, ou de traditions incertaines, on a fait de vains efforts pour percer l'obscurité qui enveloppe l'origine de ces monumens : les recherches des savans modernes, après des observations longues et assidues, ont plutôt multiplié qu'aidé à écarter les difficultés (1). Le but de

---

(1) Un auteur arabe fixe la date de leur construction à 300

leur construction n'a peut-être jamais été complètement ni généralement connu. On se borna, sans doute, à le révéler à quelques préposés choisis, dont l'assistance était indispensable pour diriger le mécanisme mystérieux nécessaire aux rites à la célébration desquels ces édifices étaient ostensiblement destinés. Ainsi l'inscription, qui, au dire de Plutarque, était gravée sur le piédestal de la statue de Minerve ou Isis, à Saïs (1) était loin d'être une vaine forfanterie; car l'obscurité de son sanctuaire reste toujours impénétrable. Que la construction de ces édifices ait eu un objet relatif au culte national, c'est ce qu'à mon avis, on ne peut mettre en doute : qu'on les ait aussi destinés à renfermer les tombeaux de morts illustres, c'est ce qui est encore assez probable. Mais, que le plus vaste des trois ait jamais été élevé uniquement pour servir de mausolée à un seul homme, c'est une hypothèse que n'admettra sans doute jamais quiconque en aura examiné avec attention l'intérieur, avec tous ses corridors tortueux et ses inexplicables détours.

Pline cite douze auteurs qui ont fait, avant lui, des recherches sur l'origine de ces fabriques.

---

ans avant le déluge. Mais cette assertion est tellement mêlée de fables, qu'on ne peut y prendre aucune confiance.

(1) Τον εμον πεπλον ουδεις πω θνητος απεκαλψεν. Nul mortel n'a encore soulevé mon voile.

PLUTARCH. DE ISIDE ET OSIRIDE, sect. IX.

Mais, fatigué de leurs contradictions, l'historien de la nature n'a point eu le courage d'examiner quels avaient pu être les fondateurs, qu'il condamne, sans hésiter, et avec l'expression de l'indignation, à l'oubli qu'ils méritent (1).

Les contes extravagans dont les prêtres égyptiens bercèrent Hérodote, leur furent sans doute inspirés par la crédulité avec laquelle il paraissait écouter leurs récits. On ne peut donc, excepté lorsqu'ils sont appuyés sur des faits évidens, y ajouter une foi implicite. Cet historien nous raconte que Chéops consacra trente ans de son règne à la construction de la principale pyramide, à laquelle *cent mille hommes* étaient employés tous les jours. Sans parler de la dépense qu'une pareille armée d'ouvriers faisait peser sur le trésor de l'Égypte, pour un objet que l'auteur ne présente pas comme ayant aucune utilité publique, on trouvera sans doute que le but était sans aucune proportion avec les moyens. En déduisant un jour par semaine, comme consacré au culte divin ; et, pour avoir des nombres ronds, en multipliant 100,000 par 300, nous aurons chaque année un total de 30 millions de journées de travail, par conséquent 600 millions de journées en vingt ans.

---

(1) *Inter omnes verò non constat a quibus factæ sint*, justissimo casu, *obliteratis tantæ vanitatis autoribus.*

Nat. Hist., lib. xxxvi, cap. 12.

Comme il s'est formé une masse considérable de sables amoncelés, il est maintenant tout-à-fait impossible d'apprécier l'étendue horizontale des fondemens; mais nous estimons celle de l'espace qu'occupe la grande pyramide, égale à la place de Lincoln's-Inn. Maintenant, en prenant une grande partie de cette aire pour les fondations d'un rocher de 700 pieds de haut, et d'une largeur relative, faudrait-il tout le temps et le travail dont nous parle gravement Hérodote pour produire le quadrilatère *formant cette montagne*, et diminuant graduellement jusqu'au point où sa plus grande élévation était de cent toises. Il y a plusieurs raisons de croire que la masse entière n'est point l'ouvrage de l'art (1), et peut-être la disposition irrégulière des diverses avenues est-elle moins le résultat d'un plan, qu'une conformité nécessaire à la direction du stratum.

L'historien a certainement réuni plusieurs circonstances qui pouvaient donner du crédit à son récit. Il cite une inscription qu'il a vue sur la grande pyramide (mais dont aucun voyageur, à

---

(1) En avançant par un passage étroit, le docteur Shaw a découvert en deux endroits *le roc naturel* sur lequel repose l'édifice auquel il sert de support. La chambre inférieure, aussi bien que le puits, dont l'ouverture est de niveau avec cette chambre, lui ont paru être de la même matière.

Voyez Observations de physique et autres sur l'Égypte.

ce que je crois, n'a fait mention après lui). Cette inscription indiquait, en caractères égyptiens, à combien se montait la dépense en ognons, raves et aulx pour les ouvriers. La somme totale montait à 1600 talens d'argent. Cette inscription lui fut *expliquée* par les prêtres; mais, voulant arranger leurs inventions, pour y donner cours, ils savaient sûrement « *fabriquer l'endossement aussi bien que le billet.* » On peut ajouter cependant, pour suivre la comparaison, que, cette fois, *ils n'ont pas compromis leur crédit en offrant de trop grandes sûretés.*

Pour remplir son trésor épuisé, le monarque, à ce que l'on prétend, eut recours à l'expédient le plus extraordinaire. Il ordonna à sa fille de vendre ses faveurs à prix d'argent. On ajoute que la princesse accomplit avec soumission l'ordre de son père et souverain; mais, voulant en même temps laisser un monument impérissable de sa piété filiale, elle exigea que chaque amant lui présentât une pierre destinée à l'édifice qu'elle se proposait de faire ériger. *Ce fut ainsi qu'elle parvint à faire construire la pyramide du milieu!* Mais à quoi servirait de continuer un pareil récit?

Celui de Diodore n'est guère plus satisfaisant. D'après lui, la principale pyramide a été érigée par Chemmes, le huitième roi depuis Memphis; mais il remarque que les historiens ne sont nullement d'accord avec les traditions des habitans (1).

Ce que rapportent Strabon et Pline ne peut se concilier avec ce que l'on voit aujourd'hui : la description du puits par ce dernier auteur, les dimensions ridiculement exagérées, qu'il donne au sphinx, suffisent pour ôter tout crédit à son témoignage.

L'objet de ces constructions a également échappé aux recherches de l'antiquité. Pline croit que les rois d'Egypte n'eurent pas d'autre but que de satisfaire leur vanité, ou qu'ils virent, dans ces entreprises un moyen d'employer et de nourrir une population surabondante. Ces explications sont assurément peu satisfaisantes. Le grand travail qu'on remarque dans la disposition de l'intérieur, la combinaison du mécanisme qui a présidé à la distribution des communications, indiquent suffisamment que l'érection de ces monumens avait rapport à quelque solennité mystérieuse. Si l'on veut examiner la description de l'antre de Trophonius à Lebadæ, dans Pausanias, avec tout l'appareil de ses caveaux étroits et de ses labyrinthes, on pensera peut-être que les différens sanctuaires trouvés dans les pyramides, ont été construits pour une destination semblable à celle qu'on introduisit ensuite en Grèce avec tant de succès (2).

---

(1) Lib. 1, cap. 5.
(2) *Voyez* l'Appendice.

On a donné sans doute plusieurs raisons plausibles à l'appui de la conjecture que l'un des objets au moins qu'on s'est proposés, en faisant élever les pyramides, a été d'en faire des sépulcres. Volney a suivi, d'une manière très-ingénieuse toutes les gradations étymologiques du mot grec πυραμις jusqu'à ce qu'il soit parvenu à le trouver identique avec le mot oriental composé *bour-a-mit*, CAVEAU DU MORT (1). Ce savant

---

(1) Voici la marche de cette étymologie. Le mot français
» *pyramide* est le grec, *pyramis*, *idos*; mais dans l'ancien
» grec, l'*y* était prononcé *ou* : donc il faut dire *pouramis*.
» Lorsque les Grecs, après la guerre de Troie fréquentèrent
» l'Égypte, ils ne devaient point avoir dans leur langue, le
» nom de cet objet nouveau pour eux; ils durent l'emprunter
» des Égyptiens. *Pouramis* n'est donc pas grec, mais égyp-
» tien. Or il paraît constant que les dialectes de l'Égypte,
» qui étaient variés, ont eu *de grandes analogies* avec ceux
» des pays voisins, tels que l'Arabie et la Syrie. Il est vrai
» que dans ces langues *p* est une prononciation inconnue;
» mais il est de fait aussi que les Grecs, en adoptant des mots
» *barbares*, les altéraient presque toujours, et confondaient
» souvent un son avec un autre, à peu près semblable. Il est
» de fait encore, que, dans des mots connus, *p* se trouve sans
» cesse pour *b* qui n'en diffère presque pas. Dans cette donnée,
» *Pouramis* devient *Bouramis*. Or, dans le dialecte de la Pa-
» lestine *bour* signifie *toute excavation* en terre, une *citerne*,
» une *prison* proprement *souterraine*, un *sépulcre*. (Voyez
» Buxtorf, lexicon hebr.) Reste *amis* ou l'*s* finale me paraît
» une terminaison substituée au *t*, qui n'était point dans le
» génie grec, et qui faisait l'oriental, *a-mit du mort*; *bour*-

voyageur n'a pas été aussi heureux, quand il a voulu établir que les tombeaux d'Absalon et de Zacharie, dans la vallée de Josaphat, avaient reçu la forme pyramidale exprès pour leur conserver la ressemblance avec les monumens funéraires de l'Egypte. S'il eût jamais visité Jérusalem, ville dont le nom semble avoir toujours excité en lui des souvenirs qui lui étaient antipathiques, il n'aurait sûrement pas décrit ces vénérables ruines d'une manière si opposée à ce que l'on en voit aujourd'hui.

Un voyageur des plus modernes, et dont la réputation est honorable, a hasardé la conjecture qu'on avait construit la grande pyramide pour servir de mausolée au *patriarche* Joseph. Mais sans recourir à d'autres argumens qui repoussent cette idée, l'auteur du Pentateuque qui a décrit avec un soin si minutieux les événemens extraordinaires de la vie du ministre de Pharaon, aurait-il omis un fait matériel relatif aux honneurs qui lui furent accordés à sa mort ? Le silence complet des Ecritures au sujet des pyramides semble prouver en effet qu'elles sont postérieures au temps de Moïse. Comment concevoir que ces immenses créations de l'industrie

---

» a-mit, caveau du mort. Cette substitution de l's au *t* a un
» exemple dans *atribis*, bien connu pour être *atribit*; c'est
» aux connaisseurs à juger s'il est beaucoup d'étymologies qui
» réunissent autant de conditions que celle-ci. »

humaine, l'admiration de tous les siècles suivans, eussent été tout-à-fait dédaignées d'un homme si bien en état d'en apprécier le mérite, et que les circonstances de son éducation mettaient si bien à même d'en connaître le but ? Plusieurs motifs concoururent sans doute à l'érection de ces monumens, et peut-être les travaux de l'astronomie y entrèrent-ils pour quelque chose. Mais leurs sommets terminés en pointe ne permettent pas de croire qu'on ait jamais voulu en faire des observatoires. Rien, dans leur situation, n'indique cette intention. On a remarqué qu'à l'entrée du soleil, dans la ligne équinoxiale, si l'on s'incline à la porte de la pyramide, dans l'attitude de l'adoration, on croit voir son disque au-dessus de la pointe; à moins que ce phénomène ne soit l'effet du hasard, n'est-il pas un motif de plus pour être convaincu que l'érection de ces énormes masses a eu un but plus noble que celui de perpétuer la mémoire d'un roi mort ? N'en concluera-t-on pas plutôt qu'ils étaient consacrés au culte mystérieux de l'architecte Tout-Puissant, et que la divinité « dont la » forme extérieure de l'édifice offrait l'emblème », avait dans l'intérieur, des autels pour la célébration des cérémonies solennelles de son culte ? (1).

---

(1) A l'époque de leur fondation, le terrain d'alentour était autrement disposé qu'aujourd'hui, et présentait un tout

autre aspect. Les pyramides s'élevaient, sans doute, alors sur des aires spacieuses, ceintes de murs et de galeries magnifiques, décorées de tous les ornemens convenables. La disposition des pierres en arcades, et à une plus grande hauteur que ne le demandait un passage aussi étroit que l'entrée actuelle des pyramides a fait croire au docteur Shaw que le plan primitif de cette entrée était resté sans exécution. L'espace considérable que laisse ouvert de chaque côté l'interruption de plusieurs des lignes parallèles de degrés, qui, ailleurs entourent complètement l'édifice, semblent indiquer l'intention qu'on avait eue d'ériger un vaste et beau portique.

LETTRE XXVI,

A Sir G. E. — T. Bart.

Du Caire.

Mon cher E.....

La plus grande étendue du Caire, du nord au midi, est de quatre à cinq milles; de l'orient à l'occident, elle est de moitié : du haut du mont Moquatame, situé immédiatement au-dessus de la ville, l'œil peut en embrasser facilement le contour. Mais la plupart des rues étant très-étroites et tortueuses, il est absolument impossible d'en distinguer les directions diverses, de cette éminence. Les objets les plus apparens sont les mosquées. On en compte près de trois cents. Quelques-unes sont décorées d'une manière brillante, et rappellent pour la légèreté de leur coupe plusieurs de nos plus beaux édifices gothiques. Une circonstance qui ne peut manquer de fixer l'attention d'un Européen, c'est le profond silence qui règne presque d'un bout à l'autre de cette grande capitale. Les bazars même ne se ressentent que peu de l'activité tumultueuse du commerce et « le bourdonnement d'une multi-

» tude qui court à ses affaires » y est absolument inconnue. Dans une pareille ville, la voix de l'Iman appelant les fidèles à la prière du haut des minarets, n'est jamais étouffée par le bruit assourdissant des charrettes, ou par le fracas de brillans équipages. Le son des cloches, dont « les » bouches d'airain » réveillent dans d'autres contrées le sentiment d'un respect religieux, n'inspire aux habitans de l'Égypte que celui du dégoût et de l'horreur; ce qui est bien plus efficace à leurs yeux pour exciter une pieuse ferveur, c'est la répétition respectueuse du nom et des attributs de l'Être Suprême (1).

Les bâtimens du Caire sont élevés, si on les compare à ceux des autres villes de l'Orient, ce qui contribue sans doute à la salubrité de cette capitale. Malheureusement, elle est éloignée de la rivière; mais on a remédié jusqu'à un certain point à cet inconvénient, au moyen d'un canal, dont on ne peut néanmoins se servir qu'à l'époque de l'inondation. Le reste de l'année, il n'est

---

(1) Un jeune turc avec lequel l'auteur a passé près d'un mois dans une société intime, et dont l'amitié confiante et généreuse lui a été d'une grande ressource dans beaucoup de circonstances difficiles, lui a appris la formule dont on se sert en pareille occasion. Avec les caractères européens on ne reproduirait pas exactement l'original arabe. Mais la version suivante, malgré l'inconvénient d'une double traduction, en rend assez fidèlement le sens. — *Dieu est grand, et je recon-*

pas seulement inutile; il blesse encore la vue et l'odorat par sa malpropreté. On pourrait cependant, sinon le rendre constamment utile, au moins le tenir toujours en bon état.

Les rues principales ont à chaque bout des portes très-solides, que l'on ferme régulièrement toutes les nuits; usage qui contribue beaucoup à assurer la tranquillité publique, et auquel les habitans sont très-bien accoutumés. Le gouvernement est un pur despotisme, et ce que nous entendons par le mot CONSTITUTION, n'a jamais eu ici, ni accès, ni nom. Les procédures *sont donc souvent très-abrégées*, et « les lenteurs de la justice » sont un mal qu'on ne connaît guère. Les moindres délits sont punis par la mutilation. Mais tout crime, accompagné de circonstances atroces, est ordinairement puni de mort : on pend le coupable dans quelque lieu public, ou près du théâtre de son crime; souvent même, à côté de la porte de sa victime. Les Turcs passent pour un peuple humain; et, à moins que leurs passions ne soient excitées par le fanatisme, ils se portent rarement à des actes de cruauté. Ils ne regardent un meurtrier qu'avec horreur. On traîne le cadavre d'un criminel sur le grand chemin. On lui coupe la

---

nais l'unité de Dieu. Je proclame Mahomet, son apôtre. Venez, prosternons-nous pour prier et adorer. Dieu est puissant, Dieu seul est Dieu.

tête qu'on expose pendant trois jours avec son corps aux malédictions des passans. Des gardes placées auprès, veillent à ce qu'il ne soit point enlevé par les parens, et ses restes sont abandonnés aux chiens.

Tout le territoire de l'Égypte appartient en propre au Pacha, qui peut passer pour l'un des plus riches propriétaires du globe. Il est partagé en districts affermés, à des conditions diverses; mais les baux sont rarement à longs termes. Le gouverneur actuel est Mahomet-Ali. Son histoire est remarquable par des événemens romanesques, dont plusieurs sont très-intéressans. Cette vie aventureuse devait être celle d'un homme qui a commencé par le despotisme subalterne qu'exerce un pirate, et qui a fini par arriver au souverain pouvoir. Il a maintenant quarante-cinq ans environ. De ses trois fils, le plus jeune, à qui on attribuait des talens de premier ordre, et dont le caractère tenait beaucoup de celui de son père, est mort depuis peu, victime de la peste, au grand chagrin de celui-ci. L'aîné a le gouvernement de la Mecque : il est occupé à combattre les Wahabites avec beaucoup d'habileté et de succès. Chaque jour, pour ainsi dire, apporte la nouvelle d'une de ses victoires. L'autre fils du pacha, nommé Ibrahim, seconde son père, dans l'administration de la capitale, comme gouverneur de Boulac.

Une grande tache au caractère de Mahomet,

c'est le massacre des chefs des Mamlucks. Ses partisans déclarés ont essayé de pallier cet attentat, en alléguant l'excuse de la nécessité. Les tribus dispersées des Mamlucks, forment, à ce que l'on prétend, réunies *en masse*, un total de huit à dix mille hommes, tous dévoués à leurs chefs respectifs. Par leur nombre, et l'inconstance de leur caractère, ils tenaient le gouvernement dans une inquiétude continuelle. Les rallier à ses intérêts était le plan favori de la politique de Mahomet. Il voulait au moins établir avec eux des relations amicales. On l'entendit déclarer qu'il sacrifierait volontiers le tiers de ses possessions pour réussir à un accommodement. Mais tous ses efforts furent sans succès. Les chefs rejetèrent toutes les ouvertures, et refusèrent de se lier par un traité. On en était là, à l'approche de l'époque annuelle du pélerinage de la Mecque. Se dispenser d'un devoir considéré généralement comme prescrit par la religion, c'était à la fois risquer d'ébranler la fidélité des sujets, et s'attirer inévitablement une rupture de la part de la Porte. D'un autre côté, laisser la capitale exposée aux entreprises d'une bande si formidable de maraudeurs, c'était presque renoncer par le fait, à la souveraineté. Dans un tel embarras, Mahomet eut recours à l'un de ces expédiens barbares, dont les annales de presque tous les pays fourniraient quelqu'exemple. Les chefs des différentes tribus furent invités avec tout l'empressement d'une cordialité apparente, à un banquet solennel, à la citadelle. A un signal convenu, on ferma les portes, et près de quatre cents chefs furent massacrés par la garde albanaise du Pacha. Les tribus, privées de leurs commandans, s'enfuirent vers les montagnes de la Nubie, et délivrèrent l'Égypte de leurs déprédations. Malgré l'heureuse issue de cette entreprise, les moyens employés ont, dit-on, laissé l'auteur du coup en proie à des réflexions amères. Mais dans une âme comme celle de Mahomet, dont l'activité est d'ailleurs tout entière absorbée par l'administration d'un grand pays, je doute qu'il y ait beaucoup de place et de temps pour les remords.

LETTRE XXVII,

A Sir G. E. — T. Bart.

Après tout ce qu'on a écrit et publié à ce sujet, le caractère des Turcs nous est encore très-peu connu à beaucoup d'égards. La réserve habituelle dont les grands s'enveloppent, l'air hautain qui leur sert de porte-respect, le mépris et la haine des plus rigides pour tout ce qui est contraire aux préceptes de leur prophète, tout se réunit pour opposer un obstacle presque insurmontable à des relations de société avec les étrangers. Quelque distingué que l'on soit de la foule par le rang et la considération, on éprouvera qu'avoir de l'importance dans son propre pays, n'est, ni ici, ni à Constantinople, un titre certain pour y être admis auprès des hommes puissans. C'est néanmoins une très-bonne recommandation, et qui peut servir à aplanir beaucoup de difficultés préliminaires. Mais le moyen le plus facile d'obtenir accès auprès de tous les rangs et de toutes les conditions, depuis le sultan sur son trône jusqu'à l'esclave dans sa cabane, c'est la réputation d'habileté dans la science de la médecine. Pour ceux qui professent l'art de guérir, les retraites les moins accessibles du sérail sont ouvertes : le harem même n'a plus de barrières. Quoiqu'il ne vaque, en quelque sorte, à ses travaux qu'à la vue du glaive suspendu sur sa tête; cependant, pour peu qu'il ait de discrétion, le médecin est assuré de trouver protection, et les plus belles récompenses ne lui manqueront pas (1).

La vie de cette classe moyenne dont les fortunes ne sont point assez étendues pour en faire les objets de la jalousie du gouvernement, mais qui est assez riche pour se livrer à ses goûts avec pleine liberté, paraît tourner dans le cercle insipide d'une monotonie fatigante. On se leve d'ordinaire avec le soleil, et comme on repose sans se déshabiller, la toilette est bientôt faite. On ap-

---

(1) Dans quelque contrée éloignée soumise à la domination turque que l'on voyage, on fera bien de se munir d'une provision de remèdes dont la bonté soit constatée. Cette précaution sera pour le voyageur d'un avantage incalculable. Ce sera ensuite à sa prudence et à son humanité, à s'efforcer de n'employer ses remèdes qu'à propos. Quelques circonstances auxquelles l'auteur et son compagnon de voyage se trouvèrent intéressés, dans une excursion à la plaine de Troie, lui ont donné lieu de croire qu'une personne habile dans la science de la médecine, qui se dévouerait quelque temps, gratuitement au soin des malades et des infirmes, y serait l'objet d'un respect et d'un enthousiasme voisin de l'adoration.

On trouvera dans l'Appendice quelques observations rapides sur l'état actuel de la Troade.

porte le café avec la pipe, sa compagne fidèle. C'est l'amusement du maître, en attendant que ses devoirs journaliers l'appellent à déployer ce qu'il a d'activité. On ne dîne point à heure fixe; mais il est rare que ce soit plus tard que onze heures ou midi. Après le dîner, on ne manque jamais de faire la sieste. On voit donc que, si la force d'inertie, *vis inertiæ*, est nécessaire au monde moral comme au monde physique, c'est ici que ses propriétés neutralisantes se font le plus complètement sentir, sans aucune résistance.

Le soir, les gens des classes riches s'amusent des danses et des pantomimes de leurs esclaves, ou de quelque simulacre bien imparfait de représentation dramatique, où les règles de la décence ne sont pas mieux observées que celles d'Aristote.

Mais c'est à cheval qu'un Turc reprend tous ses avantages. A peine s'est-il élancé sur son coursier favori, on ne reconnaît plus son indolence habituelle; on le croirait identifié avec sa monture dont les mouvemens rapides, les agréables évolutions semblent moins l'effet de la contrainte que d'une sympathie généreuse avec son maître et son ami (1).

___

(1) Les chevaux dont on se sert le plus, sont petits de taille. Il est rare qu'ils aient quinze paumes, leur forme est ramas-

(289)

Un divertissement d'un genre plus sérieux occupe la fin du jour ; une nombreuse société se réunit dans des cafés pour écouter avec une attention profonde et presque respectueuse les récits d'un conteur qu'elle a choisi. Ces contes, qui durent quelquefois plus de deux heures, ne sont pas dépourvus d'intérêt, et ont toujours un but moral ; mais cette classe d'improvisateurs ne fait jamais d'excursions sur le domaine de la politique. Jamais elle ne s'avise de vouloir étonner son auditoire par les creuses visions de « la perfectibilité du genre humain, » ou par un enthousiasme romanesque pour l'ère fortunée de la république : mais leurs récits abondent en incidens qui excitent un intérêt irrésistible par la peinture de sentimens généreux, ou par des traits variés de courage, d'activité et de résignation. Je ne veux pas vous fatiguer en vous répétant toutes les belles

sée, leur constitution robuste. Ils sont moins légers que propres à la fatigue. La plus belle espèce des races arabes est d'une beauté qui passe toute expression ; ces chevaux sont hors de prix. On raconte quantité d'anecdotes sur l'attachement romanesque qu'ont pour ces animaux les familles qui les ont élevés, et dont ils font en quelque sorte partie.

Le lecteur se rappelle peut-être l'exhortation pathétique de Mezence, à son cheval Rhabus (*). Ce n'est rien en comparaison des tendres et emphatiques expressions d'attachement qu'un Arabe adresse à son coursier favori.

(*) ÆNEID., x, v. 861.

choses qu'on a écrites, ou *chantées* , sur les rues, les mosquées et les palais du Caire. On trouve quelque chose d'équivalent dans toutes les grandes capitales ; mais celle-ci n'offre que peu d'édifices dignes de l'attention d'un étranger : on se trouve reculé presque partout jusqu'au dixième siècle. Nulle part on ne retrouve les progrès de l'architecture, qu'attestent, dans nos villes modernes, ces embellissemens de divers genres, la régularité des rues, la distribution des places publiques. Beaucoup de maisons sont à trois étages, avec des terrasses plates. Un grand nombre sont bâties en briques mal séchées : celles de la meilleure espèce sont faites de matériaux puisés dans les carrières du Moquattam. La précaution la plus essentielle, sous ce climat, est de se mettre le plus qu'on peut à l'abri du soleil. C'est dans cette intention, que la façade est en quelque sorte brisée en angles multipliés, et qu'on élève les plafonds à une hauteur qui en fait des éventails perpétuels. Les ornemens de l'intérieur dépendent nécessairement du goût, du caprice et de la richesse du propriétaire, quoique pour certaines formes il y ait un type commun à tous. Les demeures des riches et des gens puissans sont décorées à grands frais, et avec une magnificence qui sent la barbarie. Les plafonds sont dorés avec profusion : l'ivoire, la nacre de perles, l'ébène, le corail embellissent les lambris. On voit de belles et grandes salles dont les plafonds couronnés d'un dôme sont percés de quantité d'ouvertures, en forme d'étoiles. La lumière qu'elles transmettent, se propage à travers des glaces de couleurs variées; ses rayons viennent frapper un vase de marbre d'où déborde constamment une eau vive. Le plancher est une espèce de mosaïque, composée de marbre et de porcelaine, à l'exception des appartemens garnis de tapis. Dans les chambres les plus retirées, une espèce de sopha, appelé divan, fait le tour des trois quarts de l'appartement. Ce divan est couvert d'une étoffe riche. On préfère quelquefois le velours noir, bordé d'une frange épaisse. On choisit sans doute cette couleur pour la faire contraster avec les beautés éblouissantes que l'on y contemple sans voile.

La description que Savary a donnée des bains turcs inspire un vif désir de les voir. Mais, s'il est difficile de résister à cette tentation, on se flatterait en vain de voir réaliser les fictions de cet écrivain enthousiaste. Voici comme il dépeint ses sensations, au sortir d'une de ces étuves. « Il
» semble que l'on vient de naître, et que l'on vit
» pour la première fois. Un sentiment vif de
» l'existence se répand jusqu'aux extrémités du
» corps. Tandis qu'il est livré aux plus flatteuses
» sensations, l'âme, qui en a la conscience, jouit
» des plus agréables pensées. L'imagination se
» promenant sur l'univers qu'elle embellit, voit
» partout de rians tableaux, partout l'image du

» bonheur. Si la vie n'est que la succession de
» nos idées, la rapidité avec laquelle l'esprit en
» parcourt la chaîne étendue, ferait croire que
» dans les deux heures du calme délicieux qui
» suit ces bains, on vit un grand nombre d'an-
» nées. » Une pareille espérance suffirait presque
pour faire entreprendre le voyage de Londres
au grand Caire. Cependant, à suivre mon goût,
j'aimerais mieux flotter sur les ondes transpa-
rentes de la Tamise, que de respirer l'encens et
les parfums de l'Orient (1).

Un voyageur africain, qui s'est présenté sous
le nom du Scheik Ibrahim, m'a fait l'honneur de
me venir voir, ce matin. Ses talens et son caractère vous sont bien connus. Je me bornerai donc
à vous dire, que ses manières m'ont paru affables
et engageantes, quoiqu'empreintes de la gravité
orientale. Dans le cours de la conversation, il a
fait quelques remarques intéressantes sur le passage des Israélites dans le désert. Je ne risquerai

---

(1) Volney, qui semble avoir éprouvé dans le cours de son voyage, la même *ardeur de tempérament*, qu'a signalée Mathew Bramble, décrit de la manière suivante, ses sensations au sortir du bain :

« Il m'a donné des vertiges et des tremblemens de genoux
» qui durèrent deux jours. J'avoue qu'une eau vraiment brû-
» lante, et qu'une sueur arrachée par les *convulsions du pou-*
» *mon*, autant que par la chaleur, m'ont paru des plaisirs
» d'une espèce étrange; et je n'envierai plus aux Turcs ni leur
» opium, ni leurs étuves, etc. »

pas de les dénaturer en essayant de les rapporter. Mais elles me frappèrent comme très-propres à répandre la lumière sur cette période, la plus fertile en événemens importans de toute l'histoire juive. La personne qui l'accompagnait, entr'autres nouvelles récentes de l'Europe, nous apprit la mort de madame de Staël (1).

L'inflammation de mon pied s'est si bien calmée, que j'espère sous peu de jours partir pour Alexandrie. Je suis redevable du rétablissement de ma santé aux bons soins d'un jeune chirurgien anglais, que je n'ai pu déterminer à accepter aucune récompense pécuniaire. Son nom est, à ce que je crois, R-c-i. Il n'y a pas long-temps qu'il est ici. Mais je suis persuadé qu'il y aura bientôt, pour l'exercice de son art, le succès que me paraissent mériter son habileté et son excellent caractère.

---

(1) La perte de cette femme célèbre a causé dans les cercles littéraires de l'Europe un vide qui, de long-temps ne sera ni oublié ni comblé. Pendant son séjour à Genève, en 1816, l'auteur eut le bonheur de se trouver dans sa société, et fut reçu avec autant de bonté que de politesse à Copet. Il y fut introduit par un billet dans lequel le lecteur ne sera peut-être pas fâché de trouver un exemple de la politesse helvétienne, le voici :

« Madame la Baronne,

» Un jeune anglais (suivent les complimens d'usage), Monsieur J*******, a le plus grand désir de vous faire sa cour.

» J'ai beau lui dire que personne n'était moins propre que
» moi à lui rendre ce bon office; — il insiste; je me rends;
» et *je le mets à vos pieds, malheureux de ne pouvoir m'y*
» *mettre moi-même.* »

LETTRE XXVIII,

A Sir G. E. — t. Bart.

Rosette.

M_{on cher} E.....

Nous arrivâmes ici le troisième jour depuis notre départ du Caire, dans l'après-midi. Nous avons eu le vent contraire, pendant presque toute la traversée; il était même violent de temps à autre; mais la force du courant nous faisait avancer. Cependant nos progrès, avec ces difficultés, étaient quelquefois à peine sensibles. Notre barque était assez grande, mais surtout singulièrement propre à sa destination. Ses quatre rameurs nous étaient de peu d'utilité, et ses deux voiles ne nous servaient absolument à rien. Le vent et le courant se neutralisaient en quelque sorte l'un l'autre. Le gouvernail n'était nullement maniable, et le bâtiment tournoyait en cercles irréguliers, poussé alternativement vers chaque bord du fleuve.

Le premier endroit de quelque importance que nous avons franchi, s'appelle Ouardan. A trois lieues et un tiers de distance, est une autre ville, plus petite, qu'on nomme *Terrani*. A sept ou huit lieues à l'ouest était situé le monastère de Saint-Macaire. Quatre heures après nous vîmes *Nadhir*, placée presque à l'entrée du canal de Menouf, qui réunit ce bras du Delta à la branche de Damiette.

Nous restâmes en panne la nuit; l'équipage après avoir amarré le bâtiment sur la rive droite du fleuve, loin de toute habitation, dormit, sans interruption, jusqu'au point du jour. Je ne pus en faire autant, tourmenté comme je l'étais par les rats, qui semblaient avoir fait de la cabine leur point d'attaque. L'après-midi du jour suivant, les bateliers qui avaient consommé tout leur tabac, protestèrent que le vent était tout-à-fait contraire, et retirant sans plus de façon la barque dans une petite anse, ils allèrent à la ville voisine renouveler leur provision. Pendant leur absence, me promenant autour du village, je rencontrai quelques nymphes champêtres, entièrement dégagées des draperies dont les poëtes et les peintres ont coutume de les vêtir. Deux de ces jeunes filles acceptèrent des amandes que je leur offrais avec beaucoup de civilité. Quoiqu'elles fussent entièrement nues, elles ne montrèrent aucun embarras à l'aspect d'un étranger, et ne parurent pas s'imaginer qu'on pût être surpris de les voir en cet état; l'une d'elles avait les formes les plus élégantes. Mais, malgré toute la déférence due au goût de M. Savary, je ne crois pas qu'aucun artiste eût voulu en choisir une pour le modèle d'une Nausicaë.

Nous naviguâmes sans nous arrêter, la nuit suivante; le vent contraire tomba presque tout-à-fait, et nous marchâmes plus vite. Vers onze heures, nous traversâmes l'embouchure du canal construit par Alexandre pour établir la communication de sa ville nouvelle avec le Nil. Quoiqu'il ne serve pas depuis long-temps, il serait facile de le réparer. On dit que le pacha actuel a annoncé l'intention de faire rouvrir cette navigation importante.

A mesure que nous approchions de Deirout, le fleuve se rétrécissait visiblement; mais les bords semblaient revêtus d'une plus riche verdure, et les terres voisines paraissaient cultivées avec plus de soin. Nous arrivâmes à Rosette, à trois heures, et nous vîmes avec plaisir que l'active bienveillance du consul anglais, le signor Leuzi, avait prévu et levé toutes les difficultés ordinaires d'un débarquement.

Rosette, ou Rachid (c'est son nom arabe), est agréablement située sur la rive gauche de la branche orientale du Nil. Le quai est vaste : les magasins, et les autres bâtimens publics paraissent bien construits. Cette partie de la ville approche de la propreté et de l'élégance européenne. Il y a cependant encore une grande distance de l'une à l'autre. De grands jardins dépendans du palais du gouverneur embellissent les environs ; quoique fort négligés aujourd'hui, le goût voluptueux, qui en a dicté le dessein, se fait assez remarquer. Là, comme ailleurs, l'intérieur de la ville ne répond nullement à l'impression favorable que le premier aspect avait fait naître : presque partout se montrent des indices de barbarie. Les murs de beaucoup de bâtimens sont raccommodés avec des fragmens de corniches ou de frises de quelque ancien temple. Un vestibule est formé de futs renversés de colonnes, tandis que les chapiteaux servent partout de fondemens. On évalue le nombre des habitans à 25 mille. La ville ayant plus d'une lieue de long, et presqu'un tiers, dans sa plus grande largeur, vous pouvez juger de l'exactitude de cette évaluation. Le commerce paraît ici plus florissant qu'ailleurs. En effet, le transport des marchandises étrangères au Caire, et celui des productions du pays à Alexandrie, donne au port de Rosette un air d'activité qu'on est bien loin de retrouver au même degré dans les autres villes de l'Egypte. Les bâtimens employés à la traversée de Rosette à Alexandrie, se nomment Djermes ; ils sont sans tillac, mais très-profonds, et portent une voile latine. Les accidens sont fréquens. Précisément à l'endroit où le Nil se jette dans la Méditerranée, est une barre d'environ une lieue de long, qu'on appelle le *Bogaz*, terme qui exprime le mouvement tumultueux des flots.

Cette barre est en beaucoup d'endroits extrêmement basse, et le déplacement continuel du sable rend très-difficile de trouver un passage même pour un seul bâtiment. J'avais témoigné le désir de me rendre à Alexandrie dans le plus court délai possible, et le consul insista vivement pour me dissuader d'entreprendre le voyage par eau; car la distance n'est pas de beaucoup au-dessus de dix lieues. Le voyage peut donc se faire sûrement par terre en quelques heures; tandis qu'à bord de l'une de ces perfides *Djermes*, le malheureux voyageur peut être balotté auprès de la côte pendant plusieurs jours. Il n'a pas fallu beaucoup d'efforts pour me persuader de préférer les sables du désert; et probablement nous nous mettrons en route demain, ou après-demain matin de bonne heure.

LETTRE XXIX,

A Sir G. E. — t. Bart.

Alexandrie, octobre 1817.

Mon cher E....

Il y a plus de quinze jours que nous sommes arrivés ici. Mais à peine ai-je pu dépasser les murs de la ville, et même de ma chambre.

La route à travers le désert se fait assez facilement en douze ou quatorze heures ; mais, n'ayant pu partir de Rosette que tard dans la matinée, nous ne pouvions guère arriver ici avant la clôture des portes. Je passai donc la nuit dans une cabane isolée, près de la baie d'Aboukir (*a*). Le lendemain matin, nous continuâmes notre route le long de la mer, et nous arrivâmes, sans aucun événement digne d'être remarqué, à Alexandrie,

___

(*a*) Une longue note de l'auteur rappelle la mémoire de la bataille d'Aboukir, et cite des panégyriques en prose et en vers de l'amiral Nelson. Ces souvenirs ne pouvant pas être aussi agréables à nos lecteurs qu'aux compatriotes de l'auteur, nous en supprimons l'expression.

après dix heures. Avant d'entrer dans la ville, une enceinte que l'on traverse présente une scène de désolation qui surpasse encore tout ce que l'on voit ailleurs dans ce pays de ruines. Des cabanes détruites, des temples renversés en remplissent la plus grande partie. Les débris, usés par le temps, de l'antique magnificence gissent entassés en masses confuses à côté des traces de dévastations plus modernes (1). Il y a peu de temps qu'on a reconstruit les murs qui forment cette enceinte. Le plan de ces remparts a été conçu d'après les principes de nos fortifications européennes, mais l'exécution est bien inférieure. Je passais sur le pont-levis de la seconde porte, pendant qu'une longue file de chameaux pesamment chargés de marchandises, s'avançait sous l'arceau. L'espace était trop étroit pour que je pusse passer librement, et il était trop tard pour reculer. Ces animaux avançant toujours, la charge du premier s'embarrassa dans mes habits, je fus mis hors de selle, et ne pouvant détacher mon pied de la corde qui me servait d'étrier, ma blessure au coude-pied se rouvrit, et le mal devint plus grave. Mais j'ai trouvé dans les attentions et dans la bienveillance prévenante du consul

---

(1) Quelques colonnes paraissent faites de la même matière que le petit nombre de celles qu'on voit encore dans la belle plaine de Troie, sur une hauteur à un demi-mille environ, au nord du Scamandre.

anglais, M. Lee, un dédommagement de ma retraite forcée, et j'ai pris mon mal en patience.

Le seul objet qu'il m'ait encore été possible d'examiner est le célèbre monument connu généralement sous la dénomination de COLONNE DE POMPÉE. On a souvent contesté qu'elle y fût applicable, et l'inscription gravée sur le côté sud-ouest, soigneusement recueillie par des officiers anglais, semble décisive pour une appellation plus convenable. Savary prétend qu'elle ne peut avoir été érigée en l'honneur du compétiteur de César. Il se fonde sur ce que ni Strabon, ni Diodore ne font mention de cette circonstance. Il cite l'autorité d'Albuféda, écrivain arabe, comme preuve que l'inscription regarde l'empereur Sévère. A l'appui de cette opinion, il raconte, comme fait historique, que Sévère, visitant Alexandrie, affranchit les habitans du joug capricieux et oppressif d'un seul magistrat, revisa leurs lois, fit droit à leurs griefs, et établit une forme plus équitable de gouvernement, en le confiant à un sénat choisi parmi eux. « Cette co-
» lonne fut une marque de leur gratitude; l'ins-
» cription grecque, à moitié effacée, que l'on y
» voit du côté de l'occident, lorsque le soleil
» l'éclaire, était, *sans doute*, lisible, du temps
» d'Albuféda, et conservait le nom de Sévère. »
Volney adopte cette conjecture.

Les seules lettres que je pus découvrir, à la simple vue, étaient ΔΙ : mais au moyen d'une couche de plâtre, que firent appliquer les officiers anglais, on est parvenu à déchiffrer le tout. La légende est gravée à la manière ordinaire et assez mal conçue des anciennes inscriptions : disposition grossière, qui présente les caractères joints confusément, et sans aucune séparation, comme si l'on avait eu un tout autre but que de les rendre intelligibles.

Τι....ωτατοναυτοκρατορα
Τονπολιουχοναλεξανδρειας
Διοκ.η.ιανοντον....τον
Πο....επαρχοσαιγυπτου.

La première opération à faire pour tâcher de découvrir le sens, est de séparer les lettres en mots distincts, c'est ce qu'a fait d'une manière très-ingénieuse un professeur français, M. Jaubert (a). On trouve dans le magasin encyclopédique, le détail de son explication que voici :

1. Το.... ωτατον αυτοκρα τορα
2. Τον πολιουχον αλεξανδρειας
3. Διοκ. η. ιανον τον.... τον.
4. Πο....επαρχος αιγυπ τον.

Je joins ici un extrait des observations de M. d'Ansse de Villoison (1).

(a) M. le chevalier Amédée Jaubert, maître des requêtes au conseil d'état.

(1) Fragment d'une lettre de J.-B. d'Ansse de Villoison, membre de l'institut national de France, au professeur Millin.

των de la première ligne, est évidemment une corruption de τον. Il n'est pas moins clair que ωτατον est la terminaison d'une épithète appliquée à l'empereur Dioclétien. Mais pour découvrir le terme vrai, il faut chercher un superlatif dont l'antépénultième soit formée d'un *omega* (et non d'un *omicron*, ce qui serait moins difficile). Il faut aussi que l'épithète soit particulière à ce prince. M. d'Ansse croit que cette épithète employée spécialement pour ce souverain était οσιωτατοι, «très-sacré.» Pour écarter l'objection que l'on pourrait tirer de la singularité d'une telle qualification, ce savant ingénieux montre que la même est employée dans une inscription grecque découverte dans la vallée de Thymbra, près de la plaine de Bounrrbachi, et dont Lechevalier fait mention. Voici les termes dont on s'est servi dans cette inscription : Των οσιωτατων ημων αυτοκρατορων Διοκλητιανον, και Μαξιμινιανον.

Dans la seconde ligne, τον πολιουχον αλεξανδρειας peut se traduire « le protecteur, le génie tutélaire » d'Alexandrie. » Les Athéniens distinguaient par ce nom de πολιουχος, leur déesse tutélaire, Minerve.

Dans la troisième ligne, le rétablissement des lettres λ et τ pour remplir les lacunes entre κ et η, donnent le nom Διοκλητιανον parfaitement formé. La lacune entre τον..... τον, se remplit par l'insertion de σεβαστον Augustum. On donne à Dioclétien, dans plusieurs médailles, les épithètes de ευσεβης dans presque toutes, particulièrement dans celles d'Alexandrie.

Dans la quatrième et dernière ligne, πο... est probablement une abréviation de πόλιος. Peut-être la lettre initiale du nom qui suivait, maintenant tout-à-fait effacé, et qui était celui du préfet égyptien, dont il est question, était un π : on l'aura joint mal à propos aux lettres qui précèdent, dans la supposition que πομ était l'abréviatif de πομπηιος.

Que cette conjecture soit bien ou mal fondée, on ne trouve dans les historiens du règne de Dioclétien, rien qui puisse faire découvrir le nom de ce magistrat, et il est conséquemment tout-à-fait impossible de faire disparaître cet hiatus choquant qui défigure toujours l'inscription. Quant à sa date, en admettant les raisons qu'on vient de lire, on peut la fixer dans le cercle d'un petit nombre d'années. M. d'Ansse de Villoison assigne l'an 302, et y donne pour motif une distribution très-abondante de blé, faite dans un temps de détresse extrême, aux citoyens d'Alexandrie souffrant de la disette, par les ordres de l'empereur lui-même ; acte de libéralité qui justifie l'application qu'on lui fait de l'épithète πολιούχος.

Les difficultés de cette fameuse inscription paraissant ainsi complètement levées, il ne reste plus qu'à la donner en caractères modernes, en y joignant la traduction latine.

τον θιωτατον αυτοκρατορα,
τον πολιουχον αλεξανδρειας
διοκλητιανον τονσεβαστον
ποβλιος.....επαρχος αιγυπτου (1).

Sanctissimo Imperatori,
Patrono conservatori Alexandriæ,
Diveletiano Augusto,
Publius..... prefectus Ægypto.

La colonne s'élève sur une éminence, à peu de distance de la porte extérieure. Le terrain à l'entour, est rude, inégal et aride. A des yeux peu exercés la base paraît beaucoup trop petite, et le chapiteau trop lourd. Le fût est toujours presque parfaitement conservé. Son beau poli s'est maintenu partout, à l'exception de deux ou trois endroits, où la surface a été tailladée par une décharge de canon, du côté qui fait face à la mer. Il a aussi été légèrement endommagé du côté opposé, par des échafaudages qu'on y a appliqués, il y a quelques mois, pour monter au haut de la colonne. Parmi ces curieux entrepre-

---

(1) Il faut sous-entendre un verbe qui gouverne l'accusatif; par exemple : ανεθηκεν, ανεστησεν, ετιμησεν, ou quelque autre de même signification pour faire connaître que la colonne était consacrée à la gloire de l'Empereur. Cette ellipse est très-commune dans les anciennes inscriptions grecques, et paraît avoir été imitée par les Romains, qui, en pareille circonstance, omettent souvent le mot POSUIT.

nans, on cite une dame anglaise, comme ayant aussi monté à l'escalade. Je n'ai pu savoir si on n'avait rien remarqué qui indiquât que le chapiteau eût autrefois porté une statue. Il y a cependant apparence que c'était sa destination.

L'inscription est gravée sur le côté méridional du piédestal. Ce que vous avez lu plus haut ne s'applique qu'à la dédicace contenue dans les caractères que j'ai transcrits. Quant à la colonne elle-même, la date de sa construction est beaucoup plus ancienne; mais l'ordre corynthien du chapiteau en fixe la date, à quelques années près. Il n'y a rien d'improbable à ce que ce célèbre monument, indépendamment de Sévère, d'Adrien et de Dioclétien, ait servi à honorer d'autres potentats; tous auront successivement fait place à de nouveaux objets de gratitude ou d'adulation.

On dit ici que Bonaparte avait donné ordre d'inscrire sur la partie de la colonne la plus en vue, les noms de tous les braves de son armée, qui avaient péri à la bataille d'Alexandrie. Leurs restes devaient aussi être enterrés sous la base. Mais, pressé par des événemens plus importans, il fut ensuite obligé de renoncer à ce projet.

Vers neuf heures, deux caractères, que l'on peut apercevoir sans le secours de la lunette, devinrent visibles. A cette heure, les rayons du soleil, tombant directement sur eux, les firent, en quelque sorte, briller à l'œil. Il y a apparence que les autres côtés du piédestal portaient aussi des inscriptions, quoique le temps en ait effacé l'empreinte. Au nord-ouest vers l'angle nord, on aperçoit une entaille, que l'on peut prendre pour un de ces petits creux destinés à recevoir des caractères. On ne peut maintenant distinguer les traces d'aucunes lettres. Mais les petits grains de sable, poussés depuis des siècles contre sa surface par la force du vent, dans ce canton, rendent assez raison de la disparition de ces lettres.

Environ à vingt verges au-dessous du môle sur lequel s'élève la colonne, on aperçoit les ruines de l'Hippodrome. Le cirque ressemble pour la forme à tous ceux que j'ai vus en Grèce et en Italie. Dans tous, l'espace m'a paru trop circonscrit pour le libre développement de l'agilité et des forces du cheval. Il ne paraît pas que jamais les Anciens aient eu l'idée de nos courses où il s'agit, pour ainsi dire, de lutter contre le temps. Leur manière imparfaite d'en compter les subdivisions était sans doute pour eux un obstacle invincible.

Les deux obélisques qu'on a nommés les *aiguilles de Cléopâtre* (1) sont très-près de la côte;

---

(1) On ne connaissait pas bien l'origine de cette dénomination. Ils ne ressemblent nullement, par leur forme, à cet ustensile de ménage. Ils ont plus de rapport avec des coins

et renfermés dans l'enceinte des murs extérieurs. L'un des deux seulement est resté debout. Quelque violente commotion a sans doute renversé l'autre, dont une grande partie a été enfouie dans le sable. On l'a écarté, il y a quelques années, pour prendre la mesure exacte du bloc, que l'on assure avoir soixante-six pieds de long, et six pieds carrés à la base. On présume que tous deux étaient placés à l'entrée du palais de Cléopâtre. La forme n'en est, à mon avis, nullement agréable à l'œil. Ils sont couverts d'hiéroglyphes, très-bien conservés du côté du nord et du couchant, mais au midi et au levant, tout-à-fait effacés. Le poids d'une de ces masses doit être énorme. Cependant, lord Cavace avait entrepris de transporter en Angleterre l'obélisque renversé, et plusieurs de nos officiers se réunissaient à lui pour l'exécution de ce projet ; mais on le trouva ensuite inexécutable.

---

allongés. Dans le fait, ils sont quadrangulaires, de forme conique, et terminés par une petite figure pyramidale.

LETTRE XXX,

A Sir G. E.—t. Bart.

Alexandrie, octobre 1817.

Mon cher E.....

S'il faut s'en rapporter à la magnifique description que Strabon (1) nous a laissée de l'ancienne Alexandrie, la métropole de la Basse-Égypte surpassait infiniment en beauté et en splendeur, la ville éternelle elle-même. L'Alexandrie moderne n'a guère de recommandable que son nom. Elle est bâtie sur la langue de terre étroite qui unit le Phare avec le continent. D'après Homère, la petite île, ornée de cette merveille du monde, était autrefois à la même distance de la côte, qu'un vaisseau le serait de la terre ferme, s'il voulait y arriver en un jour avec le vent le plus favorable. Voici les expressions du poète :

Νησος επειτα τις εστι πολυκλυστω ενι ποντω,
Αιγυπτου προπαροιθε (Φαρον δ'ε κικλησκουσι)
Τοσσον ανευθ' οσσοντε πανημεριν γλαφυρη νηυς
Ηνυσεν, η λιγυς ουρος επιπνειησιν οπισθεν.

Odyss., IV, v. 354 (a).

---

(1) Liv. 17.
(a) On trouve ensuite, au milieu de la mer agitée, en avant

Il faut conclure de ce fait, que la terre a conquis sur la mer une étendue d'au moins vingt lieues, à moins, ce qui est assez probable, que le lac Maréotis ne se jetât dans la Méditerranée, à l'époque de la guerre de Troie.

Quiconque examine avec attention les écrits d'Homère, sera sûrement frappé de la fidélité de ses descriptions, dans toutes les circonstances où l'erreur et l'inexactitude seraient faciles à reconnaître; même quand il peint les terribles phénomènes de l'élément des tempêtes, dont la puissance semble, pour ainsi dire, défier l'exagération, jamais il ne franchit les limites tracées par l'observation et l'expérience. Nous lisons souvent dans ses vers μεγα στενὸς ὠ'κεα νιο (l'immense océan); mais nulle part, dans ses poëmes, il n'est question « des vagues qui s'élèvent jusqu'aux » cieux, ou du fond de l'abîme qui se découvre » à nos yeux. » S'il se montre réservé dans un sujet où l'amplification serait tolérable, il n'était sûrement pas moins attentif à respecter la vérité dans ses descriptions, lorsqu'il parlait d'objets, qu'on peut observer tous les jours.

La célèbre bibliothèque, dont il ne reste plus aujourd'hui le moindre vestige, faisait partie du

---

de l'Egypte, une île qu'on appelle Pharos, éloignée *du continent*, de tout le chemin que ferait pendant un jour entier un beau navire dont un bon vent de Ligurie enflerait la voile.

palais du roi, édifice si vaste, qu'avec ses diverses dépendances, il occupait près d'un tiers de la ville : une partie considérable de ce somptueux monument était consacrée à la science et aux muses. Aussi portait-il l'honorable dénomination de muséum. Cet établissement ressemblait en partie à nos universités. On y appelait de tous côtés les hommes les plus renommés par leur savoir. Ils y trouvaient un superbe asile : ils y étaient reçus avec une bienveillance pleine d'égards, et entretenus aux dépens du trésor public. On attribue cette institution à Ptolémée Philadelphe. Mais l'idée en appartenait à son frère Ptolémée Soter, qui se montra toujours le protecteur du génie et des arts. Ce fut dans cette intention qu'il commença cette collection de livres, qui fut ensuite augmentée au point d'être regardée comme la plus belle du monde. Sous Ptolémée Philadelphe, elle s'élevait à cent mille volumes. Les princes ses successeurs n'ayant cessé *de l'accroître,* le nombre des livres parvint enfin à sept cent mille. Le zèle de Ptolémée Evergètes alla quelquefois jusqu'à franchir les limites d'une stricte justice. Ce Monarque avait une très-forte prédilection pour les ouvrages *originaux*, il les empruntait sous prétexte d'en faire des duplicatas, et il oublia quelquefois de les rendre : il en fut ainsi pour les écrits d'Eschyle, de Sophocle et d'Euripide. Il garda les originaux; mais il en renvoya aux Athéniens de très-belles copies, qu'il accompagna d'un présent de quinze talens, somme équivalente à trois mille livres sterlings (soixante-quinze mille francs).

La première bibliothèque était dans le quartier de la ville appelé *Bruchion*, près du palais. Lorsque la collection eut été portée au nombre de quatre cent mille volumes, il fallut construire un nouveau dépôt, et l'on fit bâtir à cet effet un édifice attenant au Scrupeum. On y déposa trois cent mille volumes, ce qui formait le total de sept cent mille. A l'époque de l'invasion de César, la bibliothèque de Bruchion fut malheureusement brûlée, et la magnifique collection qu'il renfermait, réduite toute entière en cendres; cependant le Serapeum échappa à ce désastre. Il fut ensuite considérablement augmenté par Cléopâtre, qui en fit le dépôt de deux cent mille volumes, dont Antoine lui avait fait présent. Il s'accrut tellement par de nouvelles acquisitions, qu'il devint plus riche que l'ancienne collection, et demeura sans égal, au milieu des vicissitudes de la fortune de Rome. Enfin au septième siècle de notre ère, il fut brûlé de propos délibéré par les Sarrasins, lorsqu'ils se furent emparés de la ville. Amron, général d'Omar, ayant demandé les ordres de son maître, relativement à ce trésor inestimable : « livrez la bibliothèque aux flam-
» mes, répondit le calife orthodoxe : si ces
» livres ne contiennent que les sublimes vérités

» du Koran, ils sont inutiles; s'ils renferment » autre chose, ils sont dangereux. »

Amron se conforma fidèlement aux instructions de son souverain. Ainsi disparut en peu de temps le trésor qui renfermait la sagesse de tant de siècles. Le flambeau de la science étant ainsi éteint, et le réservoir qui en entretenait la lumière, étant détruit, les ténèbres de l'ignorance n'ont pas cessé depuis d'envelopper cette terre autrefois la source des lumières et du savoir.

LETTRE XXXI,

A Sir G. E. — t. Bart.

Alexandrie, octobre 1817.

Mon cher E.....

J'ai accompagné ce matin le consul anglais sur le quai pour assister à l'embarquement d'un buste colossal en granit rouge. Ce beau débris appartient, à ce qu'on présume, à une statue de Memnon, non pas la célèbre statue *harmonieuse*, mais une autre, à quelques égards plus estimée. La tête est presque parfaitement conservée. Aucun des traits n'a souffert le moindre dommage. La couronne seule est mutilée, et presqu'à moitié brisée. Une des épaules a aussi été cassée. Les Français, très-jaloux d'enrichir leur collection du Louvre d'un morceau de sculpture aussi rare, employèrent les plus grands efforts pour le transporter sur la côte; mais son poids devint un obstacle insurmontable. Pour le diminuer, on proposa un expédient barbare, de séparer les membres du torse : on fit donc sauter l'épaule droite avec de la poudre à canon. Ce moyen grossier ne put cependant atteindre le but, et on fut en définitif obligé de renoncer au transport. Le colosse resta ainsi mutilé, jusqu'au moment où le signor Belzoni, artiste italien, très-habile, a trouvé un moyen facile de le déplacer, ce qu'il a fait il y a quelques mois; et ce monument, destiné au *Britirh museum*, est maintenant en route pour l'Angleterre. Mais, avant d'atteindre le bâtiment, peu s'en est fallu qu'il n'ait point échappé à un élément qui lui eût été plus fatal encore que le zèle destructeur des savans français. Le navire qui devait le transporter à Malte, étant trop chargé pour approcher assez du môle, on fit avancer une barque plus petite, pour le prendre d'abord, et environ trente Arabes furent employés à le retenir, tandis qu'on le faisait descendre sur des madriers inclinés. Les ouvriers paraissaient empressés de s'acquitter de leur tâche, au gré de ceux qui les employaient, et avoir fort à cœur de conduire ce trésor à bon port; mais les cordes n'ayant pas été assez bien ajustées, et la confusion s'étant mise parmi ce grand nombre d'ouvriers, on ne fut bientôt plus maître de la machine, et la tête du colosse roulant avec une vitesse qu'on ne pouvait arrêter, était sur le point de se précipiter dans la mer, lorsque par bonheur une des dalles se brisa sous le poids, et fit tomber la tête sur un gros tas de grain placé au fond de *la djerme*. Cet accident la préserva d'un plus dangereux. Ainsi, j'espère que, sous quelques mois, vous aurez la satisfaction de voir à Londres, l'échantillon le mieux conservé de l'art égyptien.

Le mode d'architecture diffère en général très-peu de celui des autres villes turques. Seulement les maisons sont plus grandes (1). Les Européens qui ne travaillent point à quelque art mécanique, occupent la plupart les grands édifices appelés *ochellas*, assez spacieux pour réunir sous le même toit plusieurs familles. Une porte commune conduit à plusieurs escaliers. Disposition dont on sent l'avantage, en temps de peste, ou d'insurrection.

L'ophtalmie, maladie dont notre armée a tant souffert, perd tous les jours beaucoup de sa violence. On aperçoit aujourd'hui peu de traces de sa maligne influence. Comme on n'a pas encore découvert la cause de ce fléau, les médecins sont d'ordinaire fort embarrassés pour y porter remède. Volney incline à attribuer cette épidémie à l'usage des végétaux crus, régime presqu'exclusif des habitans. Ce genre d'alimens, occasionne, suivant lui, une abondance d'humeurs, qui cherche sans cesse un écoulement. Repous-

---

(1) Les diverses nations ont chacune leur quartier séparé. Les bazars sont au centre de la ville. Il y a des cordonniers, des tailleurs, etc., dans ce qu'on appelle le quartier des Francs. Leurs prix sont extravagans, et leurs marchandises de qualité très-inférieure.

sées par la transpiration habituelle des canaux intérieurs, elles cherchent leur issue à l'extérieur, et se fixent sur les parties qui offrent le moins de résistance. Elles se portent naturellement à la tête, parce qu'elle est rasée toutes les semaines, et qu'à raison de l'énorme turban qui la couvre, elle devient un véritable foyer de chaleur. Dans les courts intervalles où on la laisse découverte, la transpiration éprouvant un obstacle momentané, se jette sur les yeux. Chaque atteinte successive augmente la débilité de l'organe, jusqu'à ce qu'à la fin la vue se perde tout-à-fait. Ni mon compagnon, ni moi, nous n'avons ressenti la moindre atteinte de ce mal. Le sable fin du désert nous causait quelquefois une douleur légère; mais je ressentis, ou crus en ressentir presqu'aussitôt un bon effet, en me frottant la peau d'huile d'olive. J'employais ce moyen toutes les nuits avant de me coucher, et je recommençais le lendemain matin à mon réveil.

Je crois avoir dit que les Turcs punissaient certains délits par la mutilation du visage. On suppose communément que la sévérité du châtiment est en proportion du délit; mais les magistrats armés d'un pouvoir arbitraire, exercent quelquefois leur autorité de manière à montrer plutôt une légèreté affectée, ou un caprice barbare, que l'attention aux lois de la justice. Un fait de ce genre s'est passé au Caire, il y a quelques semaines; il donnera une idée plus claire de la conviction de la multitude (et je prends le mot dans son acception la plus universelle), qu'aucun détail, quelque soigné qu'il puisse être. Un officier de police remarqua un matin une femme (ce n'était point une égyptienne) portant un gros morceau de fromage, il lui demanda où elle l'avait acheté ; ignorant le nom du marchand, elle le conduisit à la boutique. Le magistrat soupçonnant qu'il y avait défaut de poids, plaça le morceau sur les balances, et le soupçon se trouva fondé. Il ordonna sur-le-champ à ceux qui le servaient d'enlever au délinquant, sur la partie la plus charnue de son corps, de quoi parfaire la mesure. L'ordre fut exécuté aussitôt, et le patient blessé à mort (1).

J'étais déterminé à retourner en Europe par la Sicile. J'ai changé d'idée, et je vais m'embarquer directement pour Marseille. Un vaisseau marchand anglais, la *Marie-Anne*, vient justement de compléter sa cargaison pour ce port. Le capitaine El-ll-n paraît fait pour rendre le voyage agréable autant qu'heureux. Si cependant quelque vague malencontreuse nous procurait un éternel repos, engagez nos amis, près de la place, à se sou-

---

(1) On rapporte plusieurs anecdotes du même genre. Celle qu'on vient de lire, a été racontée à la table du consul, comme un fait bien connu, et généralement reçu pour vrai. Il a été confirmé par le témoignage d'une personne qui était au Caire, lorsque la chose se passa.

venir quelquefois de nous. Je ne cesserai jamais de penser à eux.

Dùm memor ipse mei, dùm spiritus hos regit artus.

T. R. J.

APPENDICE.

ESQUISSE DE L'HISTOIRE D'ALI PACHA.

Voir la page 180.

Lord Byron a rapporté une observation de Gibbon, qu'*une contrée en vue de l'Italie est moins connue que l'intérieur de l'Amérique*. Les événemens des quinze ou vingt dernières années ont fait presque entièrement tomber ce reproche, et les anciens territoires de Pyrrhus et d'Alexandre ont infiniment plus d'attraits pour le voyageur moderne que ceux de Louis et de Léopold. Mais, quoique le Grand Tour ait changé sa direction, et que les usages de l'Albanie nous soient en quelque sorte familiers, on peut présumer que le nom de celui qui la gouverne aujourd'hui est à peine connu d'un grand nombre de gentlemen de la campagne.

La vie d'un capitaine que ses talens extraordinaires ont mis à même de consolider sa puissance, et qui défie les armées de Constantinople, doit être remplie de beaucoup d'événemens. Mais là où la civilisation est encore dans l'enfance, l'historien cherche à mettre du merveilleux dans ses récits, plutôt qu'il ne se pique d'une grande exactitude dans les détails. La relation suivante, a été en grande partie recueillie sur les lieux, et l'auteur se flatte d'avoir rejeté avec soin tout ce qui paraissait trop blesser les probabilités.

Le lieu de la naissance d'Ali Pacha est un petit village qui touche à Tepelini, ville de l'ancienne Thesprotie, à soixante ou soixante-dix milles au nord de Joanina. Sa famille avait des possessions héréditaires dans le voisinage ; son père était revêtu de la dignité de pacha à deux queues; sa mère passe pour avoir été douée d'un courage au-dessus de son sexe, et c'est d'elle que le gouverneur actuel de l'Albanie paraît avoir reçu le caractère auquel il doit son ascendant sur la Grèce. Il perdit son père étant encore fort jeune; et, incapable alors de tout effort personnel, il aurait été inévitablement dépouillé des possessions qu'il tenait de ses pères, si sa mère ne se fût mise à la tête de quelques fidèles adhérens, et n'eût repoussé les usurpateurs avec l'épée. Au milieu des scènes de cette petite guerre, le jeune Ali prit nécessairement l'habitude du courage, et ses facultés se développèrent d'une manière qui accrut la confiance de son parti.

Dès qu'il put soutenir le poids d'un fusil, il

parut dans les rangs comme simple soldat ; et, ayant par des actes d'héroïsme répétés obtenu l'estime de ses compatriotes, il prit la direction de ses affaires, qui, jusques-là, avaient été si bien conduites par sa mère. Il se montra bientôt capable de remplir les devoirs compliqués de sa nouvelle situation, et triompha long-temps de tous les stratagèmes employés pour sa ruine; jusqu'à ce qu'enfin, après une succession de revers, il se vit réduit à une extrémité qui le privait de tous moyens d'entretenir ses troupes. Dans cet extrême embarras, il fit une attaque désespérée sur une bande formidable de ses ennemis; mais il fut forcé à une retraite précipitée, et ce ne fut pas sans peine qu'il parvint à échapper aux recherches de ceux qui étaient à sa poursuite, en se précipitant dans les profondeurs d'une caverne. Un de ses biographes assure que, pendant qu'il était occupé dans cette retraite à réfléchir sur la singularité de sa fortune, il sentit tout à coup une résistance de quelque matière dure qu'éprouvait son bâton, avec lequel il traçait négligemment des figures sur le sable. Alors, plutôt pour fixer son attention que dans l'idée de parvenir à quelque découverte intéressante, il se mit à creuser la terre; à une certaine profondeur de sa surface, il trouva un vase rempli de monnaies de différentes espèces, qui formaient une somme d'une grande valeur. Regardant cet événement comme un augure très-favorable, Ali prit de suite des mesures pour organiser une troupe d'aventuriers, et fut bientôt maître d'un butin suffisant à l'entretien d'une petite armée. A la tête de cette bande choisie, il retourna au lieu de sa naissance, reprit possession de ses domaines héréditaires, et entra en triomphe à Tepelini. Depuis cette époque, son autorité augmenta graduellement; son étendard devint un point de ralliement pour tous les hommes ardens et entreprenans; il porta bientôt ses vues au-dessus de l'étroit horizon de la province où il était né; et, après l'exécution du dernier pacha, dont l'incapacité avait amené sur son gouvernement tous les malheurs de l'anarchie, Ali fut nommé par la Porte, pacha d'Albanie.

Supérieur aux attaques de la mauvaise fortune, il fut également à l'épreuve des séductions de la prospérité. Par quelques concessions faites à propos aux districts qu'il avait subjugués, il trouva les moyens d'incorporer leurs habitans à ceux de ses sujets qui lui étaient le plus attachés, et dont il fixait l'affection par une tolérance illimitée de la religion grecque. Ainsi, en sûreté dans son gouvernement immédiat, il ne lui fut pas difficile de s'allier avec les autorités qui dominaient, à cette époque, en Thessalie; et, associant à son administration les deux plus âgés de ses fils, il procura à chacun d'eux la dignité de pacha : enfin, après un enchaînement de bonne fortune qui surpassait ses espérances, ses services à Widdin, vers la fin du siècle dernier, furent récompensés par les plus grandes marques de distinction que le gouvernement de Constantinople puisse donner. Quoique déjà fort avancé en âge, Ali est encore très-adroit dans tous les exercices virils : on le regarde comme très-habile à manier les chevaux, et il affecte une grande élégance dans l'accoutrement de ceux qui lui servent.

Dans l'exercice de son autorité, il montre de l'habitude dans les affaires, de la sagacité et de la prudence. Egalement prompt à concevoir et à exécuter, on peut dire que les mouvemens de son cœur sont ceux de sa main. Mais quand il a besoin d'une politique raffinée, il a un talent étonnant pour engager dans ses intérêts ceux qui lui sont opposés, et sait avec une adresse infinie tirer parti de leur caractère et de leurs passions. Telles sont une partie des merveilleuses qualités de ce personnage remarquable. D'un autre côté, on le représente comme cruel, traître, sans foi, sans honneur et sans religion. On cite beauconp d'exemples de sa politique vindicative. Mais tous sont surpassés en étendue comme en atrocité par la représaille impitoyable qu'il exerça dans la ville de Gardilli, dont les habitans, dans une occasion, avaient traité sa mère avec indignité. Les citoyens furent conduits dans un lieu fermé dont il était impossible d'échapper, et exposés à un feu de mousqueterie qui partait de tous les points. Le pacha assista en personne à ce massacre, et le vit sans doute comme un acte méritoire d'expiation envers les mânes d'une mère offensée. Ce fut une leçon terrible pour les provinces tributaires; elles durent se convaincre que le pouvoir du visir n'admettait pas l'ombre de résistance, et que sa vengeance, comme la colère des cieux, grossissait en proportion du retard qu'elle mettait à éclater.

C'est de ce formidable personnage que l'auteur et ses compagnons, ont éprouvé la réception hospitalière dont il est parlé dans la première partie de ce volume.

Les nouvelles reçues dernièrement des îles Ioniennes annoncent qu'Ali Pacha a ouvertement renoncé à toute dépendance de la Porte, et s'est proclamé ROI D'ÉPIRE.

Le poids des années doit nécessairement gêner ses opérations personnelles; mais on doit se rappeler que Caius Marius, dont le caractère avait, à bien des égards, beaucoup de ressemblance avec celui d'Ali, acheva quelques-uns de ses faits si extraordinaires à un âge à peu près égal. La partie grecque de la population de la Morée se joindra probablement à Ali; si l'on considère l'intelligence que la fleur de la jeunesse de cette contrée a tirée de son commerce et de ses conexions avec l'Europe chrétienne, la supériorité remarquable dans la discipline, et les habitudes guerrières que les Albanais ont sur la soldatesque turque, leur confiance sans bornes dans le génie et la conduite de leur chef, il ne paraîtra point du tout improbable, en supposant qu'Ali Pacha continue de vivre, qu'il ne procure, quoiqu'il arrive, à cette population si long-temps opprimée, un degré de prospérité nationale aussi incompatible avec la solennelle tyrannie du Croissant, qu'avec le despotisme capricieux et plus intolérable d'une démocratie livrée à de perpétuels changemens.

ÉCHANTILLONS DE ROMAÏQUE.

Voir la note, page 184.

Un effort inutile pour révolutionner la Grèce fut tenté il y a quelques années par un aventurier du nom de Riga, qui essaya d'enflammer les passions du peuple à l'aide de ces moyens moraux employés avec tant de succès par Tyrtée. Un grand nombre de chants répandus dans cette vue étaient écrits dans l'esprit de l'hymne des Marseillais. Les premières lignes de l'air favori sont une version presque littérale de

ΔΕ'ΤΤΕ παῖδες τῶν Ἑλλήνων
Ὁ Καῖρος τῆς δόξης ἠλθεν,

Allons enfans de la patrie,
Le jour de gloire est arrivé!

Mais les modernes Athéniens ont peu de ressemblance avec les anciens Spartiates. Le sort de Riga est bien connu.

Notre hôte à Athènes était un très-digne homme et d'une grande intégrité; enthousiaste des anciennes institutions de son pays, et professant le plus profond mépris pour les folies dégénérées de ses habitans actuels : sa maison, qui était située presque au pied de l'Aréopage, dominait une vue délicieuse de la magnifique scène qui environne la plaine, et d'où partent les chemins qui conduisent à Thèbes et à Marathon. Il avait trois fils, nommés *Thémistocle*, *Périclès* et *Alcibiade*. Le jour de notre arrivée, sa famille reçut une augmentation par la naissance d'une fille, appelée depuis *Aspasie*. Ses enfans n'avaient pas plus de neuf à dix ans, mais paraissaient doués d'une intelligence précoce et d'un caractère vif et bon. L'aîné, qui était vraiment joli, venait souvent, après les heures de l'école, jouer dans notre appartement. J'ai écrit, pendant qu'il les récitait, deux ou trois ballades populaires.

Les pièces que l'on va voir sont des échantillons propres à donner une bonne idée du goût du petit Thémistocle dans son choix. La première pièce est une sorte d'hymne patriotique.

I.

Ποία Ελληνική καρδία
Νά θωρῆ μ' ἀδιαφορίαν
Τόσα γένη εἰς τὴν γῆν.
Ὁποῦ ζοῦν μὲ εὐρυθμίαν
Μὲ σοφίαν καί ἀνδρείαν
Καὶ ἑλληνικὴν μορφήν.

II.

Τὸ δὲ γένος τῶν Ἑλλήνων
Τῶν ποτὲ σοφῶν ἐκείνων
Νά θωρῆ εἰς τὸν ζυγόν,
Καὶ ὡς ὀρφανὸν παιδίον
Νά νοῆ τὸ μεγαλεῖον
Ποῦ τὸ εἶχε πατρικόν.

Quelques vices d'expressions ont été depuis corrigés par le maître de Romaïque Celebi (Signor) Janco Tatlicara, dont il est fait une si belle mention dans la revue d'Avramiotti du voyage du Vicomte de Châteaubriand.

Nous souhaitons que le lecteur pardonne les inélégances d'une traduction mot à mot.

I.

Quel cœur grec peut regarder avec indifférence la race habitante de cette terre qui se conduit avec honneur, avec esprit, avec courage, et à la manière de l'ancienne Grèce.

II.

Qui peut endurer de voir les descendans de ces anciens sages courbés sous le joug de l'esclavage, réduits à l'état d'un enfant orphelin, qui contemple la grandeur de l'héritage qu'il a perdu.

III.

Πλῦτε βασιλεῦ. τῦ Ἅδη,
Στεῖλε τὸν Ἀλκιβιάδη,
Ἢ κανένα σὰν κ᾽ αὐτόν.
Μ᾽ ἕνα νεῦμα νὰ συντρίψῃ,
Καὶ εὐθὺς νὰ ἐξειλήψῃ
Τῆς πατρίδος τὸν ζυγόν.

IV.

Στεῖλε ὅμος τὸν Σωκράτην
Νὰ ἀρχήσῃ νὰ διδάξῃ
Τῆς πατρίδος τὺς υἱύς,
Φιλοσόφυς γὰ συςήσῃ
Ἥρωας νὰ καταςήσῃ
Ἀμπ βῆς καὶ τὺς δειλύς.

V.

Ἐπειδὴ καὶ τὸ μαντεῖον
Τῦ Ἀπόλλωνος τὸ θεῖον

III.

O Pluton, roi des ombres, rends-nous Alcibiade ou quelque chef qui lui ressemble; qu'il vienne briser nos liens, et rejeter au loin les fers de notre patrie.

IV.

Rends-nous aussi Socrate, qui puisse guider et instruire la jeunesse de notre nation, qui convertisse l'ignorance à la philosophie, et porte le lâche à des actes d'héroïsme.

V.

L'oracle sacré d'Apollon a proclamé que Socrate était es-

(331)

Τὸ προλέγει φανερά·
Ὁ Σωκράτης εἶναι χρεία,
Ν' αναζήση στην πατρίδα,
Καὶ εὐθὺς τῆν ἐξυπνᾷ,

Τὰ ὅπλα ἂς λάβωμεν
Παῖδες Ἑλλήνων ἄγωμεν
Ποταμιδῶν ἐχθρῶν τὸ αἷμα
Ἃς τρέξῃ ὑπὸ ποδῶν.

La pièce suivante est une chanson joviale fort aimée de quelques bons vivans (1).

Ἐχυ ἑλλάστε, φέρτε κεράστε
Βάλτε νὰ πίωμεν να ευφρανθῶμεν
Πλόσκα μου πέρνα χῦτε καὶ κέρνα
Φέρ νὰ σέ σφίξω, νὰ σέ σφυρίξω :
Λύπες καὶ πόνοι, ἀνθρωποκτόνοι,
Φεύγετ' ἀφῆτε, πᾶτε, χαθῆτε,
Ἔξω πτωχεία, ἔξω ἀχρεῖα

---

sentiel à l'état, renvoie-le donc à notre pays, pour le tirer de sa fatale léthargie.

Fils de la Grèce, levez-vous ! aux armes !
Que le sang de nos oppresseurs coule par torrens sous nos pieds.

(1) Holà ! enfant, apporte du vin, fais que nous puissions boire et être joyeux. Viens ici, ma bouteille, verse ton trésor dans mon sein. Que je te serre dans mes bras, et avale ta liqueur : soins et chagrins, lâches homicides, fuyez, évanouissez-vous ; loin d'ici, pauvreté ; rends-toi rare, famine ! en imagination je suis plus riche que Crésus : je me figure que je suis le maître de l'univers.

Viens ici, enfant, etc.

Ἐγῶμαι ἴσως, ὁ Κλέον κροῖσος,
Τώρα πιστεύω πῶς, βασιλεύω,
Τώρα νομίζω τὸ πᾶν ὁρίζω :
  Ἐχὺ ἐλλάστε, φέρτε κεράστε,
          κ. τ. λ.

La troisième pièce est sur le même sujet que celle qui précède ; mais elle est d'un plus haut ton de poésie.

I.

ΒΑ'ΛΤΕ φίλοι μέστην βρύσιν, τὸ κρασάκι νὰ δροσίση
Καί στρωθῆτε κατα γῆς
Κατὰ τάξιν, εἰς τὸν βραχον, εἴστον ἰσκιον ἀποκάτω,
Πρὸς τὰ χείλη τῆς πηγῆς.

II.

Στρῶστε φύλλα, στρῶστε φτέρι, ἐπιδέξια μέ τὸ χέρι
Κ'ἀποπάνω τεχνικα :
Τὸ ἀρνάκι μας λιανίστε, καὶ σ'λόγυρα καθῆστε
Νὰ χαροῦμεν φιλικά.

I.

Venez, mes amis, à cette fontaine ; récréez-vous avec du vin ; penchez-vous décemment sur cette terre, à l'ombre que projette la montagne, et près de la source du ruisseau.

II.

Que vos mains répandent avec adresse les feuilles et les herbes odoriférantes, et les disposent avec art : découpez l'agneau, asseyez-vous autour, et réjouissons-nous au banquet comme des amis.

III.

Ἀς ῥυφῶμεν τὰ κρασάκι ϛὰς ἀρχαὶς ἀπὸ λιγάκι,
Καί κινῶντας ϐαθμιδόν,
Ἀ' ὑψώσωμεν τὴν δόσιν, ὡς τ'ἀναψῃ τὰ κορώση
Εἰς τὸ ἄπειρον σχεδόν.

IV.

Κ'ἔτζι πλέον ζυλισμένοι, μέϛά χορτα κυλισμένοι
Στώ νερὸ τον σφυρισμενόν,
Ἀς ἀρμόσωμεν τό ἴσον τῆς φωνῆς μας ἀπ' ὀπίσω
Ὡς τὸν πρῶτον νυϛασμόν

Les lettres suivantes se reportent à la page 210. Le lecteur s'amusera de la solennité mesurée du style avec lequel les gentlemen, même du rang de proconsul, s'attendent toujours qu'on leur écrira.

ILLUSTRISSIME SEIGNEUR CONSUL,

Je prends la liberté de vous écrire la présente

III.

Buvons d'abord à petits coups : abandonnons-nous par degré au plaisir : trinquons jusqu'à ce que le verre étincelle, jusqu'à ce qu'il jette des flammes.

IV.

Et pleins de feu, nous roulant sur la pelouse près de l'aimable chute de la source, nous mêlerons nos voix à son murmure, jusqu'à ce que le sommeil nous vienne envelopper dans ses doux embrassemens.

pour vous supplier de vouloir bien faire parvenir mes respects au seigneur Pacha, et de lui présenter en mon nom le lit qu'il m'a permis de lui offrir. J'espère qu'il voudra bien accepter ce faible hommage, en signe de reconnaissance, pour la bonne grace dont il voulut me favoriser à mon passage ici.

Que l'illustrissime consul agrée les protestations de mon estime distinguée.

Il ne me reste plus qu'à le prier de m'accuser, pour ma tranquillité, réception de la présente, et des objets qui l'accompagnent; et je me félicite de pouvoir espérer être favorisé d'une prompte réponse.

(La note qui précède, a été écrite pour accompagner le ballot, et la lettre ci-dessous, en français, a été envoyée pour informer le consul du départ du bâtiment).

Londres, le 11 mai 1818.

Monsieur le Consul,

Lors de mon séjour à Gaza l'été dernier, le Pacha de Jaffa m'ayant témoigné un grand désir d'avoir un lit pareil au mien, j'assurai Son Altesse, qu'aussitôt que je serais de retour à Londres, je ne manquerais pas de lui faire passer, à votre adresse, un des meilleurs lits de voyage qu'on puisse trouver dans cette ville. Ainsi M. le Consul, je m'empresse de vous faire savoir, que j'en ai expédié un, sur le navire anglais, *The Friends* (les Amis), qui est déjà parti pour Smyrne. Je l'ai fait emballer dans des nattes, et consigner aux soins de messieurs Purdie, Mildred et Compagnie, en les priant de le faire transporter chez vous le plutôt possible : vous suppliant en même temps dès que vous aurez reçu le ballot, de vouloir bien l'envoyer chez le Pacha, franc de port, comme une preuve, quelque petite qu'elle soit, de ma plus vive reconnaissance de toutes les bontés et les honnêtetés qu'il m'a prodiguées pendant mon séjour à Jaffa. En cas qu'il y eût quelque petite somme à payer, veuillez bien tirer à votre convenance, sur messieurs Firmin de Tastet et Compagnie, de Londres, qui feront honneur à votre traite.

Agréez, monsieur le Consul, les sentimens de la plus vive reconnaissance avec laquelle

J'ai l'honneur d'être,

Votre très-humble,
T. R. J.

MÉMOIRES.

Voir la note de la page 275.

Les ruines du temple, et l'emploi des machines pour les oracles, sont aujourd'hui des choses purement nominales à Lébadée comme à Delphes.

Le récit de Pausanias est extrêmement curieux dans toute son étendue; mais il est trop long pour être transcrit. Il suffit de rappeler qu'après le jeûne, la pénitence, l'ablution, le sacrifice des victimes, et l'inspection formelle de leurs entrailles, ceux qui voulaient consulter l'oracle étaient conduits aux deux sources de la fontaine d'Hercynie : on leur faisait boire des eaux du Léthé qui devaient produire en eux l'oubli des soucis et des chagrins; ils buvaient ensuite une coupe de celles de la fontaine de Mnémosyne, pour conserver le souvenir de tout ce qui leur serait découvert après leur descente.

On employait, dans l'intérieur de l'antre, toutes sortes de momeries. Arrivés près de son ouverture, les consultans devaient rester immobiles; puis on les poussait, de manière à les faire entrer à reculons; et tout à coup ils sentaient une force qui les entraînait comme celle d'un torrent. Les réponses de l'oracle étant rendues de différentes manières : aux uns, elles étaient présentées sous des formes allégoriques ; aux autres, elles étaient délivrées verbalement. Quand les consultans s'en retournaient, ils étaient conduits par les prêtres au trône de Mnémosyne, où on leur faisait rendre compte de ce qu'ils avaient vu : après une révélation complète de leur part, on imaginait de leur faire perdre connaissance, pour les rendre susceptibles de toutes les impressions qu'on voulait leur faire éprouver.

Il y a, à la surface du roc, des cavités pour les offrandes votives, et un passage aujourd'hui entièrement bouché, mais qu'on croit avoir eu autrefois une communication avec l'autel. On a tenté, il n'y a pas long-temps, de s'en assurer, en envoyant une personne, qu'une corde mettait en sûreté, débarrasser le passage. Mais cette personne revint, au bout de peu de temps, dans un état voisin de la suffocation. Lord Elgin, par permission expresse de la Porte, a fait ici, et a Chéronée diverses excavations, avec un succès dont l'auteur n'a pas été informé. Mais le compagnon de lord Elgin parle de ces recherches avec déplaisir, et rapporte, comme un événement très-important, que la fontaine qui jaillissait près de l'entrée du temple, a soudainement disparu, quand on fut parvenu à découvrir plusieurs précieuses reliques; comme si elle se fût indignée des ravages commis près de sa source. L'auteur saisit cette occasion de justifier la conduite de lord Elgin, dans le transport des trésors du Parthénon et des autres temples d'Acripolis : il répète ce que lui a dit le seigneur Lusieri, qui a visité Athènes dans le printemps de 1817. La première intention de lord Elgin, était de prendre des moules en plâtre des originaux, et il s'était même adressé à M. Hamilton, qui devait lui envoyer d'Italie un artiste qu'on pût charger de ce travail. Mais lord Elgin changea de détermination sur ce qu'il apprit que quelques agens français étaient en négociation pour dépouiller l'Acripolis de tous ses ornemens, et qu'ils avaient même conçu l'extravagante idée de transporter à Paris le temple de Thésée. L'auteur ayant, d'après ce qu'en rapporte M. Clarke, parlé à M. Lusieri de l'émotion de Disdar et de sa suppliante exclamation, lors de l'enlèvement des dernières métopes du Parthénon, M. Lusieri l'assura que ce grand patriote se défiant de tous les firmans, et des ordres officiels de la Porte, avait absolument refusé la permission d'enlever aucun morceau de sculpture, jusqu'à ce qu'*il en eût reçu le prix auquel il les avait évalués*. Quand donc il eut été payé de sa *dernière exaction*, on dit que le ton mélancolique de sa requête et les pleurs qui l'accompagnaient, furent moins l'effet de sa commisération aux ravages exercés sur les arts, que de la cessation de la source de son péculat.

L'auteur est persuadé qu'on lui pardonnera de joindre ici un compte succinct de l'état actuel de la chapelle de Delphes. Les Anciens croyaient que cette cité était placée au centre du globe ; et s'il faut s'en rapporter aux poëtes dont le témoignage sur un pareil sujet est particulièrement admissible, ce fait fut établi par une volée de deux aigles, envoyés par Jupiter de deux directions opposées, et qui au même moment arrivèrent à ce point. Strabon se contente de dire que cette cité était au milieu de la Grèce ; mais, sans récapituler ses divers motifs à l'appui de son opinion, il suffit de remarquer que si les fondateurs de l'institution des oracles ont eu l'intention de faire choix d'un lieu assez désert pour éloigner l'affluence des visiteurs, qui eût pu découvrir le mécanisme de l'imposture, ils ne pouvaient s'arrêter à une situation plus convenable. Le Parnasse, dans sa plus grande partie, présente une masse sauvage où l'œil découvre à peine quelque trace de végétation. La fontaine de Castalie, dépouillée de ses embellissemens imaginaires, est une petite source sortant de la fente qui partage le roc depuis sa base jusqu'au sommet : l'eau est extrêmement claire, d'une saveur fraîche et agréable, et sa température est très-propre pour le bain. Dans le fait, on s'en servait originairement à cet usage. A quelques pas à droite, sont les restes d'un réservoir qui est identique avec le bassin où la Pythie s'acquittait de la cérémonie de l'ablution, avant d'entrer dans ses rites mystiques. Les dimensions de ce bain sont entre vingt-huit ou trente pieds en longueur, et vingt ou vingt-quatre en largeur. Il est creusé dans le roc, qui est un marbre grossier. Quatre ou cinq degrés conduisent au fond, de sorte que sa profondeur est à peine d'une verge. Tout autour sont de petites niches ; mais on ne peut décider si elles sont contemporaines de l'oracle, ou si on les a taillés depuis pour y placer les offrandes votives à une petite chapelle dédiée à Saint Jean. L'autel consacré à l'évangéliste, est placé dans un bas appentis à la droite du bain ; il est formé d'une tige de colonne brisée et d'un pilier cannelé avec du ciment placé dans les fentes.

La pente est trop ardue pour qu'on puisse espérer d'escalader la montagne de ce côté ; mais il y a de petits trous percés dans le roc, jusqu'à une certaine hauteur, au moyen desquels les curieux peuvent grimper à une cavité ressemblant à une citerne grande, mais privée d'eau. Les deux sommets sont presque perpendiculaires de ce côté, et c'est de l'une de ces éminences que les Delphiens ont précipité Ésope.

Depuis long-temps le bassin n'est plus mouillé « par la rosée de Castalie », il y a plusieurs siècles qu'il en est privé, et maintenant il est presque entièrement bouché. La fontaine sacrée continue cependant toujours à couler en face : après avoir passé le long de ses bords, elle prend son cours à un quart de mille au-dessous, dans un canal étroit et profond, jusqu'à ce qu'elle rejoigne le Pleistus ; et, unie à cette rivière, elle longe la vallée qui sépare le Parnasse du mont Cirphis.

L'ancienne cité de Delphes était probablement enrichie des beautés de l'architecture ; mais sa position retirée et difficile doit l'avoir empêché d'être d'une grande étendue, et d'avoir un grand nombre d'habitans ; néanmoins, séquestrée et inaccessible comme elle paraît avoir été, un concours de dévots y arrivait en foule chaque année, pour se rendre favorable la divinité qui y présidait. L'histoire ancienne nous atteste son pouvoir et son influence; et les décisions du trépied se sont quelquefois opposées aux décrets des conseils, ont arrêté la marche des armées et suspendu la chute des empires.

Pour expier notre prolixité, nous allons offrir au lecteur des strophes, hommage rendu au Parnasse par un noble poëte, dont les productions se ressentent plus de la vive inspiration des lieux que les ouvrages de tous les écrivains qui ont orné le monde depuis les jours de Shakespeare.

O toi! Parnasse, que j'aperçois, non avec l'œil de l'imagination en délire, non dans la ravissante illusion du poëte; quand je te vois élever jusqu'aux cieux ta cime couverte de neige, est-il étonnant que je veuille te chanter. Le plus humble de tes adorateurs doit, avec joie, chercher à parler à tes échos, quoiqu'aucune muse n'agite plus ses ailes sur tes hauteurs.

Oh! combien de fois j'ai rêvé à toi, à toi dont le nom est connu de tout mortel sensible aux inspirations du génie, et aujourd'hui que je te vois, je crains de t'offrir mes faibles accens, lorsque je me rappelle tous ceux qui, jadis, t'ont adressé leur culte. Je tremble, je n'ose élever ma voix, ni prendre un vain essor, et je ne puis que fléchir le genou. Mais du moins à tes pieds, contemplant ton dais de nuages, je ressens une joie silencieuse, en songeant que je te vois.

Plus heureux que tant de bardes célèbres que le destin rétient loin de toi, verrai-je sans être ému ces lieux sacrés que d'autres ont chanté sans qu'il leur ait été donné de les visiter, Apollon ne fréquente plus sa grotte, et toi, jadis le séjour des Muses, tu n'es plus que leur tombeau; mais un doux génie parcourt encore ces lieux; il soupire avec le zéphir, est muet dans la caverne, et glisse doucement d'un pied rapide sur ton onde mélodieuse.

OBSERVATIONS.

Voir la note de la page 287.

Le docteur Clarké, dont l'autorité est établie dans le public, a inféré des traits naturels de cette contrée, et de la comparaison des faits cités dans Homère, qu'il y a de fortes preuves que le royaume de Priam a eu plus qu'une existence poétique. Une circonstance particulière, qu'il a remarquée, caractérisait la topographie des cités de l'ancienne Grèce. Chaque métropole avait sa *citadelle* et sa *plaine*. La citadelle devenait, en temps de guerre, un lieu de refuge, et la plaine, pendant la paix, était employée aux travaux de l'agriculture. « En considérant ces faits, il n'est
» point raisonnable de supposer qu'une plaine,
» qui s'enorgueillissait de tous les dons de la
» nature, ait fait une exception aux coutumes
» si générales parmi les nations anciennes, et
» qu'elle ait demeuré déserte, sans cultivateurs,
» et sans que des aventuriers aient occupé son
» sol fertile. » Mais, quoiqu'il y ait des indices

suffisans pour faire supposer que la capitale Troyenne a existé, l'opinion qu'on peut avoir de sa situation n'est fondée que sur des conjectures vagues et incertaines. Alexandre-le-Grand visita ce district, mille ans après la réduction de la cité; et, si l'élève d'Aristote, avec son ardeur pour cette recherche et les moyens d'informations dont il disposait, n'a pu réussir, il y a peu d'espoir à espérer des efforts d'une nouvelle investigation au bout de trois siècles (1).

Mais, si « la fable de la divine Troie » ne repose sur d'autres fondemens que l'imagination

---

(1) Scaliger fixe la destruction de Troie à l'an du monde 2768; Eusèbe, à l'année 2784; et la Chronique de Paris, à 2820.
Lucain a décrit l'émotion de César, au moment où il portait ses regards sur le territoire sacré, et l'avis qu'il reçut d'un paysan de se promener avec respect sur le tertre qui renfermait les cendres d'Hector.

> *Circuit exustæ nomen memorabile Trojæ*
> *Magnaque Phœbei quærit vestigia muri,*
> *Jam sylvæ steriles, et putres robore trunci*
> *Assaraci pressere domos et templa deorum,*
> *Jam lassâ radice tenent.*
> *Inscius in sicco serpentem pulvere rivum*
> *Transierat, qui Xanthus erat: securus in alto*
> *Gramine ponebat gressus: Phryx incola manes*
> *Hectoreos calcare vetat; discussa jacebant*
> *Saxa, nec ullius faciem servatia sacri.*
> HECTOREAS *monstrator, ait, non respicis aras?*

créatrice de son auteur, c'est le « *mentis gratissi-*
» *mus error* » dont on doit chérir l'illusion ; et
celui qui a lu l'Iliade ; seulement une fois, n'aimera-t-il pas mieux *errer avec Homère*, que de
rencontrer la vérité avec ses plus savans commentateurs ?

Bounarbachi est un composé turc qui signifie
littéralement *source de la fontaine*. A trois stades
environ de ce village, placé à l'extrémité orientale de la plaine, sont deux sources qui bouillonnent sous un lit de roches, à vingt verges
l'une de l'autre, et coulent dans un canal pur et
brillant. Les eaux de chacune d'elles sont d'une
belle limpidité, et très-agréables au goût ; mais
avec une grande disposition à être convaincu,
je n'ai pu distinguer la plus légère différence
dans la température de ces eaux. Les paysans
nous assurèrent, que, dans les mois d'hiver, l'une
de ces sources était sensiblement plus chaude
que l'autre ; et leur rapport nous fut depuis confirmé par l'information que nous reçûmes à la
résidence de l'Aga. En admettant que ce fait soit
exact, ce changement de température doit provenir de quelque autre cause que d'une augmentation dans le degré de froid de l'air extérieur ; car, dans ce cas, les deux sources en seraient également affectées. La fuite d'Hector,
et la poursuite d'Achille, sont présentées, dans
le vingt-deuxième chant de l'Iliade, comme dirigées près de ces sources ; et leur identité sup-

posée a facilité les conjectures, pour découvrir la situation de la cité.

> Κρυνὼ δ'ἵκανον καλλιρρόω, ἔνθα δὲ πηγαὶ
> Δοιαὶ ἀναΐσσουσι Σκαμάνδρου δινήεντος.
> Ἡ μὲν γάρ θ'ὕδατι λιαρῷ ῥέει, ἀμφὶ δὲ καπνὸς
> Γίνεται ἐξ αὐτῆς, ὡσεὶ πυρὸς αἰθομένοιο.
> Ἡ δ'ἑτέρη θέρει προρέει, εἰκυῖα χαλάζῃ,
> Ἢ χιόνι ψυχρῇ, ἢ ἐξ ὕδατος κρυστάλλῳ.
>
> Iliad. liv. XXII, ver. 146.

La singularité dont il est fait mention dans le troisième vers, doit avoir disparu depuis long-temps; autrement, elle est trop remarquable pour avoir échappé à l'observation. Strabon nie en termes formels l'existence de la double source: mais ce qu'il dit, à cet égard, doit être reçu avec quelque réserve, parce qu'il n'a point en personne examiné ce lieu; il y a certainement un motif de croire, qu'il existe dans cette partie du pays plusieurs sources chaudes; et un futur voyageur, qui aura un loisir suffisant et de l'inclination pour les chercher, fera probablement des découvertes qui mettront le fait hors de la possibilité du doute.

Mais, si l'immortel ruisseau ne peut se vanter d'avoir deux sources, il est incontestablement augmenté par beaucoup de cours d'eau qui se réunissent à lui; et je crois qu'on ne lui a jamais contesté l'honneur d'un double nom. Les dieux, ou en d'autres termes, les *hautes classes* l'appelaient universellement le Xanthe; nom dérivé, selon Aristote, de la teinte jaune donnée aux toisons des troupeaux qui venaient s'y baigner, quoique autant que j'ai pu m'en instruire, cet effet physique ait depuis long-temps cessé. Le nom de Scamandre a une origine plus romantique, et la riante région qu'il traverse a sans doute été la scène d'un grand nombre d'aventures qui pourraient orner les annales de la chevalerie. C'était une ancienne coutume des jeunes filles de Troie, de se rendre aux approches de leur mariage sur les bords fleuris du ruisseau sacré, et d'en invoquer le Dieu en termes qui n'ont rien d'équivoque.

Λάβε μῦ Σκαμάνδρε τήν Παρθενεῖαν.

Il est arrivé qu'une fois ce *roué* d'Athénien, nommé Cimon, avait conçu un ardent attachement pour la nymphe Callirhoë, jeune personne d'une beauté ravissante, mais déjà promise à un autre. Désespérant de parvenir à ses fins, par les artifices ordinaires, et sentant le pouvoir de cet esprit délicat de galanterie qui repousse toute suggestion de violence, Cimon se décida à avoir recours aux ruses d'un stratagème, et conçut l'idée de jouer le rôle DE LA DIVINITÉ DE LA RIVIÈRE : il se pourvut donc d'un costume approprié à l'occasion ; et, la tête couronnée de roseaux et d'autres décorations convenables, il se rendit au rivage, et se cacha parmi les joncs qui y croissaient en abondance. Là, il attendit tranquillement que sa maîtresse, parée de fleurs, arrivât; et, au moment où elle récitait le vers dans lequel elle conjurait le génie de l'eau de s'acquitter, à l'avance, des rites du mariage, il sortit de sa retraite, et exauça bien littéralement sa prière.

A peu de distance du ruisseau, à droite, nous trouvâmes une cabane agréablement située au milieu d'un bocage : les propriétaires nous reçurent avec beaucoup de civilité; mais ils ne voulurent à aucun prix nous permettre d'enlever une pierre mutilée que nous aperçûmes dans le plancher, et sur laquelle était une inscription grecque. Son auteur n'est pas très-connu, et le sujet n'est pas d'un grand intérêt; il retrace quelque acte de munificence d'un des derniers empereurs. Après avoir quitté ce lieu, et marché environ un demi-mille, nous arrivâmes à la résidence du gouverneur du district, qui nous parut être un gentleman d'un bon naturel, hospitalier, et déjà d'un certain âge. On a imaginé que la maison qu'il occupe, a été, à cause de sa contiguité avec les deux ruisseaux, bâtie sur l'emplacement du palais de Priam. Un grand nombre de fragmens, de piliers et de colonnes gissent le long des murs, ou sont employés dans les constructions modernes; et, bien que ce soit chose extravagante que de supposer qu'ils ont pu former une partie de la demeure royale, il y a bien de plausibles raisons pour placer l'ancienne cité quelque part dans cette direction. Peut-être doit-on pardonner au voyageur qui cède à l'illusion de s'écrier :

Hâc ibat Simoïs, hìc est Sigœia tellus,
Hìc steterat Priami regia celsa senis.

Nous n'eûmes cependant pas le temps de nous livrer à ces douces rêveries; et, après un léger repas avec l'Aga, nous nous pressâmes pour arriver dans une heure et demie à peu près de marche, à une hauteur au nord de la rivière, où nous vîmes des piliers de granit, et les restes d'un temple, dont les fondations sont si étendues, que les paysans nous affirmèrent qu'elles étaient la ruine de l'ancienne cité. La vue qu'on découvre, de cette éminence est très-imposante: elle s'étend, à l'orient, du mont Ida à Samothrace; à l'occident, aux montagnes d'Imbros : Ténedos paraît au sud, et un rang de collines assez élevées ondule au nord. La plaine donne, en beaucoup de ses parties, toutes les marques de la fertilité. Le pâturage est riche et profond, et produit en abondance une excellente herbe. Mais nous n'observâmes de troupeaux nulle part. Deux serpens, presque aussi grands que ceux qui attaquèrent Laocoon, nous croisèrent au milieu d'un pré, et nous les tuâmes sans beaucoup de difficultés. Nous passâmes à gué le Simoïs dans deux endroits, où il a environ trois pieds et demi de profondeur. Sa largeur varie entre quarante et cinquante, quinze et vingt pieds. Il coule sur un lit de sable, et paraît très-trouble en quelques endroits.

* *
* *

A une distance de plus d'un quart de mille de la côte, se trouvent deux tombeaux près de la petite ville de Giaourkeui (Gourki) (1). Le plus remarquable est placé sur une haute élévation qui commande cette ville.

Ὡς κεν τηλεφανὴς ἐκ ποντόφιν ἀνδράσιν ἴῃ.

Malgré que ce tombeau ne soit pas précisément sur les bords du détroit qu'on suppose avoir été les limites de l'Hellespont, il doit être visible à ceux qui naviguent dans ce canal. Cette circonstance, qui s'accorde avec le récit d'Agamemnon à l'ouverture du vingt-quatrième chant de l'Odyssée, a été la principale considération qui a guidé les Grecs dans le choix d'une position pour le tombeau d'Achille. Après avoir dépeint à ce héros les majestueuses solennités observées à ses funérailles, après l'avoir assuré que les cen-

---

(1) Giaourkeui est un mot turc qui signifie littéralement *village infidèle*. Ce lieu est presque exclusivement habité par des personnes qui ne sont pas de la religion mahométane, et c'est de cette circonstance particulière qu'il tire son nom.

dres de Patrocle ont été réunies aux siennes, l'aîné des Atrides s'exprime ainsi :

> Ἀμφ' αὐτοῖσι δ'ἔπειτα μέγαν ᾐ ἀμύμονα τύμβον
> Χεύαμεν Ἀργείων ἱερὸς ϛρατὸς αἰχμητάων,
> Ἀκτῇ ἐπὶ πρύχύση, ἐπὶ πλατεῖ Ἑλλησπόντῳ·
> Ὥς κεν τελεφανὴς ἐκ ποντόφιν ἀνδράσιν εἴη,
> Τοῖς οἳ νῦν γεγάασι, καὶ, οἳ μετόπισθεν ἔσονται.

La majorité des voyageurs s'est réunie pour regarder le rivage au-dessous du cap Janissaire (1), comme la situation la plus probable de ce monument. En nous éloignant à deux ou trois milles au nord de Gourki, nous arrivâmes à un promontoire sur lequel sont neuf moulins à vent. De cette éminence, nous découvrîmes une élévation où reposent des guerriers morts sur le champ de bataille, située à un demi-mille au sud du Simoïs, et à un stade à peu près de la mer. Nous descendîmes du promontoire pour faire un circuit autour du mont, et pour recueillir, s'il était possible, quelques reliques à sa surface. La partie faisant face à l'Hellespont a probablement quarante pieds en hauteur, et présente une masse escarpée et compacte, couverte de broussailles; le côté oriental paraît beaucoup moins élevé; mais il n'y a pas de doute que la base dans cette direction n'ait reçu une grande accumulation de terre, qui aura été entraînée du

---

(1) Probablement une corruption de *Yeni-Shar*, colonie nouvelle.

mont par les pluies de trois mille ans. On voit des marques récentes d'excavations faites dans la partie la plus élevée, et Le Chevalier a donné une description des antiquités qu'on dit avoir été découvertes par M. de Choiseul. Un sépulcre turc est aujourd'hui érigé sur le sommet, et doit, du moins pour quelque temps, préserver ce monument de violations ultérieures.

Les jeux funèbres s'exécutaient sans doute sur l'arène, et il y en avait une très-convenable pour cet emploi. Mais l'aspect actuel du tombeau ne permet pas de penser qu'on ait pu faire autour des processions. La situation de l'autre élévation pareille, que nous avons vue au-dessous de Gourki, est bien mieux adaptée pour ces sortes de représentations, aussi bien que pour les jeux étranges qu'y fit célébrer Alexandre (1).

A environ deux verges, est encore une autre élévation de même genre, au milieu d'une vigne : elle a moins d'étendue que l'autre, et a conservé sa forme première. Divers auteurs l'ont présentée comme dédiée à Patrocle, à Antiloque, et à Penelée le Béotien. Mais, d'après ce que dit Agamemnon, la même urne a reçu les cendres de Patrocle et d'Achille ; celles d'Antiloque ont

---

(1) Il y avait, selon toute apparence, plus de politique que d'enthousiasme dans sa conduite, qui parut à l'armée être l'exécution de quelque cérémonie religieuse.

DIODORE DE SIC., liv. XVIII.

été déposées dans le même vase, mais en un compartiment séparé. Un monument commun, surpassant les autres en grandeur, a donc été consacré à la mémoire de trois héros qui, unis pendant leur vie par les liens d'un ardent attachement, n'ont point été séparés par la mort. La rivière, non loin de ce point, à un cours profond ou plutôt violent; ses bords sont escarpés, et sa largeur est égale à celle de l'Avon, quand il traverse Bath. Nous bûmes de ses eaux avec la dévotion des pélerins.

La vue de la Troade, prise du promontoire, offre le plus magnifique aspect. L'œil plonge sur une plaine qu'arrose les cours du Xanthe et du Simoïs, et qui est bornée à l'occident par l'Hellespont, au sud par la mer Égée, au nord et à l'orient par une rangée de collines au-dessus desquelles, dans l'éloignement, s'élève le mont Athos, dont la cime se perd dans les nues.

Que le lecteur représente à son imagination cette noble plaine, avec les accompagnemens terribles décrits dans le treizième et quatorzième chant de l'Iliade. A l'une des extrémités se montre la cité de Troie, dont l'armée, qui s'étend au-devant de ses murailles, attend les ordres de son illustre chef. Les bataillons des Grecs, leur flotte, leur camp remplissent l'espace dans la direction opposée. Jupiter, environné d'un nuage, est venu s'asseoir sur le sommet de l'Ida; il tient dans sa main son foudre, et porte ses regards sur la Thrace;

pendant que Neptune, avec tous les attributs de la majesté, sort des profondeurs de l'océan, dont les eaux ont ouvert un passage aux roues de son char. Le dieu se prépare à aller se placer sur la cime du mont Samos, et les portes éternelles de l'Olympe ouvertes, laissent voir tous des cieux, gardant leur rang, et assis sur leurs trônes.

* *
* *

L'épithète πλατύς, donnée à l'Hellespont, non-seulement par Homère, mais par l'auteur des fragmens attribués à Orphée, et sur laquelle le savoir s'est autant exercé que la plaisanterie, ne semble nullement pouvoir s'appliquer à ces détroits, quand on les considère de cette élévation. Vues sur les cartes, en contraste avec l'océan atlantique, sans doute, les Dardanelles font une très-mince figure; mais, si on les compare avec les cours d'eau intérieurs, et ceux-ci étaient vraisemblablement les objets que le poëte prétendait leur opposer, alors la partie la plus étroite du canal peut être littéralement représentée comme large, et cela sans aucune amplification de rhétorique.

Les géographes qui ont examiné avec la plus savante exactitude la forme et l'étendue de l'Hellespont, lui donnent, selon Gibbon, soixante milles de tour, et environ trois milles dans sa largeur ordinaire. Sa partie la plus étroite est entre Sestos et Abydos, où il y a à peine six cents pas d'un de ces lieux à l'autre. Ce point fut choisi par Xerxès pour y imposer son pont de bateaux, dont la construction est détaillée dans le septième livre d'Hérodote, avec les circonstances les plus minutieuses.

Abydos est une petite ville, mais extrêmement propre, et dont les habitans sont portés à l'hospitalité. Le village moderne de Sestos lui est presque immédiatement opposé. L'espace qui les sépare paraît avoir à peine le double de la largeur de la Tamise, au pont de Westminster. Taragano, le frère du consul, nous a assuré que lord Byron s'était pleinement convaincu de la complète possibilité de l'expédition de Léandre, en traversant deux fois à la nage le courant. Le Chevalier avance hardiment, à la manière d'un français, que l'entreprise n'a rien de prodigieux ni d'incroyable pour les habitans des Dardanelles ; et il donne, comme un fait bien connu, que peu d'années auparavant, un jeune juif avait fait le même trajet, à la nage, pour obtenir la main de sa maîtresse, qui avait expressément mis ses charmes à ce prix. Le docteur Clarke dit qu'une partie, *beaucoup plus large*, a été traversée par un domestique du consul impérial. Ces exemples établissent suffisamment la probabilité de l'histoire romantique. Mais Léandre brava les vagues pendant la nuit, et même lorsqu'elles étaient soulevées par la tempête.

Son premier essai fut tenté sous de plus heureux auspices; l'air était serein, et la planète, fidèle protectrice des nuits, se leva pour le guider dans son périlleux passage.

> *Luna fere trimulum præbebat lumen eunti,*
> *Ut comes in nostras officiosa vias.* (Ovid).
> *
> *

Liste des consuls, proconsuls et agens britanniques dans le Levant. — Juin 1817.

Alep,	John Barker, écuyer,	consul.
Alexandrie,	Peter Lee,	idem.
Acre,	Parquale Malagamba	proconsul.
Athènes,	Alessand. Logotheli,	idem.
Barutti,	Pietro Loradla,	proconsul.
Le Caire,	Satro,	consul.
Chypre,	Antonio Voudiziano,	proconsul.
Canée en Candie,	Petro Caprogrosso,	consul.
Dardanelles,	Israël Taragano,	proconsul.
Giaffa,	Antonio Daimani,	proconsul.
Micone,	Pietro Cambani,	idem.
Milo,	Pietro Michele,	idem.
Naxie,	Nicolo Frangopulo,	idem.
Patras,	John Cartwright,	consul.
Rhodes,	Steffano Masse,	proconsul.
Smyrne,	Francis Werry,	consul.
Salonique,	Francis Charmand,	idem.
Scanderoon,	M. Fornetty,	
Chio,	Giovani Guiduci,	proconsul.
Santorini,	Gasparo Delenda,	idem.

Samos,	Giorgio Civini,	proconsul.
Scalanova,	Gerelamo Crassan,	*idem.*
Sciro,	Antonio S. Vitali,	*idem.*
Sifo et Nio,	Nic. di Ant. Gripari,	*idem.*
Tine,	Girolamo Scordialo,	*idem.*
Tripoli de Syrie,	Geo. Co. Catziflis,	*idem.*
Zéa,	Nicolo Pangalo,	*idem.*

Les réponses annexées aux questions suivantes ont été fournies par un officier d'artillerie, près duquel l'auteur et ses amis ont eu l'avantage d'être introduits pendant leur séjour à Rome. Son nom est bien connu du public; mais des raisons faciles à deviner empêchent aujourd'hui de le donner.

1° Lorsqu'on s'embarque à Naples pour Alexandrie, quels sont les objets principalement nécessaires, comme bagages, lettres de crédit, etc. ?

2° Quelle forme de lit est préférable ?

3° S'il est besoin d'un firman de Constantinople pour se rendre du Caire à Jérusalem, faudra-t-il le demander de Rome; et, s'il en est ainsi, à qui devra-t-on s'adresser ?

4° Quelles mesures y a-t-il à prendre pour débarquer à Alexandrie ?

5° Quels gages reçoit un interprète ?

6° Quelles sont par jour les dépenses ordinaires dans les auberges ?

7° Est-il absolument nécessaire de paraître dans le costume du pays ? et dans ce cas, quel est le meilleur moyen de se procurer un habit, et quel est le prix probable d'un équipement complet?

8° Quel est le premier objet, à l'arrivée au grand Caire, et quelle est la manière de se rendre de là à Jérusalem?

9° A qui convient-il de s'adresser pour se loger en arrivant à Jérusalem?

10° Quelle est la meilleure route de Jérusalem à Constantinople, quel temps est nécessaire pour la faire, et quelle est la manière de voyager?

Réponses.

1° Il n'y a point de difficulté à transporter le bagage d'un lieu à l'autre; je vous recommande de prendre avec vous tout ce qui peut ajouter à votre commodité. J'ai un porte-manteau qui peut contenir douze chemises et d'autres choses en proportion; une paire de cantines où l'on met un dîner et un déjeûner pour deux; une selle et une bride; une petite valise à mettre du linge pour changer quand je vais à cheval. *De toute manière emportez du thé.* On achète du café et du sucre dans toutes les parties de la Syrie. Prenez des lettres de crédit sur Constantinople ou Smyrne. Calculez vos dépenses à deux guinées par jour. Les billets d'Herries sont payables au Caire; mais si vous tirez sur le Caire, d'une autre place, la perte est considérable.

2° Une paillasse de camp commune, une simple couverture, et une paire de draps vous rendent indépendant, quoiqu'à Alexandrie, Jaffa, Rama, Jérusalem, Acre et Nazareth, on vous fournira des lits pour deux ou même trois personnes. Vos lits seront roulés, et pourront s'emporter dans une couverture de tricot (1).

3° Ecrivez de suite de Rome, en prenant la précaution de parler au consul anglais ici, qui certifiera que vous êtes anglais. Vous vous adresserez à l'ambassadeur anglais à Constantinople, en lui demandant l'envoi d'un *firman* pour vous et votre suite, au consul général, au Caire : la communication de Constantinople au Caire exige un mois.

4° Réclamez-vous du consul en arrivant, et ne faites pas mettre à terre votre bagage (à Alexandrie) avant qu'il vous ait envoyé un de ses employés qui le conduira à la douane. Le consul vous donnera l'assistance nécessaire pour gagner le Caire. Je suis venu par terre à Rosette (éloignée de 30 milles d'Alexandrie; voyage d'une journée); je m'y suis embarqué sur un bateau

---

(1) L'auteur a trouvé qu'une couverture était entièrement inutile; il s'était muni de deux paires de draps cousus de chaque côté, et à un bout de manière à en écarter la vermine : ils étaient placés dans un étui de cuir, préalablement imbibé d'une préparation qu'on emploie à Naples pour prévenir l'infection.

pour le Caire, qui est à quatre journées de distance.

5° Un dollar espagnol par jour.

6° *Il n'y a point d'auberges*, excepté *une* à Alexandrie, où il m'en a coûté pour moi et un domestique une guinée par jour. Partout où vous allez, il y a un couvent ou un consul auquel vous vous présenterez.

7° Le consul général sera informé de votre arrivée à Alexandrie; envoyez-lui vos lettres d'introduction, par l'intermédiaire du consul anglais à Alexandrie. Annoncez quand vous vous proposerez de quitter le dernier lieu que vous aurez indiqué. Le Caire est à un mille et demi du Nil : il sera donc nécessaire de vous réclamer du consul, avant de faire mettre à terre votre bagage au port de Boulac : le consul pourvoiera à votre logement, soit dans sa maison, soit quelque autre part; si c'est dans un couvent, vous payerez environ *une demi-guinée par jour pour chaque personne*, si l'on ne vous donne que le logement; mais si l'on vous fournit les choses nécessaires pour la table, je pourrai régler le présent selon ce que dira le drogman de la mission, M. Haziz, auquel vous pourrez vous confier dans tout ce qui aura rapport à vos mouvemens.

8° Du grand Caire vous irez à Jérusalem à travers le désert, ou bien vous descendrez le Nil jusqu'à Damiette; et là vous vous embarquerez pour Jaffa, d'où vous irez coucher le premier jour à Ramla, et arriverez le second à Jérusalem. En arrivant à Jaffa, vous vous adresserez au consul qui enverra un avis à Ramla et à Jérusalem, et vous pourvoiera de mules pour le voyage, qui est de quatre jours à travers le désert.

9° Vous irez au couvent catholique, et l'on vous y fournira tout ce dont vous aurez besoin. En quittant Jérusalem, vous ferez un présent au trésorier, d'environ un dollar par jour pour chaque personne, et d'un dollar *per diem* à toute la suite du drogman. Vous donnerez, en outre, quelques récompenses pécuniaires aux domestiques et aux janissaires qui vous accompagneront aux différens lieux saints.

10°. La route la plus intéressante est celle de terre, par Acre, Damas, Alep; je ne sais pas bien quel temps elle dure; je suppose que c'est six semaines : si j'avais eu le temps, j'aurais fait cette route, en évitant ainsi le voisinage de Tripoli de Syrie où règne un mauvais air. J'ai fait le trajet de Barutti à Chypre, voyage de deux jours : en traversant l'île, et en longeant ensuite la côte de Caramanie, vous gagnerez Constantinople en quinze jours.

11° (1) Prenez de beau drap pour votre benis; la jaquette et la tunique peuvent être de toute

---

(1) Ceci semble, à proprement parler, être une réponse à la question, n° 7.

couleur, excepté le vert. Le benis en général est d'une couleur gaie, et différente de celle du reste. Les culottes, nommées sharrowels, sont d'une grande dimension, presque toujours bleues, et demandent près de quatre fois plus de drap que les pantalons ordinaires. Le seul avantage qu'il y ait à acheter du drap en Europe, c'est qu'on l'a plus beau et à meilleur marché. Au Caire, le gros drap est plus cher que le beau en Europe. Le Caire est le meilleur lieu pour s'y fournir de vêtemens. J'ai calculé que le mien et celui de mon domestique m'étaient revenus à 50 livres sterlings.

N. B. La peste commence ordinairement en avril, et finit en juillet, en Egypte; en Syrie, elle reprend dans la même année, au mois de septembre.

L'auteur et son associé ont eu toute raison de se louer de la bienveillance attentive qu'ils ont éprouvée presque généralement dans les lieux où se trouvent les résidens britanniques. Mais il ne croit pas devoir supprimer une note d'un voyageur asiatique, instruit par l'expérience, et qui eut occasion de l'observer pendant qu'il était occupé à examiner avec trop d'empressement une formidable collection de monnaies et de médailles.

Pensez être en Arabie. Tout se fait pour de l'argent, et l'on tente tous les moyens de dépouiller les Francs et surtout les Anglais.

Prenez pour drogman un certain ***, qui, hier au soir, a parlé à votre domestique. Vous pourrez vous servir de lui comme d'un drogman, et dans l'occasion comme d'un domestique; et sa paie sera moins grande de beaucoup.

Si, au contraire, vous prenez le sujet dont vous m'avez parlé hier, vous le payerez plus cher; il faudra le faire servir comme un maître, et il ne sera jamais content.

Les antiques sont des fourberies pour gagner de l'argent. Vous pourrez en trouver de meilleures en Égypte, et à un moindre prix.

Ouvrez les yeux sur tout le monde, et surtout sur les vice-consuls.

NOTES.

(A) Page 23. — On trouvera des détails intéressans relatifs à Soliman Pacha, dans le voyage au Levant de M. le comte de Forbin, page 71 et suiv.

(D lis. B), page 157. — Vénus Barbata. Banier, mythologie expliquée par l'histoire, tome 4, page 65, dit qu'on honorait à Rome, Vénus Barbata, ou Mascula, parce qu'on attribuait quelquefois les deux sexes à cette déesse.

(E lis. C), page 167. — M. de Forbin dans son voyage au Levant, page 117 et suiv., réclame à juste titre contre la destruction des tombeaux de Godefroy de Bouillon, et de son frère Baudouin. Il accuse aussi avec raison l'insouciance des chrétiens de l'occident, qui ne pensent point à faire rétablir les monumens de ces deux héros européens. On trouvera dans cet intéressant voyage (page 118), les deux inscriptions en l'honneur de ces guerriers. *Voyez* aussi l'Itinéraire à Jérusalem, tome 2, page 221.

FIN.

De l'Imprimerie de DEMONVILLE, rue Christine, n° 2.

www.ingramcontent.com/pod-product-compliance
Lightning Source LLC
Chambersburg PA
CBHW060346190426
43201CB00043B/868